4.0시대
교육정책 어젠다

자유 · 공정 · 다양성

EDUCATION POLICY AGENDA
in 4th INDUSTRIAL REVOLUTION

김경회

서문

자유, 공정 그리고 다양성을 띠는 새로운 교육시스템을 기대하면서

이 책은 문재인 정부와 진보교육감들의 '혁신교육'은 미래가 없다고 보고 그 대안을 찾고 있다. 혁신교육은 한국교육의 가장 큰 병폐를 점수로 줄 세우는 '경쟁교육'에서 찾는다. 경쟁교육을 끝내고 서로 협력하며 함께 성장하는 '협력교육'을 최고의 가치로 삼는다. 억강부약(抑强扶弱)으로 평등교육을 추구하고 힘든 공부는 피하며 아이들의 행복을 중시한다. 이는 우리 아이들의 미래를 막고 대한민국 인재경쟁력을 떨어뜨리는 교육이념이다. 혁신교육의 대안으로 자유와 공정, 그리고 다양성 가치 위에서 새로운 교육시스템을 논의하고 있다. 자유롭고 공정하면서 다양성을 띠는 교육이 추구하는 원칙은 네 가지이다.

첫째 원칙은 학력과 인성을 키우는 교육 본질의 회복이다. 학교는 "공부하고(학력) 사람 만드는(인성)"교육의 장이다. 그런데 혁신교육은 '쉬운 교육'을 추구하여 시험 없고, 숙제 없고, 훈육 없는 3無 학교를 만들고 있다. 인공지능·로봇과 바이오 등 4차 산업혁명 시대에 3無 교육으로는 미래가 없다. 탄탄한 기본학력을 토대로 창의성을 갖추어야 생존할 수 있다. 학생 개개인의 학력 수준을 진단하고 이에 맞는 맞춤형 교육으로 학생들의 학력 향상에 노력해야 한다. 암기는 교육의 기본이고 창의성은 지식이 많아야 꽃핀다. 학생의 흥미와 자기주도성만 강조할 것이 아니라 필요하면 강제로 공부시켜야 한다. 시험은 곧 공부라는 인식이 필요하다. 또한 교육 현장은 학생 인권을 지나치게 강조하여 생활지도를 무력화시키고 있다. 학생 상·벌점제를 폐지하여 잘못을 해도 야단칠 수 없는 지경에 이르렀다. 학교는 학생들이 올바르게 성장하는 배움터이기에 '학생들이 해야 할 것을 오롯이 행하게 하고, 하지 말아야 할 것을 하지 않게 훈육하는 교육'이 필요한 것이다.

둘째 원칙은 교육에서 자유도를 높이는 것이다. '국가가 교육을 책임지겠다'는 구호하에 국가가 과도하게 개입하여 교육의 자율성과 다양성을 죽이고 있다. 교육의 공공성을 앞세워 국가주의적 통제정책으로 인한 교육의 경직된 획일성과 서비스 품질의 저하를 초래하고 있다. 지나친 국가주도로 인해서 학교의 자기결정권과 학부모의 선택권이 침해되고 있다. 국가가 교육활동에 사사건건 간섭하는 '유모정부(Nanny State)'에서 탈피하여 교육당사자들의 교육의 자유를 확대한다. 교육적 자유는 교육 주체별로 차이가 있다. 학부모에게는 자녀에게 가장 적합한 교육을 자유롭게 선택할 수 있도록 선택지를 넓혀주어야 한다. 교육자에게는 교육방법과 평가방식에서 재량이 주어져야 하고 자신의 성과에 대한 책임을 지게 해야 한다. 학교는 학생들을 유치 및 유지하기 위해 혁신경쟁을 자유롭게 한다. 이런 교육적 자유가 주는 혜택은 많다. 첫째, 교육의 다양성 확대된다. 학부모 및 학생의 가치와 선호도에 부합하는 학교 선택이 가능해져 사회적 조화를 이룬다. 둘째로 공교육의 경쟁력이 높아진다. 이는 공교육에 의존도가 높은 소외계층에 더 큰 혜택이 돌아간다. '자유로운 학교가 좋은 학교가 된다'는 철학이 필요하다.

셋째 원칙은 공정한 경쟁으로 실력주의 확립이다. 진보·좌파 교육 인사들은 경쟁을 혐오하고 협력과 연대교육을 강조한다. 학교에서 아이들을 경쟁시키는 성적 등급, 포상 제도, 수업 관행들을 거부하고 경쟁의 대안으로서 '협력학습'을 제안한다. 경쟁은 공부 잘하고 집안 좋은 학생들에게 유리하다고 믿는다. 모든 학생이 동등한 참여 기회가 주어지고 경쟁 규칙이 합리적이어서 반칙과 특권이 통하지 않으면 경쟁의 결과는 정의로운 것이다. 공정한 경쟁이 없으면 능력주의가 설 수 없다. 학교는 능력주의를 가르치고 실천하는 곳이다. 개인의 능력과 노력에 따라 사회적 지위와 부(富)가 주어지는 사회를 살아가는 능력을 학교에서 길러준다. 그러나 경쟁이 학생의 인성을 해치고 공동체 정신을 해친다고 경쟁을 줄이는 데 온 힘을 쏟는다. 경쟁이 있어야 사람들이 열심히 일하고 공정한 대가도 받는다. 불로소득이니 특혜니 하는 것들은 경쟁이 제대로 이루어지지 않을 경우 발생한다. 노력과 성과만큼 가져가는 것이 정의(비례의 원칙)롭다. 혹자는 능력주의는 전근대적인 암기 위주의 입시와 시험을 공정의 잣대로 치환하는 '닥치고 시험' 주의라고 비판한다. 능력주의 윤리는 승자들을 오만으로, 패자들을 굴욕과 분노로 몰아간다고 감성에 호소한다. 능력주의 대신에 결과 평등주의를 추구한다. 그러나 '능력'은 점점 복잡해지는 현대사회에서 그 중요성이 더욱 크다. 장밋빛 평등주의 수사(修辭)보다는 능력을 길러 주는 데 힘써야 한다.

넷째 원칙은 교육의 다양성이다. 한국은 오직 한 종류의 학교만 있다고 지적받는다. 교육내용, 교육방법, 그리고 교육체제에서 다양성과 창의성이 결핍된 '붕어빵 교육'에 대한 뼈 아픈 지적이다. 단일성과 평준화를 추구해온 우리 교육에 대한 반성이 필요한 시점이다. 다양성 추구하는 이유는 몇 가지 들 수 있다. 우선 학생의 서로 다른 학습능력, 관심과 흥미의 차이, 학습방식의 다름 등 학생의 다양성을 고려할 수 있다. 이런 차이를 알아야 개인별 맞춤형 교육을 할 수 있다. 또 다른 이점은 다양한 관점이나 가치를 포용하고 학습한다. 흥미, 관심, 문화, 신념의 다양성을 존중하는 다원주의(多元主義, Pluralism)는 현대 민주주의의 철칙 중 하나이기에 교육제도는 이를 품어야 한다. 마지막으로 교육공급자의 책무성을 높인다. 교육수요자의 다양한 교육적 요구를 충족시켜야 학교와 프로그램의 특성을 지속할 수 있기에 고객지향성, 경쟁지향성과 성과 지향성을 띤다. 교육의 공공성을 앞세워 공적 규제를 강화하고 교육서비스를 국가가 독점하면 교육의 획일성은 불가피하게 된다. 학교에 가해진 공적 규제를 풀고 사학에게 운영의 자유를 최대한 보장해 주어야 교육의 다양성은 꽃피울 수 있다. 공교육 밖의 교육활동도 인정하는 개방성이 우리 교육을 건강하고 다양하게 할 것이다.

　제1장은 학생들의 학력 신장 방안을 이야기하고 있다. 학력하락이 얼마나 심각한지 전국단위 학업성취 평가와 PISA 성적을 근거로 따지고 있다. 공부 안 시키고, 덜 가르치는 혁신교육(쉼교육)으로 코로나 이전부터 학력이 떨어지고 있었다. 코로나 학습결손으로 기초학력 미달자가 늘고 학력격차가 누적되고 있다. 文정부의 '교육회복종합방안'과 민주당이 단독 처리한 '기초학력보장법'은 실효성이 떨어진다. 학력중시 정책으로 전환이 이루어지지 않으면 학력 최상위국가에서 추락하여 인재 경쟁력이 뒷걸음칠 것이다. 공교육에만 의존하는 서민층 자녀들이 그 피해를 제일 크게 입는다. 시험·숙제·훈육 없는 3無 정책을 학력·인성 중시 정책으로 전환이 절실하다. 전국수준의 학업성취도 평가를 부활하여 학력을 진단하고 맞춤형 지도가 필요하다. 지식교육을 멀리하는 혁신학교와 자유학기제를 폐지해야 한다. 기초학력보장법을 학력향상지원법으로 대체하여 수준별 수업과 유급의 근거를 만들어야 한다. 학교의 학력향상지도 노력을 평가하여 학교와 교사에게 인센티브를 준다. 중장기적으로 학교 내신제를 폐지하고 전국 내신제 도입이 필요하다.

　제2장은 어린 학생과 젊은이들을 AI인재로 키우는 정책을 다루고 있다. AI인재들이 앞으로 우리나라의 먹고 사는 문제를 해결하고 경제성장을 이끌 것이다. 공교육에서 AI교육을 영어처럼 필수로 배워야 한다. 초·중학교에서 AI교육시간을 현재보다 2배로 늘린다. 고등학교는 AI과목을 신설하여 가르치고 수능의 과목에 인공지능과목을 추가한다. 예술과 체육처럼 중학교부터 과학영재 학교를 운영한다. 과학중학교를 전국 20개 과학고에 병설하여 어려서부터 과학영재를 키운다. 대학과 석·박사과정에서 정원규제를 대폭 완화하여 인공지능 관련 과정을 증설한다. 특히 수도권은 기업이 요구하는 교육과정을 운영하고 졸업 후 취업을 보장하는 '계약학과'를 늘려서 인재를 양성한다. 모든 대학생에게 영어처럼 SW·AI 과목을 기초교양과목으로 필수화하도록 대학에 권장하여 대학생의 기본코딩 능력과

알고리즘 사고능력을 기른다. 교대·사대 다닐 때 AI과목을 이수토록 하여 선생님들의 AI교육 역량을 예비교사 시절부터 터득한다.

제3장은 고교학점제를 보완하여 제도 취지를 살리는 방안을 찾고 있다. 고교학점제는 고등학생들이 대학처럼 과목을 선택해서 듣고 일정 학점을 따면 졸업하는 제도이다. 학생들이 자신들의 적성에 따라 진로에 맞게 자기 자신을 준비시키는 고등학교 시절을 보낼 수 있다. 도입 취지대로 자기주도성과 진로연계성이 보장되는 방향으로 교육이 이루어진다면 고교현장에 많은 긍정적인 변화를 기대할 수 있다. 단순히 고등학생의 교과 선택권을 조금 더 늘리자는 게 아니라 대입제도에 큰 변혁을 초래할 교육개혁 정책이다. 고교학점제는 대입제도와 연계가 되어야 취지대로 운영된다. 고교학점제를 안착시키는 수능으로 진로형 수능을 제안하고 있다. 수능Ⅰ, Ⅱ로 이원화하여 필수과목으로 수능Ⅰ, 선택과목으로 수능Ⅱ를 구성한다. 수능Ⅰ은 대학수학에 요구되는 기본학력을 측정하고, 수능Ⅱ는 서논술형 형태로 상위권 대학 정시 전형자료로 활용하는 방안이다. 교원수급도 고교학점제의 선결 요건이다. 선택과목 개설이 늘어서 교원 증원 수요가 발생하지만 고교학생 수 감소로 상쇄되어 실제 추가적인 교원 수요는 많지 않다. 오히려 학생 수 감소로 줄어드는 신규채용 수요를 어느 정도 보충하여서 임용난을 겪는 사범대 출신 예비교사에게 기회를 줄 수 있다. 희소 분야나 소규모 학교에는 학생들이 수요에 맞추어 교과를 개설할 수 없다는 문제가 발생할 수 있다. 이는 순회교사, 학교 밖 전문가를 한시적 활용하거나 인근지역 학교와 '공동교육과정' 운영으로 해결한다.

제4장은 고교평준화를 끝내고 학교선택제를 도입하는 이슈를 다루고 있다. 고교평준화는 1970년대 연간 100만 명이 태어나 오전·오후반 이부제 수업을 하던 시절에 탄생하였다. 연간 27만 명이 태어나 개별화 교육을 실시해야 하는 4차 산업혁명 시대에도 적합한 제도인지 따져본다. 평준화가 명문고를 해체하여 고교 서열주의를 완화하고, 과열 입시경쟁을 줄이는 효과는 거두었다. 그러나 학력하향 평준화, 사교육비 증가, 공교육의 무기력 등 교육적 부작용이 더 크다. 어느 곳에 살

든 가고 싶은 학교를 선택할 수 있도록 고교선택제를 제안한다. 광역시별로 공동학군(단일학군)으로 하여 학생은 거주지에 관계없이 일반고, 특목고, 직업계고를 지원하고, 학교장이 정한 기준에 따라 입학자를 결정토록 한다. 이는 현행 후기 일반계고 배정(교육감 전형)을 폐지하고 학교장 선발 전형으로 단일화하는 것을 의미한다. 지원자가 모집정원을 초과할 경우, 학생 선발기준은 이원화한다. 특목고(과학고, 예술고, 체육고, 마이스터고 등), 직업계고, 자사고·외고는 중학교 내신과 면접을 통해서 선발토록 한다. 이는 현재 과학고와 직업계고 선발방식이다. 공립고와 정부의존형 사립고는 지원자 중에서 추첨으로 합격자를 선발토록 하여 자칫 평준화 이전의 입시지옥과 과외 열풍의 부작용을 막는다. 아울러 2025년에 폐지토록 예정된 자사고·외고·국제고를 살려서 학생들의 선택권을 보장하고 교육의 다양성을 이룬다.

제5장은 대학입시 완전 자유화와 진로형 수능을 주제로 삼고 있다. 학생부 중심의 수시전형은 2022학년도에 약 75.7%에 이르렀다. 그러나 학생부 중심 전형은 공정성이나 학생·학부모 신뢰 얻는 데 실패하였다. 2022 개정교육과정이 적용되고 고교학점제 도입에 따라 2024학년도에는 수능과 대입제도 개편이 불가피하다. 수능은 한 종류의 시험뿐이고, 문제 형태가 선다형이라서 나타나는 문제점을 극복하여 타당한 인재 선발 도구로 거듭나야 한다. 수능Ⅰ과 수능Ⅱ의 진로형 수능이 최적의 방안이다. 학생들이 공통적으로 응시하는 수능Ⅰ과 학생의 대학 전공에 맞추어 응시하는 수능Ⅱ로 분리한다. 수능Ⅰ(기초수학능력 검사)은 통합교과적인 소재를 활용하여 언어·수리 능력을 측정한다. 수능Ⅱ(교과목별 학업성취도 검사)는 대학이나 전공에서 요구하는 과목의 학업성취도를 측정한다. 서·논술형 문항으로 고등사고력을 측정한다. 입학경쟁이 치열한 상위권 대학만 수능Ⅱ를 요구할 것이다.

궁극적으로 대학생 선발방식은 대학이 독자적으로 결정하는 대학입시 완전 자유화가 이루어져야 한다. 역대 정부는 대입제도 개편의 명분으로 고교교육 정상화, 학생 학습 부담 완화, 사교육비 부담경감을 제시하였으나 경쟁의 내용만 달리할 뿐 정책성과는 미미하다. 따라서 대입제도의 주된 가치를 대입준비과정에서 미래가 요구하는 역량을 키워주고 대학 수학능력 적격자를 가리는 데 두어야 할 것이다. 타당하고 공정한 대입전형의 모색은 대학의 책임이다. 지성인의 집합체인 대학사회의 학생선발 능력과 양심을 불신하고 정치가·관료가 이끄는 국가권력에 의존하는 국가는 미래가 밝지 않다.

제6장은 사학에 대한 규제철폐와 자율성을 다루고 있다. 문정부와 진보교육감들은 사학에 우호적이지 않다. 사학의 부정과 비리의 원천적인 차단을 이유로 사학에 대한 공적 규제를 강화하고 있다. 사학혁신방안(2019.2)과 사립학교법개정(2021.8)으로 인사·재정운영에서 사학의 자율권은 많은 제약을 받게 되었다. 학교운영위원회가 자문기구에서 심의 기구로 격상시켜 이사회의 기능과 권한과 충돌이 예상된다. 시정 요구 없이 임원 취소 요건에 배임죄를 추가하고 기준을 낮추어 관할청이 쉽게 임원승인 취소의 길을 열었다. 사립학교 직원을 반드시 공개채용하고 관할청의 징계요구를 따르도록 강제화하여 사학의 인사권을 제한하고 있다. 사립학교 신규교원 채용에서 1차 필기시험은 반드시 교육청에 위탁하여야 한다. 사립학교가 국공립과 다른 자율과 위험부담을 통해서 교육혁신 모델을 창출하여 인재양성과 지식창출을 선도하고 있는 국제적 흐름과도 배치된다. 사학의 자유로운 경쟁을 통해서 교육혁신의 단초를 찾고자 몇 가지 제도 개선을 제안한다. 첫째, 학생수 절벽에 대한 대책으로 사립학교의 해산을 지원하는 제도 마련이다. 해산 잔여재산을 설립자에게 돌려준다. 둘째, 법인회계와 학교회계의 통합이다. 셋째, 관할청의 임원취임승인취소 권한을 폐지하고 임원해임권고로 완화한다. 관할청이 일방적으로 사학경영 주인을 바꾸는 것을 막을 수 있다. 넷째, 초등학교보다 못한 교육비를 쓰는 사립대학을 위해서 재정지원을 늘린다.

제7장은 침체된 교직사회가 활기를 띠는 방안을 찾고 있다. 교대·사대는 상위권 10% 이내 우수학생을 뽑아 예비교사로 키우고 있다. 중등 예비교사들은 10 대 1이 넘는 치열한 경쟁을 통해서 교직에 들어 오고 있다. 이처럼 유능한 인재를 교사로 확보하는 데 성공하였다. 반면, 우수인력이 교직에 기피하던 시절의 인사시

스템, 즉 연공과 형평을 중시하여 설계된 교원봉급 체계와 인사체제를 유지하고 있다. 능력과 성과에 대한 보상 체제가 약하고, 경쟁시스템 부재로 사교육에 뒤지는 현상이 발생하고 있다. 평준화 인사제도로 유능한 교사들이 능력 발휘를 못 하고 있으므로 교원에 관한 보수, 평가, 전보 등 인사제도를 재설계하여야 한다. 교사의 급여체계를 연공급에서 직무급으로 단계적으로 전환하여 교원성과급 논란을 끝낸다. 5년 주기로 근무학교를 바꾸는 순환전보제도를 손질하고, 초·중등 연계교사자격증을 만들어 초등학교와 중등학교 간의 칸막이를 없앤다. 교원능력개발평가를 제대로 하여 우수교사는 포상하고 연속적 저(低)평가 교사는 교직에서 떠나도록 한다. 이와 같은 제도개혁은 교사들의 이해와 동의가 없으면 실천이 힘들고 갈등비용이 크므로 점진적이고 세심한 정책추진이 요구된다.

　　제8장은 교육현장의 정치 과잉을 덜어내는 문제를 다루고 있다. 1991년 시장·도지사 선거와 함께 시작한 지방교육자치는 막강한 지방 교육권력을 행사하여 '교육 소통령'으로 불리는 교육감을 탄생시켰다. 그러나 세계에서 찾아볼 수 없는 교육감 직선제로 인하여 학교 현장의 정치화 현상이 심화되고 있다. 교육감직선제를 폐지하고 시·도지사가 지방의회 동의를 받아 임명한다. 이는 「지방분권법」에서 "국가는 교육자치와 지방자치의 통합을 위하여 노력하여야 한다"라는 규정의 정신에 부합된다. 2022년부터 16세 해당하는 고1 학생부터 정당에 가입할 수 있고 18세가 되는 고3 학생은 국회의원·시장과 도지사 선거에 출마할 수 있어서 교실의 정치화를 막는 장치가 필요하다. 학생의 참정권 확대에 발맞추어 교사에게도 수업에 지장 없는 개인의 정치적 활동은 보장한다. 학생들의 정치적 활동 허용범위가 넓어짐에 따라 교사의 정치적 중립은 더욱 중요해진다. 수업 중 정치적 중립 의무를 위반할 경우 처벌토록 한다. 학교를 필수공익사업장으로 지정하여 교육공무직의 파업으로 인한 급식대란·돌봄대란 등 학생피해를 최소화한다.

　　제9장은 유치원과 대학생의 학비 지원 방안을 탐색하고 있다. 文정부에 들어와 고등학생까지 무상교육과 무상급식을 완성했다. 고교 학생들도 입학금·수업료·

학교운영지원비·교과서 등을 무상으로 지원받는다. 무상급식이 시작된 지 10년 만에 전국 모든 초·중·고 학생들이 공짜로 점심을 먹는다. 초·중등교육에서는 북 유럽의 복지국가 수준에 버금가는 교육복지를 이루었다. 이제는 유치원·어린이집 과 대학의 학비를 국가가 어느 정도 책임지느냐 하는 문제가 남아 있다. 3~5세 아 동 전원에게 무상교육을 실시한다면 현재 예산 규모에 해당하는 약 3.3조 원이 추 가로 소요된다. 만 5세부터 점진적으로 무상교육을 추진하여 연차적으로 무상교육 대상 연령을 낮추어 간다. 대학생의 학비 지원은 등록금 완전 무상, 국립대생 무상 교육, 전문대생 무상교육, 등록금 완전 후불제 등을 상정해볼 수 있다. 현재는 국 가장학금과 대학 장학금 지원 등으로 전체 등록금의 1/2 정도는 학생·학부모가 부담하고 있다. 수익자 부담원칙을 지키면서 대학생들의 학비 부담을 덜어주는 방 법으로 등록금 완전 후불제가 적합하다. 국가에서 등록금을 내주고 학생은 졸업 후 일정한 소득이 생기면 상환하는 무이자 대출 제도이다. 현행 한국장학재단에서 '취업 후 상환 학자금 대출'를 모든 학생에게 확대하고 이자를 면제하여주는 제도 이다. 영국, 호주, 뉴질랜드에서 채택하고 있다. 이에 들어가는 국가재정은 5년 동 안 1조 3천억 원 정도이고 향후 10년간 3조 4,278억 원이 추가 소요될 것으로 추 정된다.

필자는 교육부와 시·도 교육청에서 30여 년간 교육정책을 만들고 집행하는 교육행정가로 일했다. 학교현장의 변화와 일의 성취감도 느꼈지만, 선한 의도로 추진하였으나 나쁜 결과를 나타낸 사례를 수많이 체득하였다. 60~80년대의 산업 화·권위주의 시대 규범이 아직도 우리 교육을 지배하고 있어 우리 교육의 선진화 를 가로막고 있다고 생각한다. 국가와 교육청의 교육 권력이 작아지고, 다른 교육 주체들의 힘이 커져야 우리 교육의 미래가 있다고 믿는다. 수도 서울의 교육감권 한대행을 끝으로 2010년에 공직을 떠났다. 성신여대 교수로 자리를 옮겨 10년여 간 교육행정·정책을 연구하고 가르치면서 교육이론을 터득하고 나의 교육철학을 정립하였다. 현재는 서울의 한 학교에서 학교운영위원회 위원장을 맡아 학교운영이 민주적으로 이루어지고 학부모의 의견이 반영되도록 애쓰고 있다. 한림재단(한림연예예술고) 이사장, 서울아카데미(서울과학종합대학원대학교)·중동학원(중동 중·고)·봉암학원(경기외고)의 이사로서 이들 사학이 건학이념을 구현하면서 발전하도록 지원하고 있다. 이와 같은 고위 교육행정가로서의 경험, 학자로서 터득한 이론, 그리고 교육전문가로서 사회활동에서 깨달은 지식 등은 이 책을 쓰는 데 자양분이 되었다. 우리 교육이 평등교육을 넘어서 자유롭고 공정하며 다양하기를 희구하는 마음에서 이 책을 집필하였다. 문재인 정부 이후 새 정부에서 이 책에서 논의된 방안들이 교육정책으로 채택되기를 기대한다.

이 책은 어머님을 비롯한 가족들의 사랑으로 탄생하였다. 오늘날 제가 있기까지 헌신하신 어머님께 크게 감사드린다. 어머님은 10년 전에 어버님을 저세상으로 보내시고 매일매일 자식들의 행복을 위해 기도하신다. 아버님은 이승에서는 성공하지 못했어도 어질게 사신 분이기에 저세상에서는 축복받으실 것으로 믿는다.

가족은 내가 힘들 때 버팀목이 되어준다. 사랑스러운 아내는 내가 하는 일을 묵묵히 지원하는 제일 큰 후원자이다. 늘 고맙고 항상 건강하기를 기도한다. 첫아들을 얻고 기뻐하는 아들 태우와 며느리 지현, 그리고 나에게 쓴소리 거침없이 하는 딸 세희, 이들은 내 행복의 원천이다. 새롭게 태어난 손자, 수호를 동량지재(棟梁之材)로 키울 책임이 생겼다. 이 책의 인공지능에 관련 내용을 쓰는 데 KAIST 김정호 교수님의 자문이 큰 도움이 되었다. 사돈어른께 감사드린다. 끝으로 이 책의 출판을 맡아주신 박영사 안종만 회장님과 안상준 대표님, 교정·편집에 수고하신 여러분들께 감사드린다.

2022년 2월

김 경 회

차례

제9장   유아학비와 대학생 학비 지원방안

학력을 키워야 미래가 있어

" 자유 · 공정 · 다양성 ,
4.0시대 교육정책 어젠다 "

1. 文정부에서의 학력하락은 심각한 수준
2. 정부·여당의 땜질 처방
3. 철 지난 교육이념이 학력하락 부추겨
4. 시험·숙제·훈육 없는 3無 정책을 학력중시 정책으로 전환해야

<table>
<tr><td>제1장</td><td>학력을 키워야 미래가 있어</td></tr>
</table>

공부 안 시키고, 덜 가르치는 혁신교육(쉽교육)으로 코로나(Covid19)가 확산되던 2020년 이전부터 학력이 떨어지고 있었다. 코로나로 학교 등교하는 날이 줄어 기초학력 미달이 심화되고 학력격차가 누적되고 있다. 학력중시 정책으로 전환이 이루어지지 않으면 학력 최상위국가에서 중위권 국가로 추락하여 인재경쟁력이 뒷걸음칠 것이다. 아울러 공교육에만 의존하는 서민층 자녀들은 개천에서 용이 되는 신분상승의 기회를 상실한다. 국가는 학력중시 정책으로 전환하고, 학교는 공부시키고 사람 만드는 곳으로 다시 태어나야 한다.

1. 文정부에서의 학력하락은 심각한 수준

국제학력평가인 PISA성적과 TIMSS성적, 그리고 우리나라 전국 단위 학업성취도 평가에서 학생들의 학력이 얼마나 떨어지고 있는지 살펴본다.

가. 경제개발협력기구(OECD)의 PISA 성적은 지속적으로 하락

(1) 2012년 대비 읽기는 22점, 수학은 28점, 과학은 19점이 하락

OECD는 회원국 등 여러 나라 15세 학생을 대상으로 국가 간 학력을 3년 주기로 평가하여 비교하고 있다. 국제 학업성취도 평가(Programme for International Student Assessment; 이하 PISA)는 만 15세 학생의 읽기, 수학, 과학 소양의 성취와 추이를 3년을 주기로 2000년부터 시행되는 국제 비교 연구이다. PISA 2018은 전 세계 79개국(OECD 회원국 37개국, 비회원국 42개국)에서 약 71만 명이 참여하였으며, 우리나라는 188개교 총 6,876명(중학교 34개교 917명, 고등학교 154개교 5,881명, 각종학교 2개교 78명)이 참여하였다. PISA는 실제문제 해결능력을 위한 소양(literacy)을 측정한다. 각 교과

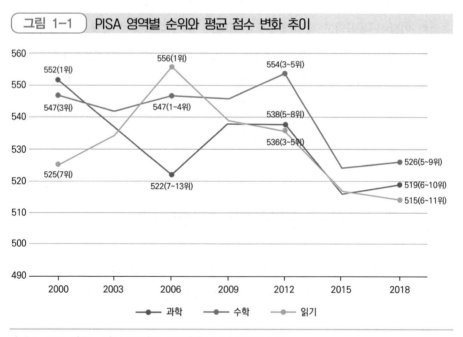

그림 1-1 PISA 영역별 순위와 평균 점수 변화 추이

(주) 1. PISA 점수는 평균 500이고 표준편차 100인 척도점수임.
    2. PISA 2006부터 각 국가의 순위를 범위로 제공하고 있음.

소양은 교과에서 배운 지식과 기술로 일상생활에서 직면하는 문제들을 해결하는 역량이다. 교과 지식을 묻는 TIMSS와 다른 점이다. 경제개발협력기구(OECD) 2018 국제 학업성취도 평가(PISA)에서 우리나라 고1 학생(만 15세)들의 성적이 2012년 최상위권에서 읽기는 6~11위, 수학은 5~9위, 과학은 6~10위로 추락하였다. 2012년 대비 읽기는 22점, 수학은 28점, 과학은 19점이 하락하였다.

(2) 상위권 학생은 줄고 하위권 학생 증가

평균적으로 상위권에 속하지만 최상위 학력을 지닌 학생비율이 2006년 이후 지속 감소하고, 최하위권 학생비율은 증가하는 학력하향화가 심화되고 있다. 특히 수학이 학력하향화가 제일 크다. 최상위 5-6 학업성취수준 집단비율(2012 대비 2018년)을 보면 읽기(14.2%→ 13.1%), 수학(30.9% → 21.3%), 과학(11.7% →11.8%)으로 줄었다. 한편 최하위권 1수준 이하 집단비율(2012년 대비 2018년)은 읽기(7.6% → 15.1%), 수학(9.1% → 15.0%), 과학(6.7% → 14.2%)으로 증가하였다.

(3) 학력하향 국가로 분류되고, 아시아 국가에서 꼴찌

OECD는 2018년 2018 국제 학업성취도 평가(PISA) 분석에서 한국을 핀란드와 함께 읽기, 수학, 과학 등 모든 과목에서 성적이 하락한 국가로 지정하였다. 학력을 중시하는 아시아 국가 중에서 한국은 수학과 과학에서 다른 경쟁 상대국에 비하여 평균점수에서 큰 폭으로 밀렸다. 중국은 큰 점수차로 1등이며 한국은 수학과 과학에서 일본에 밀리고 있다.

나. TIMSS에서 성적은 하락하고 자신감과 흥미는 국제평균 이하

국제 교육성취도 평가 협회[1]의 '수학·과학 성취도 추이변화 국제비교 연구'[2]는 초4·중2 학생들의 수학·과학 성취도를 국제적으로 비교하고, 수학·과학 성취도와 교육맥락 변인 사이의 관계를 파악하기 위해 4년 주기로 시행되는 국제비교

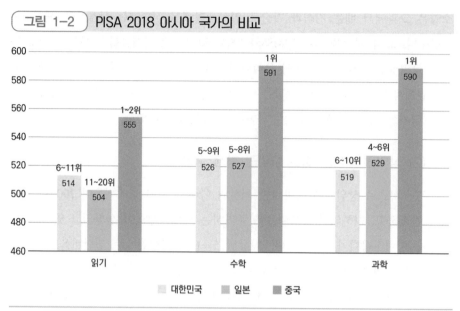

그림 1-2 PISA 2018 아시아 국가의 비교

주: B−S−J−Z(중국)은 '베이징, 상하이, 장쑤성, 저장성' 지역에 해당

연구이다. 2019년 연구에는 58개국의 초등학생 약 33만 명, 39개국의 중학생 약 25만 명이 참여하였으며, 우리나라는 2018년 12월에 345개교의 학생 12,101명(초4 170개교 5,855명, 중2 175개교 6,246명)이 참여하였다. TIMSS는 PISA와 달리 전통적인 교과성취도를 측정한다. 교과지식이나 이론들을 어느 정도 잘 아는지 측정한다. 교과목표의 달성도이다.

중2 학생의 수학은 TIMSS가 시작된 1995년 3위로 시작해 2011년까지 1위로 순위가 상승했다가 하락세로 돌아섰다. 특히 보통수준, 기초수준 이상 학생 비율이 각각 3%, 2% 감소하였다. 이처럼 초·중학생의 수학·과학은 성취도 순위 상위권은 유지했지만, 세부 결과 곳곳에서 하락세를 보이고 있다.

TIMSS에서는 학생들의 수학·과학 과목에 대한 자신감, 흥미도, 교과에 대한 가치를 조사한다. 우리 학생들의 흥미도 자신감을 올리는 데 실패하였다. 오히려 학년이 올라갈수록 자신감이 떨어진다. 중2 학생의 수학·과학에 대한 태도(자신감,

흥미, 가치인식)는 낮고, 4년 전보다 향상되지 않았다. 수학에서 자신감이 있는 학생
은 46%, 흥미가 있는 학생은 40%, 가치 있다고 생각하는 학생은 70%로 나타났으
나, 모두 국제 평균에 비해 낮았다. 과학에서 자신감이 있는 학생은 34%, 흥미가
있는 학생은 53%, 가치 있다고 생각하는 학생은 66%로 나타났으나, 모두 국제 평
균에 비해 낮았다. 2015 TIMSS 평균척도는 수학에서 자신감 9.4, 흥미도 9.1였다.
과학은 자신감 8.7, 흥미도 8.6와 비교할 때 2019 TIMSS 척도가 향상되지 않았음
을 알 수 있다. 이처럼 혁신교육에서 중요시하는 수업에 관한 흥미도나 자신감을
올리는 데 성공하지 못하였다.

다. 국가수준 학업성취도 평가에서 학력저하 뚜렷해

정부가 매년 시행하는 국가수준 학업성취도 평가는 고교는 2학년, 중학교는
3학년을 전국 약 3% 비율로 표집(標集)해 평가하고 있다. 학업성취도 평가 결과는
'우수학력(4수준·교육과정 80% 이상 이해)', '보통학력(3수준·50% 이상)', '기초학력(2수준·
20% 이상~50% 미만)', '기초학력 미달(1수준·20% 미만)' 네 가지로 분류된다.

(1) 기초학력 미달자 2배 이상 증가

'경쟁을 줄이고 서열화를 없앤다'며 학습량과 시험 횟수를 줄이는 교육으로
학생들 학력은 추락하였다. 교과 내용의 20%도 이해 못 하여 수업을 못 따라가는
기초학력 미달자가 증가하고 있다. 2020년 중3은 학력 미달 학생 비율이 국어
6.4%, 수학 13.4%, 영어 7.1%이고, 고2는 국어 6.8%, 수학 13.5%, 영어 8.6%로 기
본 수업도 못 따라가는 기초학력 미달자가 지난 정부보다 2−3배 증가하였다.

| 표 1-1 | 국가수준 학업성취도 평가 기초학력 미달 비율 추이(증가) |

〈중3〉					
	2016	2017	2018	2019	2020
국어	2.0%	2.5%	4.4%	4.1%	6.4%
수학	4.9%	6.9%	11.1%	11.8%	13.4%

〈고2〉					
	2016	2017	2018	2019	2020
국어	3.2%	4.7%	3.4%	4.0%	6.8%
수학	5.3%	9.2%	10.4%	9.0%	13.5%

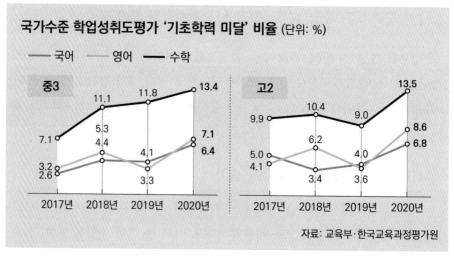

자료: 교육부·한국교육과정평가원

출처: 조선일보.

(2) 50점 이상 맞는 기초학력 도달 학생 수도 감소

교과 내용의 50% 이상 이해하는 보통학력 이상자도 매년 줄고 있다. 2020년 경우, 지난 해보다 중학교 국어와 영어는 각각 75.4%, 63.9%로 전년 대비 7.5%p, 8.7%p 감소, 고등학교 국어는 69.8%로 전년 대비 7.7%p 감소하였다. 보통학력 이

| 표 1-2 | 국가수준 학업성취도 평가 보통학력 이상 비율 추이(감소) |

〈중3〉					
	2016	2017	2018	2019	2020
국어	90.1%	85.2%	81.3%	82.9%	75.4%
수학	68.2%	68.4%	62.3%	61.3%	57.7%
〈고2〉					
	2016	2017	2018	2019	2020
국어	84.1%	76.2%	81.6%	77.5%	69.8%
수학	78.2%	76.9%	70.4%	65.5%	60.8%

상의 학력을 갖추어야 다음 단계 학습이 가능하므로 보통학력에 미달하는 30~
40% 학생이 수업을 따라 가는 데 어려움을 겪고 있는 것이다.

(3) 상위권 학생도 감소

자기가 배운 교과목 내용을 80% 이상을 이해하는 이른바 '우수 학력' 중·고
교생 비율이 지난해에 비해 줄었다.[3] 코로나로 원격 수업이 장기화되면서 상위권
도 줄어드는 '하향 평준화'가 나타나고 있다. 한국교육과정평가원 분석에 따르면
2020 국가수준 학업성취도 평가 결과, 고교 2학년의 국어 과목 우수 학력 학생 비
율은 2019년 28.8%에서 2020년 23.3%로, 영어는 40%에서 37.1%로, 수학은
29.3%에서 29%로 전년에 비해 각각 0.3~5.5%포인트 감소했다. 중학교 3학년은 국
어가 2019~2020년 사이 39.7%에서 36.5%로, 수학은 17.9%에서 17.7%로 각각 감
소했다. 특히 고교 국어와 중학교 수학은 2017년 이후 4년 만에 우수 학력 비율이
가장 낮게 나타난 것으로 조사됐다.

라. 비대면 학습결손으로 학력격차는 커지고 있어

코로나19로 인한 비대면 온라인 수업으로 학습공백이 커져 가정에서 충분한 학습지도를 받지 못하는 학생들의 학습결손으로 중위권 학생들이 하위권으로 추락하는 학력의 양극화 현상을 언론은 크게 우려하고 있다.[4]

(1) 국책기관 조사에서 학력하락과 학력격차가 확인돼

교육부가 한국교육학술정보원에 의뢰해 2020년 7월에 전국 교사 5만 1,021명을 대상으로 실시한 설문조사에서 응답자의 약 80%가 '학생 간 학습 격차가 커졌다(커졌다 46.3%·매우 커졌다 32.7%)'고 답하였다.[5] 원격수업 이전과 비교해 '변화 없다'는 응답은 17.6%, '줄었다'는 응답은 3.4%에 불과하였다. 학습격차가 심화된 이유(중복 선택)에 대해서는 '학생의 자기주도적 학습능력 차이(64.9%)'와 '학부모의 학습 보조 여부(13.9%)'를 들고, 이 밖에 '학생－교사 간 소통 한계(11.3%)', '학생의 사교육 수강 여부(4.9%)', '학습 환경 변화에 대한 적응력 차이(3%)' 등을 원인으로 꼽았다. 이미 공부 잘하는 학생 또는 학습 여건이 좋은 학생은 코로나19 상황에서 별 탈 없이 공부할 수 있지만, 그렇지 못한 학생은 원격수업만으로는 제대로 공부할 수 없어 '양극화'가 벌어졌다는 분석이었다.

2021.4.20. 서울시교육청 산하 서울교육정책연구소가 코로나19를 전후한 서울시내 382개 중학교 2학년과 3학년의 1학기 국어, 영어, 수학 학업성취등급 비율을 3년간 추적한 종단연구을 실시하여 코로나19 이후 학력격차를 분석하였다.[6] 연구진은 비교군(2018년 중2)과 관심군(2019년 중2)으로 나눠 이들의 2~3학년 학업성취 등급을 비교 분석했는데, 코로나19의 영향을 받은 관심군의 성적 격차가 더 큰 것으로 나타났다. 관심군의 국·영·수 중위권 등급 비율은 1년 새 각각 12.95, 8.84, 14.91%포인트 줄어, 비교군(3.96, 1.87, 5.45%포인트)보다 감소폭이 훨씬 컸다. 반면 하위권 등급 비율의 경우 비교군은 국어와 영어는 오히려 줄고 수학만 소폭(0.59%포인트) 늘었으나, 관심군은 세 과목(4.97, 0.81, 2.53%포인트) 모두 하위권 등급

이 증가한 것으로 조사되었다. 관심군 학생들이 3학년 때 코로나19 사태로 장기간 원격 수업을 받으면서 학력 양극화가 커진 것으로 해석된다. 이는 성적분포가 중위권이 두텁고 상·하위권이 얇은 종 모양(Bell curve)에서 중위권이 하위권으로 떨어져 M자 곡선으로 변화된 것이다.

(2) 민간단체의 조사에서 취약계층 학생의 학력결손이 더 커

사교육걱정없는세상[7]이 '최근 2개년도 전국 중·고교 국영수 성취도 분포'를 분석한 결과, 전년 대비 중위권(B, C, D등급) 비율이 감소하였다. 특히 중학교는 A, E등급이 함께 높아진 '학력 양극화', 고등학교는 상위권(A등급)이 감소하고 하위권(E등급)이 증가한 '학력저하'가 두드러졌다.

다른 시민단체의 조사[8]에서도 학습결손은 자연스럽게 학력저하로 나타났다. 초록우산어린이재단(2020)의 조사에 의하면, 전국 초등생 및 중고등학생의 코로나 전후 학업성적을 비교한 결과, 48.0%가 유지, 35.0%가 하락, 17.0%가 상승으로 인식하고 있는 것으로 나타났다. 아동권리보장원(2021)이 아동 75,096명, 보호자(부모) 84,839명을 대상으로 실시한 조사에 의하면, 학교휴교 및 온라인 학습의 증가로 '아동의 주관적 학업성취도'는 5.92점으로 평가되어, 2018년의 7.35점보다 감소한 것으로 나타났다.

코로나19는 모든 학생들에게 어려움을 주고 있으나, 특히 취약계층에게는 더욱 큰 부정적 영향을 미치고 있다는 조사가 있다. 아동권리보장원(2021)의 조사에 의하면, 미등교(원)일의 결식률은 빈곤가구에서 50.1%로 비빈곤가구의 38.5%보다 높았고, 한부모·조손가구에서는 49.1%로 양부모가구의 38.0%보다 높게 나타났다. 아동권리보장원(2021)의 조사에 의하면, 학교휴교 및 온라인 학습의 증가로 '아동의 주관적 학업성취도'는 빈곤가구 4.80점으로 비빈곤가구(6.05점)보다 낮게 나타났으며, 한부모·조손가구는 5.29점으로 양부모가구(6.04점)보다 낮게 나타났다.

학술연구도 학력저하와 학력격차를 보여주고 있다. 홍섭근(2021)의 조사[9]에 의하면, 코로나19로 학력격차가 심화되었는지에 대해 학생 53.8%, 교원 69.7%, 학부모 76.5%가 동의하였다. 계보경 외(2020)의 조사[10])에 의하면, 교사들의 79%가 원격수업으로 인해 학생 간 학습격차가 커졌다고 인식하고 있다. 신성현(2020)의 조사[11])에 의하면, 전국 성인의 80%가 온라인 수업으로 학생 간 학습격차가 커졌다고 판단하고 있는 것으로 나타났다. 초등학교 저학년(36%), 고등학교(27%) 순으로 격차가 커졌다고 판단하였다.

끝으로 더불어민주당 강득구 의원이 교원 2,009명(8.9%), 학생 3,646명(16.2%), 학부모 16,831명(74.7%), 총 22,544명을 대상으로 한 2021년 9월 온라인 설문조사 결과에 따르면, 학생·학부모·교사 72.8%가 기초학습부진 학생이 늘었다고 응답하고, 71%가 코로나로 학력격차가 커지고 있다고 체감하고 있다고 응답했다. 또한 76.9%는 코로나로 사교육비가 늘었다고 답변하였다.

2. 정부·여당의 땜질 처방

가. 교육부의 "교육회복 종합방안"은 방과 후 보충 땜질 처방에 불과

교육부는 2021.7.29. 코로나19로 인한 학생들의 결손을 극복하는 대책으로 '교육회복 종합방안' 기본계획을 발표하였다. 그 취지를 "시도교육청과 함께 국가역량을 신속하고 책임 있게 집중 투입하여 학생의 학습, 심리·정서 등 결손을 종합 지원함으로써 모든 학생의 교육회복을 꾀한다"고 밝히고 있다. 주요 내용은 아래 〈표 1−3〉과 같다.

교육회복지원 방안의 특징은 몇가지로 정리할 수 있다. 첫째, 단위학교가 학생의 학습·정서 결손 상태를 자율적으로 진단토록 하고 있다. 교사의 관찰과 상담, 정서행동특성검사 등 진단도구를 활용하여 학생의 결손을 진단한다. 둘째, 학습결손 학생을 위한 방과 후에 학습 도움닫기 프로그램(강사)과 튜터링(대학생)을 운

표 1-3 「교육회복 종합방안」 기본계획 주요내용

❶ (기초학력보장) 2022년까지 초중고 학생의 1/3이 넘는 203만 명* 학생들에게, 교과보충 특별
프로그램 '학습도움닫기'** 운영 및 수강료 전액 지원
* 2020년 국가수준 학업성취도 평가 1수준(기초학력 미달) 추정 학생 수 대비 3~6배 해당
** 현직교원 등이 소규모 3~5명 또는 1:1 지원(약 178만 명), 교·사대 예비교원 튜터링(약 24
만 명)
❷ (맞춤형 학습지원)
• 초중고 학습·심리 복합지원하는 '두드림학교' 6,000개교로 확대
• 초등학교, 1수업 2교(강)사 등 협력수업 운영학교, 2,200개교로 확대
• 고등학생, 수석교사 중심으로 1:1 학습상담(컨설팅) 지원 확대
❸ (지원센터) 전국 176개 교육지원청 전체, '학습종합클리닉센터' 설치
❹ (심리정서) 정신건강 관심군 대상 치료비 지원 및 방문의료 확대
❺ (사회성) 등교 확대를 통한 학교일상회복 및 또래체험활동 등 지원

영하고 이에 소요되는 비용을 국가·시도교육청에서 지원한다. 교과보충 집중(학습도움닫기) 프로그램'은 교과학습 결손이 있거나 희망하는 학생을 대상으로 3~5명 정도의 소규모 수업반을 개설하여 교사가 방과 후·방학 중 학생 맞춤형으로 집중지도한다. 셋째, 특별교부금 약 5,700억 원(2021년에 2,200억 원, 2022년 3,500억 원)을 활용해 약 178만 명에게 학습 도움닫기 프로그램의 수강료 전액을 지원하고, 시도교육청이 지방교육재정교부금을 추가 투입하여 혜택 대상을 늘린다. 넷째, 교·사대 등 대학생 및 지역 강사를 활용한 '튜터링'을 통해 소규모 학습보충 및 상담, 환류(피드백) 등을 지원하고, 수석교사 등이 고등학생에게 1:1 맞춤형 '학습 컨설팅'을 지원토록 한다. 다섯째, 학생의 심리·정서, 사회성, 신체건강 등 비학력적인 활동 지원이 포함되어 있다. 학생의 사회성·신체건강 결손회복을 위해 기존 단위학교별 학생 활동을 강화하고, 신체활동 확대 등을 지원한다. 예컨대, 교사-학생이 함께하는 사제동행 독서클럽, 담임·교과교사와 함께 자기사랑 명상법, 마음다지기, 교외체험학습 등 운영, 건강체력교실 운영, 학교스포츠클럽축전 참여, 건강 UP+ 캠페인 등 프로그램 운영비를 지원한다.

나. 실효성 있는 대책이 빠져 예산 낭비에 그칠 우려

(1) 국가수준의 진단평가가 없는 깜깜이 학력으로는 지도에 한계

학력 진단은 학교별, 교사별로 들쭉날쭉하게 시행하는 내용에 머물러 있다. 교사의 관찰로는 '깜깜이' 학력을 벗어날 수 없고, 학부모가 신뢰할 학력 데이터가 없어 방과 후 교과보충이나 가정과 연계한 협력 학습도 어려울 수 있다. 이는 한국교총이 가장 크게 지적하는 사항이다. 반면, 전교조는 학생들의 학습과 심리·정서, 건강 등 결손을 지역과 단위학교 특성을 고려하여 자율적으로 종합진단하고 학습지원을 시행하는 방안에 찬성하고 있다. 즉 국가수준 학력평가를 반대한다.

(2) 학교 과외활동비 지원에 그칠 우려

학습부진아의 자율참여가 전제되고, 학교에 대한 인센티브가 없어서 행정처리 부담으로 실제 '학습 도움닫기 프로그램'이나 고등학생 대상 "튜터링"사업의 참여가 저조할 것이다. 교육결손 회복지원 프로그램의 운영성과를 측정하는 방안(예, 프로그램 참여 후 성적향상도, 기초학력 미달자 비율 감소폭, 수능 등급 상향 등)이 없어서 단순히 국가가 방과 후 과외 강사 인건비를 지원하는 수준에 그칠 것이다.

기초학력 향상보다는 학생의 체육활동, 교외체험활동 지원에 치중하여 학력 향상을 기대하기 어렵다. 아래 서울의 한 초등학교의 '2021년 교육회복 지원 사업 운영 계획'을 보면 잘 알 수 있다. 학교에 배정된 예산의 1/2 정도만 교과학습보충 프로그램 운영에 쓰고 있다. 신청자도 46명에 불과하여 참여가 매우 저조하다.

표 1-4 서울 A초등학교 교육회복 지원 프로그램 예산

영역	교과보충 집중 프로그램			학생건강 관리 체계 구축	사회성 결손 회복 지원			총액
사업명	점프up	키다리샘2.0 (선택)	짬짬짬 독서 (선택)	위기학생 상담· 치료비	또래 학급	또래 스포츠 (선택)	또래 예술 (선택)	
배정액 (교육청)	15,000			1,000	8,000			24,000
학교 편성액	13,000			1,000	10,000			24,000
편성액	9,250	-	3,750	1,000	5,000	5,000	-	24,000

(3) 모든 학생의 학력을 끌어 올리는 정책이 없다

기초학력 미달자 증가에 놀란 교육부는 학습부진아 수를 줄이는 데 중점을 두고 있어, 전반적인 학력하락 현상을 막을 정책은 전무하다. 학교에서 기초학력 보장 프로그램 운영 성과를 측정하여 이를 다음 연도 재정지원 규모에 반영할 방법이나 교육청 차원에서의 사업보완 등 성과관리에 관한 계획이 없어서 사업효과를 기대하기 어렵다.

한 초등학교 수석교사는 "정부의 과감한 예산 투자라는 긍정적 함의에도 불구하고 주요 방안을 코로나19 상황 하나로 초점화시킨 단선적 시각은 크게 아쉬운 점이라 할 수 있다. 행복교육으로 상징되는 혁신교육과 수업혁신정책에 대한 진중한 성찰이 빠진 것이다. 근본적으로 학습 '정체성'부터 역량 아닌 '지식중심' 수업으로 통일해야 학력이 향상된다"고 주장한다.[12] 공감이 가는 적절한 지적이다.

(4) 이명박 정부의 기초학력 향상 정책을 본받아야

이명박 정부는 2008년 국가수준의 학업성취도 전수 평가를 도입하였다. 당시 전교를 비롯한 진보학계는 "일제고사는 성적조작, 문제풀이식 획일화된 수업, 학

사일정의 파행적 운영, 학생·교사·학교의 줄세우기 등 반교육적 문제를 만들어냈다"고 시험을 거부하기도 하였다. 전국 수준 학력평가로 인하여 일선 학교는 기초학습이 미달된 학생들을 어떻게 지도할까 하는 학습부진아 책임 지도방안에 더욱더 관심을 기울이게 되었다.

2009년부터 운영된 '학력향상 중점학교(학력향상형 창의경영학교)'가 바로 이 시기에 단위학교에서의 학습부진 학생 지원을 위한 정책으로 나온 것이다. 정부는 기초학력 미달 학생의 비율이 현저히 높은 학교의 학력을 끌어올리려고 '학력향상 중점학교 지원 사업'을 펼친다. 2010년 1,440개 학교에, 840억 원을 지원하였다. 학교에 최대 1억 원으로 평균 5천 800만 원 투입해 학습부진 예방－진단－관리 시스템을 구축하게 하고 학습 보조강사(퇴직교원, 예비교사 등) 인건비를 지원하였다. 학력향상 중점학교 정책은 미국의 낙오방지법(NCLB, No Child Left Behind)처럼 학교의 책무성을 강조한다. 교육과학기술부는 학력향상 중점학교 선정 기준(예, 기초학력 미달자 비중 20% 이상)을 초과하는 경우 해당 학교를 학력향상 중점학교로 지정하였다. 학력향상 중점학교로 지정된 학교에 컨설팅 및 재정적 지원을 통해 기초학력 미달 학생 감소를 위한 노력을 할 것을 요구하였다. 성과관리는 만족도 조사와 국가수준학업성취도 평가에서 기초학력 미달 비율 개선정도로 측정하였다. 그 결과 기초학력 미달자 비율이 감소하는 성과를 거두었다. 교과부는 학력향상 중점학교의 기초학력 미달 학생 비율이 2008년 28.9%에서 2009년 18.6%로 줄었고, 2010년에는 10.7%로 더 줄었다고 밝혔다.

성공요인으로는 정부의 행·재정 지원, 학교장의 리더십, 교사의 책임지도를 들었다. 학력향상 중점학교는 저학력 학교의 미달학생 비중을 10－20% 하락시킨 통계적으로 의미 있는 정책효과가 있었다.[13] 그러나 당시 야당 국회의원이었던 유은혜 교육부장관은 이 사업에 부정적이었다. 2012년 국정감사에서 "일제고사를 통한 문제풀이 중심의 학력 경쟁에 학교를 내모는 것이 효과적인 학습부진 대책인지 근본적인 검토가 필요하다"고 비판하면서 학력향상 중점학교가 효과 없다고 주장한 바 있다.

다. 여당 단독 처리한 기초학력보장법은 실효성 없어

2021.8 교육위 여당 단독 의결하여 통과시킨 '기초학력보장법'의 주요 내용은 아래 〈표 1-5〉와 같다. 이 법안의 내용은 지난 20대 박홍근 의원과 박경미 의원이 발의한 법안과 같은 내용이다. 20대에서는 실효성이 없다고 여·야 간 합의가 이루어지지 않아 통과되지 못했던 법률안이 되살아났다.

표 1-5

- 기초학력: 학교 교육과정을 통하여 갖춰야 하는 최소한의 성취기준을 충족하는 학력
- 계획수립: 교육부장관은 5년마다 기초학력보장종합계획 수립
- 진단평가: 학교장은 기초학력진단검사 실시
- 학습지원대상자: 기초학력진단검사결과와 교사 추천, 학부모 상담 등으로 선정하여 학습지원교육
- 전담교원: 교원중에서 학교장이 지정
- 보조인력: 특별한 학습지원이 필요한 교과에 보조인력 추가 배치
- 전담기구: 기초학력지원센터(연구기관) 지정 운영

---

(1) 전국 수준 학력진단 없는 '깜깜이' 학력으로는 지도 어려워

학습부진의 원인이 다양하고 학습상태에 따라 효과성이 검증된 학습방법이 충분치 않아 에너지를 쏟은 만큼 좋은 결과를 얻기 어려운 과제이다. 교사는 학습부진아 지도를 부가적 업무로 인식하는 경향마저 보인다. 따라서 촘촘하게 제도를 만들어야 기초학력을 향상시킬 수 있다. 기초학력진단검사를 학교장이 선택적으로 실시하도록 하여 강제성이 없고, 학교 간 진단평가결과 차이를 초래한다. 국가에서 전국 단위 학업성취도를 평가함으로써 학력진단검사의 타당도를 높여야 할 것이다. 따라서 전체 학생을 대상으로 진단을 하고 이를 바탕으로 전체 학생의 학업성취도 향상을 위해 힘써야 한다.

(2) 기초학력의 기준점의 너무 낮아

교육과정에서 요구하는 최소한의 성취수준이 무엇인지에 대하여 제정안에서

제시하고 있지 않기 때문에 해석상 불분명하다. 경기도교육연구원에서 진행한 기초학력 재개념화 연구에서는 '읽기 문해력', '쓰기 문해력', '수리 문해력', '사회정서적 역량'으로 정의했고, 서울교육청은 3R+관계성으로 정의한다. 이는 초등 3학년 수준의 읽기, 쓰기, 기초수학능력에 도달하지 못한 기초학습부진아로 한정하는 것이다. 학년교과 교육과정(국어, 영어, 수학, 사회, 과학)에 제시된 최소수준의 목표에 도달하지 못한 교과학습부진학생으로 그 대상을 확대해야 할 것이다.

기초학력 기준을 낮게 정해놓고(성취도 20%) 이를 보장하겠다는 것은 현행과 차이가 없는 정책이다.[14] 초중등교육법 제28조에 의한 "학습부진아" 지원에 관한 근거조항이 있어도 학습지원정책은 성공하지 못하고 있다. 법에서는 학습부진아를 성격장애나 지적(知的) 기능의 저하 등으로 인하여 학습에 제약을 받는 학생 중「장애인 등에 대한 특수교육법」 제15조에 따른 학습장애를 지닌 특수교육 대상자로 선정되지 아니한 학생으로 정의하고 있다. 특수교육 관점에서 보면 민주당이 제시하는 기초학력 미달자는 사실상 특수교육 대상자거나 기초 학습부진아에 속한다. 우리나라 특수교육 대상자는 전체 학생의 1.3%로 미국은 7%, 캐나다는 10.8%, 덴마크는 13%, 핀란드는 17.1%(OECD 평균은 약 6%) 비해서 매우 낮다. 우리 학생들이 여러 이유로 인해 특수교육을 받지 못하기 때문에 비율이 낮은 것이므로 기초학력 미달 학생으로 분류했던 학생 중의 상당수가 특별지원을 지속적으로 받아야 하는 특수교육 대상 학생일 것으로 추정된다.[15]

(3) 보충수업, 강제성 없고 보조인력으로는 성과내기 어려워

기초학력 미달 학생을 학교가 지도하려고 하여도 학부모가 낙인효과를 들어서 반발하는 경우가 빈번하다. 현재 학부모의 동의 없이 학생에 대한 보충교육을 하기가 어려운 현실을 타개할 수 있는 방안이 없다. 교과 수업에서 교사를 보조하는 보조인력의 신분, 직무범위, 자격조건 등 제도의 기본적 사항을 별도로 규정하지 않고 있어서 현재처럼 방과 후 보충수업에 그칠 것이다.

(4) 인센티브와 정보공개가 빠져

학교의 노력 성과에 대한 인센티브가 없고, 학교의 학력향상도에 대한 정보 공개가 빠져있다. 기초학력보장은 학교와 교사의 책임이다. 정보공개와 우수학교 포상을 통해서 단위학교에서 학습부진아 책임 지도방안에 더욱더 관심과 모력을 기울이도록 해야 한다. 미국의 아동낙제방지법(지금은 모든 학생 성공법)이 '연간 적정 향상도(AYP: Adequate Yearly Progress)'를 공개하여 단위학교 책무성을 높이고 있다.

3. 철 지난 교육이념이 학력하락 부추겨

가. 경쟁 혐오증으로 자유 경쟁 원리를 무시

현 교육을 이끄는 인사들은 경쟁을 혐오하고 그 부작용을 크게 부각시킨다. "현재의 교육 경쟁양식은 과잉 경쟁상태이고 나아가 자기 파괴적인 성격을 가지고 작동하고 있다. 이 비정상적인 미친 과잉경쟁은 경쟁이 갖는 고유한 합리성을 파괴하면서, 한국 경제의 지속가능성을 가능케 하는 '인적 자원'의 형성과 배분을 왜곡하는 단계까지 이르렀다"16) 서울교육을 책임지고 있는 조희연 교육감의 진단이다. 나아가 한국은 전 세계에서 가장 경쟁교육이 심한 나라이고, 경쟁교육은 야만이라는 극단적 표현을 서슴지 않는다.17) 경쟁이 서열을 만들고, 서열은 배제와 차별을 낳는다. 경쟁은 공부 잘하고 집안 좋은 학생들에게 유리하다고 믿는다. 학력경쟁 때문에 국·영·수 위주의 입시 교육만 하고 비판적, 창의적인 교육을 못 한다고도 한다. 그래서 경쟁이 학생의 인성을 해치고 공동체 정신을 해친다고 경쟁을 줄이는 데 온 힘을 쏟는다. 학교에서 아이들을 경쟁시키는 성적 등급, 포상 제도, 수업 관행들을 거부하고 경쟁의 대안으로서 '협력학습'을 제안한다. 아이들의 '자존감 함양', '감성지능'을 강조하면서 시험이 거의 없고 등수를 매기지 않는다.

19

이와 같은 사고는 인간의 이기심을 비난하면서 공동체를 위해서 이타심을 중시하는 사회민주주의 이념과 닮았다. 인간의 이기적 본성을 고려치 않고 교육을 통해서 이타심을 어린 학생들에게 강조해서 가르쳐야 한다고 주장한다. 이기심에서 나오는 경쟁보다는 이타심에서 나오는 협력을 강조한다.

그러나 경쟁이 주는 교육적 가르침은 크다. 우선 경쟁은 학습 동기를 촉발한다. 성취를 위한 경쟁적인 분위기를 조성함으로써 학습 효과를 높일 수 있다. 공정한 경쟁이 없으면 능력주의가 설 수 없다. 교육에서는 능력주의를 가르치고 실천하는 곳이다. 개인의 능력과 노력에 따라 사회적 지위와 권력이 주어지는 사회를 살아가는 능력을 길러준다. 경쟁이 있어야 학생들이 열심히 공부하고 공정한 대가도 받는다. 금수저 전형이니 특혜니 하는 것들은 경쟁이 제대로 이루어지지 않을 경우 발생한다. 학생들은 정직하게 경쟁하고 그 결과를 인정하는 태도를 습득해야 한다. 경쟁이 주는 긍정적인 모습도 터득해야 한다. 경쟁에서 비록 지더라도 이를 극복하고 도전하는 사람은 지금의 모습에 머물지 않고 앞으로 나아간다. 이런 개인의 모습들이 모여 인류는 발전해 왔다. 경쟁 없는 순수한 자아 실현만으로 개인이 발전하고, 인류가 발전했으리라고 믿기는 어렵다. 월드컵의 경쟁이 치열하였기에 축구 기술이 지금만큼 발전했고, 과학적 연구의 보상을 향한 경쟁이 있어서 과학·기술이 발전하고 있다는 것을 학생들이 이해해야 한다. 남들보다 한발 더 나아가고자 하는 목적이 없었다면 혁신과 창의성도 꽃피우지 못했을 것이다. 저명한 경제학자이자 세계적인 베스트 셀러 작가인 토드 부크홀츠(Todd G. Buchholz)는 "더 나은 삶을 향한 끊임없는 경쟁이 인류를 이만큼 발전시켰고, 궁극적으로 우리를 행복으로 데려다 줄 것이다. 우리는 경쟁한다, 고로 존재한다"고 설파한다.[18]

서지문 교수는 교육에서 경쟁이 왜 중요한지 다음과 같이 설명하고 있다. "경쟁이 현대인을 병들게 하는 것은 재론의 여지없는 사실이다. 그러나 경쟁이 없는 사회, 즉 자신의 능력을 치열하게 연마해 완성하도록 촉구하지 않는 사회가 행복하고 건강한 사람을 길러내는 것은 아니다. 철들기 전의 청소년들은 경쟁이 덜해져서 게임이나 오락을 할 시간이 늘면 아마도 희희낙락할 것이다. 그러나 어른이 된 후 자신은 하나도 우수한 능력이나 기술이 없는, 따라서 아무 데서도 정말 요긴하게 쓰이지 않는 사람이라고 생각하게 될 때 얼마나 허전하고 불안하겠는가".19)

교육에서 경쟁은 경쟁 주체를 기준으로 구분하면 학생들 간의 경쟁, 학부모 간의 경쟁, 그리고 교육서비스 공급자인 교사 간의 경쟁, 학교 간의 경쟁으로 나눌 수 있다. 학생 간의 경쟁은 아직 성장 과정에 있기에 경쟁 자체를 부정하지 말고 우리 아이들에게 마음에 상처가 되지 않도록 건강한 경쟁, 선의의 경쟁, 남을 의식하기보다는 자기 자신의 성장에 도움이 되는 경쟁을 하도록 지도해야 한다. 경쟁에 뒤처진 아이들을 보듬고 적극 밀어주는 정책적 배려도 물론 국가의 책임이다. 잘 가르치기 위한 교사 간 경쟁과 학교 간의 경쟁은 적극 장려해야 한다. 우리나라는 학교 간에, 교사 간에 '잘 가르치는 경쟁'이 사라져 공교육의 질과 경쟁력을 결정적으로 하향화시켜 공교육의 황폐화와 사교육 의존도를 심화시켰다. 교육에서 자유경쟁 원리보다는 교육에 대한 국가의 책임으로 공공재정 역할만 중시한다. 경쟁이 없고 노력에 대한 보상이 불분명한 교직 사회, 교육의 효과와 효율성을 판단하기 어렵게 하는 평가 시스템, 학교선택권의 결여, 학생모집에 대한 학교의 독점적 조건은 공립학교 실패를 가져오는 주요 원인으로 작동하고 있다.

요약하건대 우리는 초경쟁사회(hyper competition)를 살고 있어 경쟁사회에 적응하고 살아가는 힘을 길러주어야 한다. 아이들이 경쟁을 잘 활용해서 성장하는 경쟁의 수혜자가 될 수 있도록 지도해야 한다. 교육에서 소외를 줄이고 학력차이에 따른 차별구조를 없애려는 이상향에 함몰되어 상상의 공동체가 아닌 자유적인 이익사회에 살고 있다는 현실을 도외시하는 어리석음을 범해서는 우리 아이들의 미래가 없다.

나. 지식교육 소홀히 하는 '참학력관'

(1) 학력저하를 감추기 위해 참학력을 주장해

소위 진보 교육감들은 기존 국어·영어·수학 등 교과목 성취도로 평가하는 학력은 4차 산업혁명 시대에 맞지 않는다며 감성과 시민성까지 아우르는 새로운 학력 개념이 필요하다고 주장하고 있다. 이재정 경기교육감은 "지금 우리가 '학력'이라고 부르는 것은 상상력과 창의력, 융합 능력을 측정하지 못한다"며 "4차 산업혁명 시대가 왔다고 하면서 수치화한 점수를 갖고 (혁신학교를) 판단하는 것은 명백한 잘못"이라고 말한다. 김지철 충남교육감은 미래형 학력으로 "참학력은 교과 교육 위주의 전통적인 학력을 확장시킨 개념으로 인성, 사회성, 신체적 능력을 포함한다"로 정의한다. 이처럼 지식위주의 학력을 넘어서 지식, 가치와 태도, 실천이 조화를 이루는 것이 '참'학력이라는 주장이다. 새로운 학력 개념을 〈표 1-6〉처럼 도식화할 수 있다.[20]

그러나 교육감들의 새로운 학력관의 주장은 기초학력이 떨어지고 있는 비판을 피하기 위한 술책으로 의심받는다.[21] 협업능력, 융합능력, 감성과 시민상 등은 기초지식을 대체하는 것이 아니라 이를 토대로 이루어진다는 것을 망각한 것이다.

| 표 1-6 | 기존 학력과 시도 교육감들이 도입하려는 '새로운 학력' |

	기존 학력	새로운 학력
개념	• 지식(학습) 중심 • 읽고 쓰고 셈하기	• 지식이 아닌, 협업 능력, 소통 능력, 창의력 등 • "지성뿐 아니라 감성, 시민성이 함께 발달해야 진짜 학력"
평가	• 지필고사(전국 단위 학업성취도 평가)	• 지필고사, 교사 평가, 학생 설문 등 복합적
필요성	• 학력 평가 가능	• 미래 사회 역량 평가 가능

자료: 새로운 학력 개념 정립 및 구현 방안 보고서(성열관 교수팀).

(2) 쇠퇴한 미국 진보주의와 일본 유토리 교육을 답습해

학교교육을 통해서 육성해야 할 능력을 학력이라 볼 때 학력을 무엇으로 볼 것인가에 대하여 여러 가지 주장이 있다. 일본, 영국, 미국에서 새로운 학력 논쟁을 살펴본다. 일본의 전후 학력관은 경험주의 학력관－주지주의 학력관－인간주의 학력관－신학력관(태도주의 학력관)－확실한 학력관으로 발전하였다.[22]

유토리 교육의 新학력관에서는 지식 기능보다 관심 의욕 태도라는 학습의욕과 주체적인 태도형성 등과 같은 새로운 기능적인 학력을 중시한다. 지식을 경시하고 '관심·의욕·태도'를 평정의 대상으로 하고 있어 학력저하를 초래한다는 비판을 받는다. 진보교육감이 주장하는 참학력은 일본의 신학력관과 유사함을 알 수 있다.

2014년 영국은 13년간 노동당이 유지해오던 역량중심에서 지식중심으로 전환하였다. 역량은 기업교육(직업교육)에서 사용하는 용어로 자신에게 주어진 직무를 성공적으로 수행하는 능력을 말한다. 즉 지식, 기술 등을 상황에 맞게 적용할 수 있는 실천적 능력으로 지식의 활용을 말하는 것이다. 역량은 범교과적인 지식을 통해서 습득되기에 융합교육을 중시한다. 또한 어떻게 가르쳐야 하는가(교수법)에 치중한다. 그 결과 개별교과의 지식교육을 소홀히 하여, 수학은 학습량의 과도한 축소로 공부 잘하는 다른 나라보다 학업 수준이 2년 정도 뒤졌다. 보수당 정부는 엄격한 지식모델을 채택하여 영어, 수학, 과학의 교육 수준을 높이고, 핵심지식을 엄격히 규정하였다. ICT&computer교육도 이용자 역량에서 개발자(생산자) 수준으로 그 내용을 심화시켰다.

진보교육감들이 추종하는 혁신교육은 미국에서 20세기 초반 성행하였던 진보주의 교육철학과 유사하다. 1957년 스푸트니크 충격(Sputnik shock)으로 학문중심 교육과정으로 회귀하기 전까지 미국 교육계의 주류 사조였고, 교육학자들의 지배적인 이데올로기였다. 영국의 아동중심교육(child-centered education)과 미국의 개방교육(open classroom)과 거의 같은 용어로 사용되어 왔다. 진보주의 교육은 전통적인 교육관습인 지식중심적(subject-centered), 교사중심적(teacher-directed) 교육으로부터 탈피하여 아동의 경험을 강조한다. 아동이 교육의 과정에서 중심적인 위치를 차지하며 주로 그들의 흥미와 욕구에 따라 교육활동의 내용이 선택된다. 아동중심 사상으로서의 진보주의 교육의 내용은 1938년에 진보주의교육협회가 표방한 7가지 교육강령에 잘 나타나 있다.23) 예컨대, "▲ 아동은 외적인 권위에 의하지 않고 스스로 사회적 필요에 의하여, 자연스럽게 발전할 자유를 향유하여야 한다. ▲ 모든 학습활동의 동기는 아동의 흥미가 되어야 한다. ▲ 아동에 대한 학교에서의 평가는 학과에 대한 평가뿐만 아니라 아동의 신체적 · 지적 · 도덕적 · 사회적인 발달을 포함하는 모든 영역에 대한 과학적인 판단에 기초해야 한다. ▲ 교사는 아동의 모든 활동을 격려하고 필요한 정보를 제공하여 주는 안내자이지 학습의 주도자는 아니다." 등을 들 수 있다. 이처럼 진보주의 교육은 인류가 쌓아 올린 보편적인 지식을 분과적 과목으로 나누어 교육하는 전통적인 학문중심 교육을 반대한다. 진보주의 교육사조는 전통적인 학교가치를 거부하고 교육과정과 수업방식에서 변화를 도모하는 것이다. 수업방식은 교사중심에서 벗어나 학생중심의 활동형 수업을 적용한다. 진보주의 교육개혁은 교사가 교실에서 교과 지식을 가르치는 전형적인 학교교육의 모습에서 탈피하여 학생이 학교 안팎에서 교과 이외의 다양한 체험과 활동을 하는 방식으로 변화를 추구해 왔다. 교육과정 운영에서는 분과적 교과 교육과정 이외에 통합 교육과정을 접목하려고 시도한다. 이 과정에서 교사보다는 학습자를, 지식보다는 경험을, 교과보다는 교과 아닌 생활사태를 강조해 왔다.

이와 같은 진보주의 교육사조를 본떠 이루어진 교육개혁 운동으로 1950년대의 '새교육운동', 1970년대 '자유학습의 날', 1990년대 '열린교육'과 '책가방 없는 날', 2010년대 '자유학기제' 등이 대표적이다.24) 최근에는 혁신학교를 대표적으로 들 수 있다. 이와 같은 진보주의 교육개혁은 지식교육을 소홀히 하여 학력저하를 초래했다. 기본적인 교과 학습을 소홀히 하여 교육의 질적인 하락을 초래하였다는 비판이 컸다. 그 결과 오래 버티지 못하고 금방 사그라지는 일시적 개혁으로 그친 것이다.

혁신교육은 미국 진보주의와 일본 유토리 교육의 현대판 변종이라 할 수 있다. 학력을 저하시켜 열린교육처럼 "전 학생들의 돌머리화", "국가의 깡통화"[25)]라는 비판을 면할 수 없다. 국·영·수 등 기본학력이 있어야 창의성, 문제 해결력, 협업 능력도 나오는 것이며, 4차 산업혁명 시대가 온다고 해서 기존 기초학력의 중요성이 줄어들지는 않는다. 오히려 배울 지식(예, 코딩교육)은 증가하고 있다.

다. 서열 만든다고 국가차원 시험 거부

능력을 재는 잣대는 시험 하나만으로는 부족한 면이 있더라도 그 기본은 학업성취도(학력)이다. 교과 교육 위주의 전통적인 학력을 넘어서 인성, 사회성, 신체적 능력을 포함하여 새로운 학력을 평가하는 수단을 갖출 필요가 있다고 하더라도, 지식위주의 학력 자체를 소홀히 하면 학교의 존재이유가 사라진다.

진보학자들은 우리나라는 '시험 공화국'으로 시험이 이미 과잉이며, 지금 상태에서 또 시험을 더 하면 학생들에게 고통만 가중되고 효과가 없다고 주장한다. 특히 국가가 주관하는 시험은 본질적으로 교육을 망치고 인간의 전인적 발달을 저해하는 요소가 된다고 거부한다.[26)] 지필시험은 학생이 같은 장소에서, 같은 문제를, 동일한 시간 동안 푼다고 일제고사를 명명하여 마치 일제의 잔재인 것처럼 오인을 유도하기도 한다. 이명박 정부에서 시작한 전국 단위학업성취도 평가는 학생들을 경쟁을 부추기고 교사들을 줄 세우고 수치심을 안겼다는 측면에서 국민에게 치욕적인 선물이었다고 비판한다.[27)] 과잉시험, 시험 지상주의, 시험 공화국, 시험 전사, 성적 지상주의, 시험 중심교육 등 부정적 용어로 학력진단을 낙인찍고 비방한다.

전국에서 기초학력 미달자가 제일 높은 서울의 조희연 교육감은 2020년부터 서울 시내 모든 초3, 중1 학생을 대상으로 기초학력을 진단하겠다고 2019년 9월에 발표하였다. 모든 학생의 학력을 신장시키는 대책이 없고 단지 기초학력을 진단하고 특별 지도에 그치고 있어서 허술한 대책이라 할 수 있다. 그럼에도 불구하고 전교조 등 진보 성향 단체는 기초학력진단 평가는 사실상 일제고사로 학생을 성적으로 줄세우기 하는 것이므로 철회를 주장하였고 조희연 교육감을 이를 받아들여 진단평가를 철회하였다. 이재정 경기교육감도 "일률적인 잣대로 학생의 기초학력 진단은 하지 않겠다"라고 전교조 입장에 동조하였다. 기초학력 보장은 공교육의 기본 책무인데 이마저 외면하면 무책임한 교육자라는 비난을 받을 수밖에 없다.

4. 시험·숙제·훈육 없는 3無 정책을 학력중시 정책으로 전환해야

가. 학력은 개인의 소득과 국가의 경제성장과 밀접한 상관관계

학업성취도가 높을수록 향후 노동시장에서 더 높은 소득을 받을 가능성이 높아진다는 것이 학계의 통설이다. 학업성취도 평가 자료는 개인의 노동시장에서의 성공 가능성을 예측해주는 중요한 지표이다.[28] 현실적으로 학력이 높은 경우 대학·전공의 선택 폭이 커지고 그에 따른 노동시장에서의 임금수익률도 더 높다. 초·중등학생의 국제 학업성취도 평가로 측정되는 인지적 역량과 각 국가의 경제성장은 정적인 상관관계가 높다. 단순히 학생들의 평균교육연한이나 이수율의 증가보다 더 크다. Hanushek & Woessmann(2016)에 의하면 학업성취도(TIMSS, PISA)와 경제성장률의 관계는 매우 밀접하게 나타난다. 반면 단순한 양적인 측면에서의 평균교육연한이나 초·중등교육이수율은 경제성장과 상관관계가 있지만 상대적으로 학업성취도만큼은 크지는 않은 것으로 분석된다.[29]

한편, 최근 코로나로 인한 학습결손은 개인소득과 국민 경제에 부정적인 영향을 미친다고 OECD보고서는 지적하고 있다. 교육 경제학자인 에릭 하누섹과 루트거 보스만이 작성한 연구 보고서[30]에 따르면 교육 공백으로 인해 전 세계 국가들의 국내총생산(GDP)이 남은 세기 동안 평균 1.5% 낮아질 것으로 예측했다. 학생 개개인의 손실은 임금 하락으로 나타나 초중고 학생들은 코로나19로 인한 학습

그림 1-3) 학업성취도와 경제성장과의 상관관계

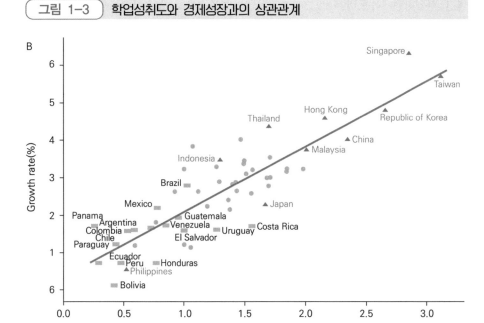

(주) 동아시아 국가들의 높은 학업성취도와 높은 경제성장률을 볼 수 있다.
출처: Hanushek, E. A. and Woessmann, L.(2016). Knowledge capital, growth, and the East Asian Miracle. Science, 351(6271). 344−345

손실 때문에 평생 동안 3%가량 소득이 낮아질 것이라고 추정했다. 이 손실액 산출은 코로나19로 인한 학습 손실이 평균적으로 한 학년에서 배워야 할 내용의 3분의 1에 대해서만 발생했으며 2020년 3분기에 모든 학교가 정상으로 돌아갈 것이라는 조건에서 이루어졌다. 학교 중단이 커질수록 이러한 손실은 비례적으로 증가한다.

  이처럼 학업성취도가 개인의 소득과 국가 경제성장에 미치는 영향이 큼에도 불구하고, 문대통령 공약, 100대 국정과제, 교육부의 업무계획에서 학습을 권장하고 경쟁을 장려하는 정책을 찾아볼 수 없다. 일본에서 일교조에서 주장하여 20여

년간 지속하던 "유토리(ゆとり, 여유) 교육"을 맹목적으로 답습하여 "쉼 교육", "혁신교육"으로 바꾸어 현장 학교에서 실험하고 있다. 아동중심교육에 매몰되어 학생들의 성적에 의한 순위를 매기는 것에 혐오감을 갖고 학생들의 학습 부담 완화에 몰두한다. 학력을 중시하는 것은 경쟁주의, 파벌주의, 서열주의로 매도한다. 학습을 인격체 완성을 위한 자기 수련 내지 도야로 보기보다는 피해야 할 노동으로 간주한다. 아동의 휴식 시간과 놀 권리를 보장해야 한다고 주장한다. 이와 같은 교육철학에 따라 시험 없고, 숙제 없고, 훈육 없는 3無 학교를 만들고 있다.

첫째, 중학교 1학년까지 학교에서 중간·기말고사 시험이 없다. 점수로 나타나지 않는 과정 중심의 수시평가만 있다. 서울시교육청은 2011년부터 초등학교에 중간 기말고사를 폐지하였다. 시험을 '성적에 의한 반인권적인 학생 줄 세우기'로 생각하는 그릇된 교육관에서 기인한다. 학교생활기록부도 실 점수나 등급으로 표기하지 않고 학생의 학습 성장과정을 기술하도록 하고 있다. 선생님들은 학생의 기를 살린다고 '못한다, 부족하다'처럼 솔직한 표현을 하지 않는다. 이에 학생부를 받아본 학부모들은 자기 자식을 우등생으로 착각을 한다. 학교에서 시험을 보지 않자 자녀의 학력 수준이 궁금한 학부모들은 사설기관에 치르는 학력고사를 통해 아이들의 실력을 측정하는 사례가 늘고 있다.

둘째, 초등학교에 숙제가 없다. "아이들도 쉴 권리와 놀 권리가 있다", "엄마 숙제 없앤다"라는 이유로 초등학교에 숙제를 없앴다.

셋째, 학생인권조례로 학생생활지도를 무력화시키고 있다. 학생 상·벌점제를 폐지하여 잘못을 해도 야단칠 수 없는 지경에 이르렀다. 학부모단체는 경남의 학생인권조례를 반대하면서 '생활교육 포기 방안', '인권으로 포장된 학생 일탈 방조'라고 혹평했다.

나. 지식교육을 멀리하는 혁신학교·자유학기제 정책은 폐지되어야

문재인 정부는 지난 정부에서 도입된 자유학기제를 한 학기에서 한 학년으로 확대하여 자유학년제로 바꾸고 있다. 박근혜 정부에서 학생들이 시험 부담에서 벗어나 학생들이 스스로 꿈과 끼를 키워준다고 도입한 것이지만, 이는 문재인 대통령도 후보 시절에 '쉼이 있는 전환 학기제'로 공약하였던 제도이다. 그러나 자유학기제는 교육적 타당성과 현실 적합성이 매우 낮은 제도이다. 무엇보다도 중간·기말시험을 폐지하여 학생들이 기본적으로 공부를 소홀히 하고 '노는 학기'로 전락하여 학력이 저하되고 있다. 자유 학기는 학교에서 놀고, 학원에서 공부하는 체제로 변질되고 있다.

혁신학교는 입시 교육에서 탈피한다고 자유로운 수업방식, 동아리 활동, 학생자치 활동 등을 강조한다. 학생인권을 내세워 훈육과 생활지도를 소홀히 한다. 학교 운영에서는 교장 중심에서 교사 중심으로 의사결정 중심이 이동하여 자칭 학교민주화를 추구한다. '지식 중심보다는 역량 중심', '교사 중심보다는 학생 중심', '가르침 중심보다는 배움 중심' '결과 중심 평가보다는 과정 중심 평가'처럼 이분법으로 지식교육을 멀리하고 있다. 지식, 사고력, 탐구력, 공부할 문제, 가르침, 기본학습관 형성, 실력과 학력, 개념이해와 암기, 연습과 반복 등의 소중한 가치들이 학교현장에서 사라지고 있다.[31] 이와 반대로 행복교육, 역량, 수행, 흥미, 참여, 배움 등이 강조된다.

문제는 학력저하이다. 토론, 다양한 체험 수업 등을 강조하고 교과 공부는 등한시하면서 진도 나가는 것을 소홀히 한 결과이다. 특히 학업 분위기가 산만하여 공부하려는 학생들은 다른 학교로 전학 가는 사례까지 발생하고 있다. 2016년 혁신학교 고교생의 전국학업성취도 '기초학력 미달' 비율(11.9%)은 전국 고교 평균(4.5%)의 세 배 가까이 되고, 2021학년도 혁신학교 고교생의 서울대 합격자 수도 학교당 0.38명으로, 전국 일반고 평균(학교당 1.16명)의 3분의 1에도 미치지 못한다.[32]

이런 혁신학교를 현 정부는 공교육의 새로운 표준으로 보고 급속하게 확대시키고 있다. 2009년 전국 13곳이던 혁신학교가 2021년에 2,165개로 폭증하여 전체 초·중·고교의 0.1%에서 10년 만에 18% 이상으로 증가하였다. 혁신학교로 지정받으면 연간 평균 3,000만 원 정도 예산을 지원하는데도, 지정 과정에서 학부모 반발로 진통을 겪고 있다. 2018년 이후 학부모·주민 반대에 부딪혀 혁신학교 추진이 무산된 사례는 서울에서만 10건이 넘는다. 혁신학교 거부 학부모들은 혁신학교를 "공부 안 시키고 시험 없고 이념교육시키는 학교"로 인식하고 있다.

　　혁신학교에 다니면 학력이 떨어지는지 아니면 학력향상 효과가 있는지에 대한 실증적 연구 결과는 연구에 따라 다르다.[33] 학업성취도 측면에서는 성과를 주장하기 어려워지자, 최근에는 참학력이나 역량, 비인지적 학업 성취의 측면, 학교문화의 변화나 학부모 참여 등에서 성과를 강조한다.

다. 전국 학력평가 부활하여 '잘 가르치는 경쟁' 이끌어내야

(1) 문정부에서 3% 표집평가로 '깜깜이' 학력

　　전국의 모든 초·중·고 학생을 대상으로 하는 전국 단위 학업성취도 시험은 2003년에 표집방식으로 시작하여, 이명박 정부 시절 2008년부터 전수 조사를 하고 그 결과를 공개하였다. 문재인 정부는 2017년 6월에 전국 중3과 고2 학생 모두 치르던 전국 수준 학업성취도 평가를 표본 3% 학교만 시험 보도록 표집평가로 바꾸었다. 문재인 대통령 국정기획자문위는 문재인 정부가 지향하는 '경쟁을 넘어서는 협력 교육'에 맞추어 전수조사 폐지를 제안하였고, 교육부는 이를 받아들인 것이다. 그동안 전국 모든 초6, 중3, 고2 학생 대상 전수 평가는 성적 지상주의를 부추기고 학교 서열화를 가져온다는 이유로 전교조와 진보교육감들이 지속적으로 반대했다. 학업성취도 결과를 공개하면 학교 간 무한 경쟁을 조장하고 부진학생을 낙인찍어서 협력과 배려 정신에 어긋난다는 주장이다.

(2) 학부모들 자식의 전국 순위 알고 싶어 해

　　학부모들 다수가 전수평가를 희망한다. 국민의힘 정찬민 의원이 여론조사 전문기관 리얼미터에 의뢰하여 2021년 8월에 전국 초, 중, 고 학부모를 대상으로 실시한 여론조사 결과에 따르면, 국가 주도의 전국 단위 시험을 통해 학생들의 학력을 진단하는 것에 대해 응답자의 과반수인 57.5%(매우 동의함 13.8%, 어느 정도 동의함 46.3%)가 '동의한다'라고 응답한 반면에, '동의하지 않는다'라고 응답한 비율은 15.3%(별로 동의하지 않음 11.8%, 전혀 동의하지 않음 3.5%)로 나타났다. 또 국가 주도의 전국 단위 시험 성적을 '부모님에게 통보하면 자녀 학습지도에 도움이 된다' 65.2%, '학교가 공교육의 질을 높이는 데 활용하는 것에 동의한다' 62.8%, '학교별로 공개하는 것에 동의한다'에 54.3%의 학부모가 응답했다. 특히 학부모들에게 학력진단 실시를 요구할 권리를 주는 것에 대해서 응답자의 과반수인 58.1%(매우 동의함 14%, 어느 정도 동의함 44.1%)가 '동의한다'라고 응답했다. 교육 당국의 교육정책 때문에 학력저하 및 격차가 발생했다고 답한 비율은 전체의 58%로 집계됐다.

학교에서 시험을 보지 않으면 학부모들은 사설(私設) 학력평가로 자식의 학력을 가늠한다. 학교 시험 폐지는 결국 사설 시험 시장만 키우게 될 것이다. 사교육 기업들은 "전국 단위로 실시되는 시험을 통해 아이의 학습 수준을 객관적으로 분석해주겠다"[34]고 홍보하면서, 에듀테크 사기업들은 시험을 치고 나면 응시자의 성취도를 AI(인공지능)가 분석한 성적표를 제공하여 학부모들의 신뢰를 얻는다. 공교육에서 학업 성취도 점검을 하지 않는 데 따른 가장 큰 피해는 사설 시험조차 치기 어려운 저소득층 아이들이 입게 될 것이다.

(3) 시험의 교육적 기능 매우 커

국가경쟁력을 높이기 위해서는 시험으로 평가하여 객관적인 실력을 재고 그 실력에 적절한 조치가 필요하다. 진보·좌파교육감 등장 이전(2010년 이전)에는 고등학교 수능모의고사 이외에 교육감협의회에서 초4, 5, 6, 중1, 2, 3 교과학습진단평가(도달/미달), 중1, 2 전국연합학력평가를 실시하고, 교육부에서는 전국 단위학업성취도 평가(초6, 중3, 고1) 실시하여 학생의 실력을 진단하였다. 교사들이 직접 평가를 해도 좋겠지만 출제를 비롯한 시험관리의 어려움 때문에 시·도 교육청 주관으로 일제고사를 치르고 개별 학생의 성적과 석차를 시도별 학교별 평균과 비교해 알려주었다.

전국 수준의 학업성취도 평가가 주는 이점은 매우 크다. 우선 학생과 학부모 입장에서 살펴본다. 학생이 자신의 수준을 알게 되면 공부를 열심히 해야겠다는 자극을 받게 되고, 부족한 과목은 학습을 통해 보충할 수도 있다. 공부 잘하는 학생은 더 잘할 수 있게, 뒤처지는 학생은 더 분발할 수 있게 동기를 부여하는 것이야말로 가장 '교육적'이다. 진단평가가 입시에 반영되는 것도 아니므로 사교육비를 증가시킬 것이라는 주장도 근거가 약하다.

교사에게는 개별 학생의 학업 성취 수준을 파악하고 교육과정이 정한 교육목표 달성도를 측정할 수 있게 해준다. 이는 학생의 진로지도 자료로 활용할 수 있다. 나아가 전국 단위 표준화 시험을 통해 교사의 개별평가에서 범할 수 있는 편견과 오류에서 탈피할 수 있다. 학교에서는 학력이 부진한 학생은 보충지도를 실시하고, 우수 학생에게는 성취동기를 부여해 학교 교육을 내실화할 수 있다.

국가나 교육청 차원에서 학력평가 자료를 여러 측면에서 요긴하게 쓸 수 있다. 국가가 정한 교육과정상 학업성취 달성도가 어느 정도 향상 또는 하락되고 있는지, 즉 학력 변화 추이를 분석하여 교육정책 기초 데이터로 활용할 수 있다. 단위 학교에서 성적향상도를 측정하여 잘한 곳을 포상하여 잘 가르치는 경쟁을 유도할 수 있다. 지역별 학교별 격차를 줄일 수 있는 합리적인 정책을 펴는 데 좋은 근거자료도 된다.

요약하면 전국 수준의 학업성취도 평가가 주는 교육적 이점이 훨씬 크다. 교사는 어떤 학생이 잘하고 누가 학습장애를 겪는지 진단할 수 있고, 학생을 공부하게 만드는 동기를 부여할 수 있다. 학생은 자기의 학습 상황을 진단할 수 있고, 다른 학교 친구와의 비교를 통해서 자신의 학업 수준을 파악한다. 국가나 시도교육청 차원에서 단위학교와 교사의 교육적 활동의 성과를 측정할 수 있는 객관적인 자료를 얻을 수 있어, 기초학력 미달자 비율이 높은 학교는 특별 지원을 통해서 학교의 학력향상 노력을 지원할 수 있는 것이다.

학생들의 학업 성취도가 어찌 됐건 그냥 '깜깜이'로 함께 편하게 살아가자는 주장은 무책임한 행태로 비난받을 것이다. 전교조의 집단 이기주의와 설득력 없는 억지주장에 대한민국 교육과 학생, 학부모가 더는 끌려 다닐 수 없다.

(4) 선진 외국에는 전국 학력평가를 학교의 성과 지표로 활용

이와 같은 시험이 주는 순기능으로 인해서 전국단위 시험을 보지 않는 나라는 없다. 영국과 일본 사례를 소개한다. 전국 수준의 학업성취도 평가를 실시하여 학생 지도 자료로 사용할 뿐만 아니라 학교의 교육적 성과를 평가하는 자료로 활용한다. 영국은 학업성취도 결과를 인터넷에 공개하고 부진 학교 학부모들에게는 성적 좋은 학교로 학생 전학을 허용한다. 성적이 부진 학교 명단을 공개하여 수치스럽게 느끼게 한다. 초·중등교육을 4단계(key stage)로 구분하고 각 단계를 수료할 때마다 전국적 학력평가(SATs, standard assessment tests)를 실시하여 학업성취도를 점검한다. 즉, KS1(7세), KS2(11세), KS3(14세)의 SAT, 그리고 KS4(16세)의 중등 자격시험(GCSE)을 실시한다. 학생의 학습목표 달성도를 측정하여 교사와 학부모에게 지도 정보를 제공하고, 학생의 학업성취도 향상에 학교의 기여 정도(Value added)를 비교하는 데 주안점을 주고 있다.

일본은 유토리 교육으로 인한 학력저하 실패 사례를 교훈 삼아 국가수준 학업성취도 평가인 전국학력 학습 상황 조사(National Achievement Test; NAT)가 문부과학성에 의해 2007년부터 초등학교 6학년과 중학교 3학년을 대상으로 시행되고 있다. 그리고 지역별 성적을 분석하여 발표하기에 언론 등에서는 47개 도·도·부·현 성적을 비교하여 순위 발표하는데, 2018년 경우 이시카와(Ishikawa)가 1위였고(평균 정답률 66.8%) 오키나와(Okinawa)가 47위로 꼴찌(평균 정답률 59.3%)였다.

라. 기초학력보장법을 학력향상지원법[35)]으로 대체

실효성 없는 기초학력보장법의 내용을 대폭 수정하고 이름을 바꾸어 '학력향상지원법' 제정을 제안한다. 모든 학생의 학력을 기초학력 이상 보통학력으로 끌어 올리고 학교의 학력향상 노력을 촉진시킬 수 있다.

(1) 기초학력 관리기준점 상향

'학력 관리=기초학력 미달자 특별지도'에서 벗어나 '학력관리=모든 학생을 보통학력 이상으로 향상지도'로 상향조정할 필요가 있다. 학업성취도 평가를 하는 목적은 모든 학생을 기초학력 미달(20% 미만)에서 벗어나게 하는 데 있는 것이 아니라 기초학력의 상한선이자 보통 학력의 하한선인 50% 정도에 도달하게 하는 데 두어야 한다. 교육과정 목표를 20% 수준만 달성한 채 상급 학년으로 진급시키면 이 학생이 다음 학년 교과를 제대로 따라갈 수 없기 때문이다. 전국 학력평가에서는 학업성취도의 수준을 우수학력(80% 이상), 보통학력(50% 이상~80% 미만), 기초학력(20% 이상~50% 미만), 기초학력 미달(20% 미만)의 4단계로 나눈다. 최소한의 성취기준 미달을 주된 학습지원대상자로 법률에서 규정하고 있어서 학생들의 전반적 학력 향상에 도움되지 않는다. 즉 기초학력을 갖추어야 다음 단계 학습이 가능하므로 정부의 기초학력 관리의 기준점은 성취도 50%(50점)로 하는 것이 타당하다.

해외의 기초학력 관리 정책을 살펴본다.[36] 캐나다 온타리오주는 모든 학생이 이르러야 할 학력을 50% 이상이 아니라 교육과정 교육목표(성취수준)의 70% 수준으로 정하여 관리하고 있으며, 전수 평가를 통해 이에 이르지 못한 학생은 진급이나 졸업을 시키지 않는다. 이에 고교 중퇴율이 20~30% 이른다. 싱가포르는 교육과정 성취도 기준의 50%에 도달하는 것을 초등학교의 최저성취기준으로 잡고 있다. 수능 영어 절대평가 5등급도 '50점 이상'이고 성취평가제의 최하위 등급인 E도 원점수 '60%' 성취율로 잡고 있다. 고교학점제에서 성취수준이 40% 미만이면 이수로 인정하지 않고 재이수하도록 하고 있다.

(2) 전국 수준 학업성취도 평가를 명문화

전국의 모든 초·중·고 학생을 대상으로 하는 전국 단위 학업성취도 시험을 실시하여 집중 보충수업이나 조기 개입이 필요한 위험군 아동들을 선별토록 한다. 학교는 보통학력 미달자에 대한 특별지도 계획을 수립하여 시행토록 하고 이에 소요되는 인력과 예산을 교육청에 지원토록 명문화한다. 학생 개인의 학업성취도를 학부모에게 제공하여 자녀지도에 활용토록 한다. 일부 교직단체에서 학력진단을 거부하거나 방해하여 학교장이 이를 기피할 경우는 학생의 보호자는 학교의 장에게 기초학력진단검사 실시를 요청할 수 있도록 한다. 학부모에게 학력진단요청권을 법으로 보장하는 것이다.

(3) 우수학교 및 우수교사에 인센티브

학력향상도를 측정하여 우수학교와 우수교사에 대한 포상한다. 교사의 역량과 노력 여하에 따라 학생의 학업성취도 수준이 달라진다. 이와 같은 수업방식의 혁신을 유도하기 위해 우수교사들에 대한 인센티브가 필요하다. 그리고 학교 단위로는 학력향상 중점학교 등을 지정하여 지원하고 우수사례를 발굴하여 확산시킨다. 학교 향상도는 학교의 노력으로 학생의 학업 성취를 어느 정도 향상시켰는지 평가하기 위한 성과 지표이다. 학교 향상도는 입학당시의 성취도를 통해 학교가 올해 성취할 것이라 예상되는 점수와 그 학교가 성취한 실제 점수의 차이로서 학교가 학생의 학력향상에 기여한 정도를 나타낸다.

$$학교\ 향상도(\%) = \frac{실제\ 점수 - 기대\ 점수}{기대\ 점수} \times 100(\%)$$

주: 2011~2014년 시행한바 있다.

(4) 수준별 수업 및 유급 근거 마련

중학교 또는 고등학교 단계부터 기초학력 미달자는 상급학년으로 진급시키지 않고 재이수토록 함으로 학습결손이 누적되지 않도록 학습지도한다. 대부분의 교육선진국은 유급제도를 시행하고 있으며, 핀란드는 모든 과목에서 10점 기준으로 5점 이상 성취해야 상급학교로 진급시키고 부모가 원하면 유급하여 공부할 수 있다. 능력별 집단형성은 차등적 교육과정(differentiated curriculum)으로 집단분리형 맞춤형 교육이다. 상위권 학생에게 양질의 교육이 이루어지고 중하위권 학생에게는 수준 낮은 교육이 제공되어 학력격차를 심화시켜 중하위권 학생에게 불리하다고 반대할 수 있다. 즉 20%를 위한 80%의 낙오자를 양산한다고 주장할 것이다. 그러나 동질 집단 내에서 학업실력이 비슷한 학생들끼리 수업하는 수준별 교육이 학습 성취 면에서 더 효과적이다.

마. 장기적으로 학교내신제도 폐지하고 전국 학력향상평가제(전국 내신제) 도입해야

(1) 초등학교와 중학교는 깜깜이 학력, 고등학교는 '줄 세우기' 내신

초등학교는 일부 사립학교를 제외하면 중간 기말 시험이 거의 없고, 중학교 1학년까지 학생 학업성취도를 제대로 평가하지 않아 학생들이 무엇을 얼마나 알고 할 줄 아는지 모르는 깜깜이 학력이다. 고등학교에서 성적은 반 친구와 비교를 통해서 9등급으로 줄 세워진다. 중간·기말고사 이외에 수능대비 모의고사 시험을 합치면 고교 3년 동안 29번의 시험을 치는 시험 공화국이다. 이들 시험은 등급(등수)을 매기는 상대적 서열평가이고 정답을 고르는 선택형이다. 현행 석차 9등급제는 학생의 학업성취 수준에 관계 없이 상대적 서열만을 강조하여 과도한 점수 경쟁을 유발한다. 학생들이 내신 상대평가 때문에 심리적 부담과 학생 상호간의 경쟁 압박감에 시달리고 있다. 심지어 고등학교에서는 배우고 싶은 과목보다 내신에 유리한 과목을 선택하여 배우다 보니, 학생들이 서로 비슷한 과목을 배우게 되고 소수 학생들이 배우기 원하는 과정과 과목은 개설되지 못하는 일이 자주 나타나게 된다.

1994년 도입된 수능 시험은 한 개의 정답만 강요하는 선택형 체계(수학 일부 단답형)를 고수하고 있어, 창의적이고 융합적인 고등사고능력 발휘도 측정도 할 수 없다. 수능에서 좋은 등급 받기 어려운 과목에 대한 기피가 심해져 과학Ⅱ 선택비율이 1% 미만이고, 경제는 2% 수준에 불과하다. 학습을 왜곡하고 대학준비로서 바탕학습이 안 되어 대학에서 낮은 수준의 교양과 기초과목만 배우다 졸업하거나 중도탈락을 하는 학생도 적지 않다. 코로나 원격수업으로 인한 학력저하·격차 문제 해결을 위해서는 성취수준에 대한 정확한 진단평가가 필요하다. 더욱이 2025년 예정된 고교학점제에서 현행 석차등급제를 유지하면 대혼란에 빠질 것이다.

(2) 주지교과 성적은 학교 자체시험을 폐지하고 전국시험으로 대체

초3·6, 중3, 고2, 고3에 전국 단위 시험을 통해 성취수준을 5~7단계 또는 원점수(평균, 표준편차 포함)를 표기하는 절대평가로 측정한다.

전국 단위와 시도별 백분위를 학생부에 기재하여 학습진도를 관리한다. 고2 시험은 고교 공통과목 중심으로 치르고, 고3에는 대학전공 또는 취업과 관련된 과목 3~4개 선택하여 치르도록 한다. 이는 전국 고교내신이 대입전형자료로 활용되도록 하기 위한 것이다. 시험 문제는 서답형을 원칙으로 하고, 선택형 문항은 30% 미만으로 하도록 한다. AI 채점과 훈련받은 교사 2인이 채점하여 편차점수 안에 있으면 평균점 부여하고, 허용편차를 벗어나면 제3자가 채점해 보정하여 시험채점의 공정성을 높인다.

표 1-7　고교 ○○ 과목 학생부 기재방식 변경 예시

〈예시〉 고교 ○○ 과목 학생부 기재방식 변경

【현행】					【전국내신】			
단위수	원점수/ 과목평균 (표준편차)	성취도 (수강자수)	석차등급	→	단위수	원점수/ 평균 (표준편차)	성취도 (응시자수*)	백분위 (전국/시도)
4	90/70 (10)	A (256)	1		4	90/70(15)	A	95(97)

* 응시자수: 전국 ○○만명, 해당시도 ○○○명

(3) 학교는 학생의 성적향상도와 노력정도를 평가(성장참조평가)

학생이 얼마나 학력향상도(value added)를 보이고 있고 얼마만큼 노력하는지 평가하여 관리한다. 타인과의 비교 경쟁보다는 자기 자신과의 경쟁을 강조하는 평가 체제(절대평가 체제 포함)를 도입한다. 학업향상 목표를 정해서 학기마다 학부모에게 향상도(progress)와 노력(effort) 측정하여 통지한다.

표 1-8 **학력향상 및 노력 평가표(예시)**

중2 학생, 영어교과							
	현재 성취도 수준		향상도		노력		중3 목표
	1학기	2학기	1학기	2학기	1학기	2학기	
	B	A	3	4	3	4	A

〈성취수준〉 A: 성취율 90%이상, B: 80~90, C: 70~80, D: 60~70, E: 60%미만

〈향 상 도〉 4: 매우 큰 향상, 3: 향상, 2: 미달, 1: 매우 미달

〈노력정도〉 4: 노력을 많이 함, 3: 노력함, 2: 기복이 심함, 1: 학습흥미 없음

또는 평가단계를 5수준으로 하면 아래와 같다.

〈향 상 도〉 5: 매우 큰 향상, 최고 성취, 4: 향상, 3: 보통, 2: 후퇴 1: 매우 후퇴

〈노력정도〉 5: 매우 노력, 4: 노력, 3: 보통, 2: 노력 부족, 1: 노력 안함

(4) 전국내신이 정착되면 현행 수능은 폐지

학생부에 학력향상도, 노력 점수, 비교과 활동뿐만 아니라 전국 단위 학업성취도가 종합적으로 기록되어 대입 선발에 필요한 모든 자료에 포함된다. 지금의 학생부 중심의 수시와 수능중심의 정시 구분이 사라지고 하나의 전형으로 단순화되어, 대학입시의 혁명이 이루어질 것이다. 진보진영은 '줄 세우고 시험부담'을 준다고 반대할 것이지만, 우리나라 교육의 판을 바꿀 것이다. 학교공부가 대입과 직

결되어 학교 공부만 열심히 해도 희망하는 대학에 갈 수 있다. 생각하고 표현하는 고등사고력을 길러줄 것이다. 학교와 선생님들이 잘 가르치는 경쟁이 커질 것이다. OECD 국가는 외부시험(국가)을 통해서 학교 자체 평가의 부족을 보완하고 서술형으로 성취도를 평가하고 있다.

[부록 1] 서울시 학생의 전국단위 학업성취도 평가 변화(2009년 vs 2019년)

시험명	학교급	주관기관	교과부지원	시행월일	2009					2019
					시행과정	과목	목적	성적통지	'09예산	
교과학습진단평가	초4,5,6 중1,2,3	시도교육청	• 평가도구 개발(특교지원) * '10년부터 지원 없음	3.31(화)	• '05~'07년 중3은 교육청주관 시행 • '08년: 희망학교 자율실시 • '09년 전수시행	국어, 사회, 수학, 과학, 영어	교과학습부진학생 판별	도달/미도달	중학교 예산 7억 5,840 만 원	사업 종료
학업성취도평가	초6, 중3, 고1	교육과학기술부	• 평가도구개발 • 평가도구인쇄 • 성취수준판별 (이상 평가원)	10.13~10.14	• '07년까지3:3~5% 표집시행 • '08년부터 전수시행	국어, 사회, 수학, 과학, 영어(전문교과: 사회, 과학 제외)	• 학생 개개인의 학업성취수준 파악 • 교수·학습 강화로 학력신장	4단계 (우수/보통/기초/기초 미달)	중·고 예산 4억 4,970 만 원	2017년부터 3% 표집(중3, 고2)
중1,2,3 전국연합학력평가	중1, 2학년	시도교육청	없음	12.23(수)	2008년부터 전수시행	국어, 사회, 수학, 과학, 영어	• 교육과정의 질 관리를 통하여 학교 교육력 제고 • 학교교육계획 수립 및 교수·학습 방법 개선의 기초자료 제공	각 시·도별자체계획에 의함	중학교 예산 5억 5,000 만 원	사업 종료
고등학교 전국연합학력평가	고1,2, 3학년	시도교육청	없음	3.11(수) 4.14(화) 6.17(수) 7.14(목) 9.17(목) 10.15(목) 11.17(화)	• '01년부터 사설모의고사 금지에 따라 2001.12.7. 시·도교육청에서 교과부에 학력평가 실시 건의 • '02년부터 현재까지 전국적으로 시행 • 2004, 2006, 2008년 2년마다 전국 시도 교육감 협의회에서 시행 계획 합의	국어, 사회, 수학, 과학, 영어, 제2외국어, 직업탐구	• 대수능 적응력 제고 • 진학 지도자료 제공 • 사교육비 절감	원점수/ 표준점수/ 백분위/ 등급/ 학급(학교) 석차	고등학교 예산 26억 8,970만 원	• 지속유지 • 서울시교육청, 경기도교육청 주관(타시도 출제 위원 참여 협조)
고등학교 대수능모의평가	고3, 졸업생 검정고시생	교육과정평가원	평가원의 특교지원	6.4(목)/ 9.3(목)	• 재학생은 전수시행 • 졸업생, 검정고시생은 희망학생 신청	국어, 사회, 수학, 과학, 영어, 제2외국어, 직업탐구	• 대수능 적응력제고 • 대수능 난이도조절	대수능과 동일 (표준점수, 백분위 등)	비예산 사업	• 평가원 주관 • 고3(전수) 및 졸업생(희망자) 6월 9월

인공지능(AI) 인재 강국으로 가는 길

" 자유 · 공정 · 다양성
4.0시대 교육정책 어젠다 "

1. AI 잘 다루는 인재가 미래 사회 이끌어
2. AI인재의 조건
3. 초·중등 AI교육 시간 늘려야
4. 과학중 신설하고 과학고 더 늘려야
5. 수능에 정보(computer science) 추가해야
6. 계약학과를 늘려서 기업의 인력양성 참여를 확대해야
7. 교대·사대부터 AI교육시켜 교사의 역량을 높여야

인공지능(AI) 인재 강국으로 가는 길[1]

1. AI 잘 다루는 인재가 미래 사회 이끌어

가. AI는 4차 산업혁명의 핵심

4차 산업혁명은 클라우스 슈밥(Klaus Schwab)이 의장으로 있는 2016년 세계 경제 포럼(World Economic Forum, WEF)에서 주창된 용어이다. 미국에서는 디지털 트랜스포메이션(digital transformation), 독일에서는 산업4.0(Industry 4.0), 일본에서는 소사이어티5.0(Society 5.0), 중국에서는 메이드 인 차이나(Made in China)로 불려진다.[2]

4차 산업혁명에 대한 정의는 전문가마다 달라서 일반인들이 이해하기 쉽지 않다. 혹자는 4차 산업혁명을 '초연결', '초지능'으로 설명하기도 하고, 혹자는 '사이버 물리 세계'로 표현하기도 한다. 사물인터넷(IoT), 로봇, 드론, 자율 주행차를 4차 산업혁명의 본질로 강조하는 전문가도 있다. KAIST 김정호 교수는 4차 산업혁명의 핵심 3요소를 '인공지능(AI)', '빅데이터(Big Data)', '클라우드 컴퓨팅(Cloud Computing)'으로 들고 영문 앞글자를 따서 ABC로 정의하고 있다. 이를 인체에 비유하면, 인체의 뇌에 해당하는 부분이 인공지능이다. 뇌에는 산소와 영양분이 혈액을 통해 공급된다. 인공지능의 혈액에 해당하는 것이 '빅데이터'다. 빅데이터가

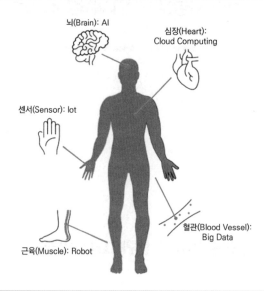

그림 2-1　인공지능, 빅데이터, 클라우드 컴퓨팅과 인체의 유사성

없으면 인공지능은 학습하지 못한다. 인체에 피가 온몸에 돌도록 공급해 주는 기관인 심장에 해당하는 것이 '클라우드 컴퓨팅'이다.

나. AI 능력이 개인과 국가의 경쟁력

앞으로 4차 산업에서 일자리가 많이 만들어진다는 것이 미래학자들의 전망이다. 4차 산업은 빅데이터를 기반으로 한 인공지능 혁명이다. 인공지능은 미래차, 바이오헬스, 시스템반도체 등 미래 유망산업 분야에 핵심기술이어서 AI 분야의 인재 수요가 크게 늘 것이다. 여기에 더해 인공지능은 메타버스 기술과 결합해 교육, 문화, 물류, 생산 등 전 산업 분야로 확산될 것이다. 인공지능 없이 신산업 성장은 없는 것이다. 모든 산업의 혁신을 위한 범용기술(general purpose technology)이다. 나아가 AI인재는 벤처 창업으로 새로운 일자리도 창출한다. 특히 코로나 사태로 인하여 비대면 사회경제가 확산되어 디지털 전환이 가속화되고 있다. 이러한 디지털 전환은 글로벌 세계뿐만 아니라 우리나라 전체를 변화시킬 것으로 예상된다. 디지털 전환의 중심이 인공지능(AI)이다. 인공지능 없는 4차 산업혁명 없고, 인공지능 없는 디지털 혁명도 없다.

최근의 인공지능은 기계학습 또는 딥러닝으로 불린다. 결국 컴퓨터가 인간의 지능을 대체하게 된다. 인공지능의 보유 여부에 따라 국가, 기업, 개인의 경쟁력이 좌우된다. 그에 따라 지속 가능여부가 결정된다. 인공지능은 정치, 경제, 문화, 교육, 의료, 산업 등 사회 전체에 막대한 영향을 미친다. 현재 전 세계 5위 기업들인 구글, 마이크로소프트, 아마존, 애플, 페이스북 모두 인공지능 기술을 확보하고 있고, 그 투자를 대규모로 확대하고 있다. 특히 코로나19가 확산되어 우리 사회가 비대면 사회로 빠르게 확산되면서 빅데이터가 축적되고 있다. 그 결과 인공지능의 영향이 더욱 확산되고 있다. 코로나19로 인해서 인공지능 기반 디지털 전환이 가속화되고 있다.

이처럼 인공지능(AI)을 이해하고 나아가서 인공지능을 개발할 수 있는 역량이 매우 중요해진다. AI소양은 미래에 필요한 생활기술(life skill)이므로 함께 일할 파트너로서 AI의 이해가 필요하다. 설령 인공지능 개발자가 아니더라도 AI 원리와 활용, 코딩, 그리고 AI 윤리를 알아야 디지털전환시대를 살아갈 수 있다. 그래서 미래에는 수능 점수, 토플 점수보다도 코딩 능력이 대학입학, 취업에 더 중요해진다.

국가적으로 인공지능 기술과 인재의 확보는 국가 경쟁력과 직결된다. 기술 선진국에서 인공지능 인재를 키우는 데 온 힘을 기울이고 있다. 많은 국가들이 앞장서서 인공지능(AI) 인재 육성에 착수하고 있는 것이다. 교육혁명을 통해서 어린 학생과 젊은이들 누구에게나 AI인재가 될 수 있는 길을 열어야 한다. AI인재들이 앞으로 우리나라의 먹고사는 문제를 해결하고 경제성장을 이끌 것이다.

2. AI인재의 조건

가. 수학 없는 인공지능은 없어

인공지능의 핵심 알고리즘인 '심층 기계학습(Deep Machine Learning)'이 인간의 두뇌를 빠르게 대체하고 있다. 바로 이 심층 기계학습을 설계할 때 인간은 아직 컴퓨터가 아닌 '수학의 힘'을 빌리고 있다. 아직은 컴퓨터가 스스로 인공지능을 설계하지는 못하고 있기 때문이다. 인공지능의 학습에 쓰이는 데이터 자체가 수학의 벡터로 표현된다. 벡터는 다차원 공간에서의 디지털 숫자의 묶음이다. 그리고 인공지능 계산 결과도 결국 벡터로 출력한다. 그런데 바로 이 행렬이 이러한 벡터의 공간 변환과 학습 계산을 가능하게 해 주는 수학적 도구이다. 이처럼 인공지능을 똑똑하게 만드는 수학이 바로 행렬이다. 인공지능 내부에서 일어나는 데이터 공간 속에서의 데이터 변환과정은 아직도 인간이 이해하거나 설명하기 어려운 블랙박스(Black Box)이다. 한편 심층 기계학습 인공지능은 학습 과정을 통해서 내부 연결망과 그 변수들을 최적화해 간다. 이때 인공지능의 최적화 과정에서 수학의 미분의 개념이 사용된다. 마지막으로 인공지능의 최종적인 결과물은 확률로 표시가 된다. 인공지능은 정답(正答)을 구하는 것이 아니라, 가장 정답 확률이 높은 답을 제시한다. 인공지능의 불완전성을 수학의 확률이 보완한다. 그래서 인공지능에는 확률이론, 통계이론, 정보이론, 게임이론, 이산수학 등 고급수학들도 필요하다. 수학 없는 인공지능은 없다.

문제는 수학이 다른 교과보다 어려워 학습하기 쉽지 않다는 점이다. 학생들이 학습부담을 제일 크게 느끼고 진도를 따라가지 못하여 아예 공부 자체를 포기하는 수학포기자(수포자)가 발생한다. 교육부는 학습부담 완화를 이유로 "행렬·기하·벡터"를 교육과정에서 제외하고 수능에 포함시키지 않아 과학계의 지탄을 받기도 한다. 20여 년 전부터 '어려운 건 빼자'는 주장이 대세를 이루면서 수학의 내용을 감축하거나 선택과목으로 분리시켜서 수학교육을 약화시켰다. 2015 교육과정은 문이과 구분을 없앴을 뿐 아니라 수학 교육과정에서 이공계 대학 수업의 기본인 선형대수(행렬·벡터)를 **뺐**다.

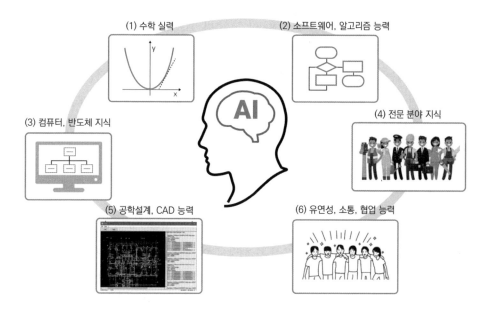

(1) 수학 실력
(2) 소프트웨어, 알고리즘 능력
(3) 컴퓨터, 반도체 지식
(4) 전문 분야 지식
(5) 공학설계, CAD 능력
(6) 유연성, 소통, 협업 능력

    과학도 I 과 Ⅱ를 가리지 않고 두 과목을 선택할 수 있게 되면서 일선 고교에서는 입시에 불리하다는 이유로 물리학과나 화학과 지망생들까지 물리Ⅱ와 화학Ⅱ를 기피하는 현상이 벌어지고 있다. 그 결과 전반적으로 대학 신입생들의 기본 학력이 떨어졌다고 이공계 대학교수들은 지적한다.[3] 가르칠 내용의 삭제나 감축의 목적이 학생부담 경감에 두고 이루어지고 있다. 반면에 미국은 수학학습의 깊이를 더하기 위해서 학습주제를 감축한다. 많은 주제를 얕게 다루기(A mile wide, an inch deep curriculum)보다는 적은 주제를 깊이 다루는 방식으로 교육과정이 이루어진다. 수학은 사고력을 요구하는 과목이라 내용감축으로 학습부담을 경감시킬 수 없다는 비판도 있다. 따라서 수학내용 감축 정책이 가져온 학력저하 문제와 학습부담 경감 효과 등에 관한 엄밀한 연구를 하고, 이를 토대로 수학교육의 내용 감축 여부를 결정하여야 할 것이다.[4] 선진국의 고교 수학교육은 한국보다 '깊고 다양하게' 가르친다. 대수학(정수론·선형대수 등), 해석학(미·적분 등), 기하학(벡터 등), 확률·통계 등 전 분야에 걸쳐서 교육한다. 초등 1학년의 연간 수학 시간은 85.3시간으로 경제협력개발기구(OECD) 회원국 평균(152.1시간)의 절반 정도밖에 안 되고 중3(93.5시간)도 OECD 평균(122.4시간)의 76% 수준이다(OECD 2019년 교육백서). 한국과학기술단체총연합회는 미래 사회에는 수학·과학 역량과 디지털 소양을 갖춘 인재가 필수적이라며 2022 개정교육과정에서 초중고교 수학·과학 수업시간 확대를 촉구했다. 교과 이기주의로 치부하지 말고 새겨들어야 할 주장이다.

나. 하이브리드 인재(AI+X)

인공지능 영역에서 새로운 알고리즘을 개발해도 금융, 제조 등 다양한 산업 분야에 바로 접목시킬 수 없다. 응용은 해당 분야의 전문지식이 있어야 가능하다. 해당 분야의 전문지식과 경험이 있는 인재가 AI기술을 배우면 쉽게 활용 기회를 만들 수 있다. 해당 분야의 전문성을 가지면서 인공지능 기술을 배운 하이브리드형 인재 육성이 중요한 것이다. 하이브리드형 인재는 해당 분야의 전문지식을 갖고 인공지능을 아는 양쪽 역량을 모두 갖춘 인재이다. 따라서 순수 인공지능과 인공지능 융합(AI+X) 인재를 고루 육성할 필요가 있다.[5]

3. 초·중등 AI교육 시간 늘려야

현재 2015 개정교육과정에 따라 초등 17시간(실과), 중학교 34시간(정보) SW교육을 하고 있다. AI/SW수업시수가 초중 9년간 수업시수(총 9,528시간)의 0.29%로 국어 13%, 수학11%, 사회·역사·도덕 15%에 비해 매우 적다. 이는 세계 경쟁국의

1/6 수준이다. 영국에서는 초·중·고에서 정보를 필수 교과로 지정하고 374시간을 가르치고 있다. 인도의 경우도 256시간 교육하고, 인접 국가인 중국에서도 212시간을 정보교육에 할애하고 있다. 일본 역시 프로그래밍 등의 정보 활용 수업까지 합치면 무려 405시간을 정보 교육에 할애하고 있다. 교육부는 「인공지능 시대 교육정책 방향과 핵심과제」(2020.11.20.)에서 AI교육을 학교교육과정에 단계적으로 도입하겠다고 밝혔다. 초중고교에는 2025년부터 적용될 2022년 개정교육과정을 통해 '인공지능 교육'을 도입하고, 교육내용으로 ▲프로그래밍 ▲인공지능 기초원리 ▲인공지능 활용 ▲인공지능 윤리를 담는다.

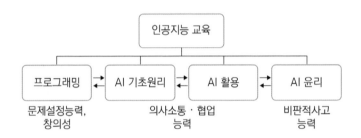

고등학교는 뒤늦게 2021년 2학기부터 진로 선택과목으로 〈인공지능 기초〉, 〈인공지능 수학〉 과목을 도입하였으나 선택한 학생은 소수이다. 기본이론과 다양한 실습 교과목이 강화되어야 할 것이다.

2025년부터 적용되는 2022 개정교육과정에 초등학교와 중학교에 AI교육 교과를 필수화하고 수업시수를 증가하여야 한다. 초등학교는 실과에서 분리하여 SW/AI과목을 신설하고 수업차시를 현행 17시에서 34시로 두 배 증가시켜야 하고 중학교는 정보교과에 AI 내용을 추가하여 수업시수를 34시에서 68시(주당 3~4시간)로 증가시켜야 한다. 고등학교는 "인공지능기초"를 진로선택과목에서 1학년 공통 필수과목(3학점)으로 하고 2-3학년에 선택과목으로 인공지능Ⅱ을 개설하여야 할 것이다.

| 표 2-1 | AI/SW이수시간 확대(안) | |

2015 개정교육과정(현재)	확대 편성	비고
(초) 필수, 5-6학년, 실과 17시간	(초) 5-6학년, 총 34시간	
(중) 필수, 1-3학년, 정보, 34시간	(중) 1-3학년, 68시간	
(고) 선택, 1-3학년, 인공지능기초	(고) 필수 1학년 인공지능기초(정보), 2-3학년 선택 인공지능Ⅱ	

　　아울러 초중학교에서 수학·과학·정보 등 이과 과목의 수업시수 비중을 현재 30%에서 40% 이상으로 증가시켜 문이과 균형을 맞춘다. 2015 개정교육과정에서 초등 3학년부터 고교 1학년까지 공통 교육과정의 시간배당을 보면, 국어·외국어·사회 등 문과공부 시간은 47%이고, 수학·과학·기술 등 이과공부 시간은 30%에 불과하며, 나머지 23%는 체육과 예술이 차지한다.[6] 문이과 융합교육에서 상대적으로 소홀했던 수학·과학비중을 늘려야 한다. 과학기술이 지배하는 미래 사회에 학생들의 살아가는 힘을 길러주기 위해서 차기 교육과정 개정에서는 문·이과 공부의 불균형은 반드시 교정되어야 한다.

　　대학에서 인문사회계열 학생들도 인공지능 기초과목을 수강하게 하여 인공지능의 기초적 소양을 습득토록 한다. 영어처럼 AI 과목 이수를 의무화하는 대학이 나타나고 있다. 모든 재학생에게 영어처럼 SW·AI 과목을 기초교양과목으로 필수

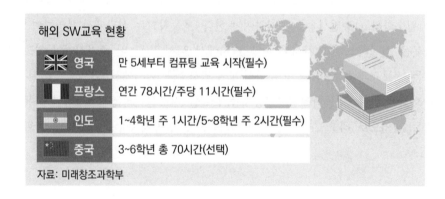

해외 SW교육 현황

영국	만 5세부터 컴퓨팅 교육 시작(필수)
프랑스	연간 78시간/주당 11시간(필수)
인도	1~4학년 주 1시간/5~8학년 주 2시간(필수)
중국	3~6학년 총 70시간(선택)

자료: 미래창조과학부

화하여 기본코딩 능력과 알고리즘 사고능력을 길러 준다.

4. 과학중 신설하고 과학고 더 늘려야

예술과 체육(전국 10개)은 중학교 과정 영재학교가 있으나 과학분야는 방과 후에 영재교육 프로그램만 운영되고 있다. 따라서 과학분야도 중학교 시절부터 영재를 발굴하여 키울 필요가 있다. 과학고(전국 20개)에 과학중학교 과정을 부설하여 조기에 영재를 발굴하여 성장시키는 노력을 기울인다. 현재 영재학교는 고등학교 과정만 있어서 전국에 8개 영재고등학교가 있다. 법률상으로는 초등학교나 중학교 과정의 과학영재학교도 지정될 수 있지만 시행령에 의해 고등학교 과정만 지정했기 때문이다. 중학교 과정의 영재학교를 영재고등학교에 병설한다. 영재를 조기에 발굴하고 그들로 하여금 수학과 인공지능에 관심을 갖도록 공교육에서 지원한다.

이스라엘의 영재발굴과 교육은 우리에게 좋은 사례가 될 것이다. 이스라엘은 뛰어난 인지력과 남다른 재주를 지닌 영재들이 창의적 인재로 성장할 잠재성이 높다고 보고 영재들의 재능을 계발하여 이를 국가발전의 원동력으로 활용하기 위한 다각도의 노력을 기울이고 있는 대표적인 나라이다. 이스라엘은 우수한 인재를 보유한 축복받은 국가라는 믿음에서 뛰어난 영재들에 대한 교육에 힘을 쏟고 있는 것이다. 이스라엘은 인구 대비 특허 건수, 과학 논문 수, 노벨상 수상자 수가 세계 최고 수준에 이른다. 국가주도로 영재교육정책을 추진하여 영재 선발과정을 직접 관장하면서, 질 높은 영재교육 프로그램이 운영되도록 정부가 적극 지원하고 있다. 무엇보다도 이스라엘에서는 영재교육이 정규교육과정 속에서 이루어진다는 점을 주목할 만하다. 이는 우리나라가 고등학교 영재학교를 제외하고는 초·중학교 과정의 영재교육은 정규수업 이후에 이루어지는 방과 후 수업이나 주말 프로그램에 의존한다는 점에서 큰 차이가 있다. 영재아(gifted)를 위해서 별도 프로그램과 선생님의 지원이 이루어져 동급학생보다 몇 학년 앞서서 진도를 나가기도 한다. 천재는 인류의 타성을 일깨워 진보를 가져다준다고 생각하고 타고난 재능을 사장시키는 것은 죄악이라고 믿는다.

그리고 이스라엘의 학교교육에서 과학기술을 강조하고 있으며 국민들은 과학기술계에 대해서 높은 신뢰를 주고 있다. 이스라엘 초대 대통령 하임 와이즈만은 저명한 화학자였고, 알버트 아인슈타인도 건국 초기 대통령을 제안받을 정도로 과학자를 우대하는 문화가 있다. 이스라엘의 중·고등학교 과정에서 과학과 기술교과가 통합되어 운영되며, 학생들의 이공계분야 대학전공 선택의 비율도 높게 나타나고 있다.[7]

참고로 고등학교 과정의 과학영재학교는 한국과학기술원 부설 한국과학영재학교(부산), 서울과학고등학교(서울), 경기과학고등학교(경기), 대구과학고등학교(대구), 대전과학고등학교(대전), 광주과학고등학교(광주)로 총 6개의 영재학교가 있다. 과학예술영재학교로는 세종과학예술영재학교(세종)와 인천과학예술영재학교(인천)의 2개교가 운영되고 있다.

과학고등학교를 사립학교로 확대하여 그 수를 늘릴 필요가 있다. 현재 영재고를 포함하여 과학고는 28개로 재학생은 전체 고등학생의 0.05%에 불과하다. 또한 모두 모두 공립이어서 학교 간 특성이나 경쟁이 부족한 실정이다. 따라서 자율형사립고를 과학고로 전환을 유도하여 사립과학고의 설치가 요구된다. 사학 과학고와 공립과학고 간의 가르치는 경쟁을 유도하여 우리나라 과학 영재교육을 한 단계 끌어올릴 것이다.

5. 수능에 정보(computer science) 추가해야

고교교육과정에서 인공지능기초가 공통 필수로 개편되면 이를 수능 필수(또는 선택)과목으로 지정한다. 오세정 서울대 총장은 "AI교육 확대를 교육과정 개정에 넣더라도 대학 입시에 반영되지 않으면 중·고교에서 부실하게 운영될 가능성이 크다"며 "대입으로 들어오면 수학 못지 않게 굉장히 많은 선택을 받는 과목이 될 것"이라고 했다.[8] 오 총장은 "고교학점제 시행 등을 전제로 서울대 입시에서 정보 교과 이수를 의무화하는 방안을 추진할 계획"이라고 했다. 일본이 2025년부터 대학 입학 공통테스트에 '정보' 과목을 신설하고 프래그래밍·통계처리·데이터사이언스 지식 등에 관련한 문제를 출제한다. 시험 과목 개편은 2022년 시작되는 새 고교학습지도요령에 따라 '정보 I'이 필수과목이 되고 이에 따라 공통테스트에도 정보가 추가되었다.[9] 손정의 소프트뱅크 회장도 2019.12 인공지능(AI) 분야에서 미국, 중국과의 엄청난 격차를 따라잡기 위해 AI를 대학입학시험 필수과목으로 정해야 한다고 주장한 바 있다.[10]

6. 계약학과를 늘려서 기업의 인력양성 참여를 확대해야

현 정부의 인공지능, 소프트웨어 분야의 인재육성은 대학원 수준에 머물고 있다. AI·SW 핵심인재를 "2025년까지 누적 10만 명을 양성하겠다"고 인공지능 국가전략(2019.12)을 발표했으나 대학에 대한 규제를 없애야 실천가능하다. 대학에도 인공지능 학과가 설립되어야 하고, 모든 전공에서 필수과목으로 지정해서 대학 졸업생은 최소한 인공지능의 기본 개념과 응용 능력을 가지도록 교육 개편이 필요하다. SW 중심 40개 대학을 확대 개편하여 AI 중심대학으로 변화할 필요가 있다.

학부에서는 수도권 정원총량을 유지하되 첨단분야 학과는 학생 중도이탈로 생긴 결손인원(대학별 100~300명)을 활용하거나, 기업과의 계약학과로 인공지능 관련 학과를 개설한다. 특히 국립대학이 앞장서서 인공지능 학과 설립을 추진하면 인공지능 전공 학과 신설이 빨라질 것이다. 사립대학은 정원 내에서 학과 정원조정을 할 경우, 이전 연도 대비 교원확보율 이상 유지를 요구하고 있으나 이 규제를 폐지하여 첨단학과로 정원조정을 쉽게 해 준다.

특히, 산업 맞춤형 교육과 취업보장으로 인기를 끌고 있는 계약학과를 대폭 늘린다. 현재 반도체 계약학과는 연세대, 성균관대, 고려대 등이 삼성전자와 SK Hynix와 운영하고 있다. 이를 인공지능 분야까지 넓혀서 기업 계약학과 신설을 정부는 적극 지원해야 할 것이다. 계약학과는 대학이 기업과 계약을 맺고 기업이 요구하는 교육과정을 운영한다. 졸업생 채용조건형 학과와 현직 직원 재교육형 학과로 구분된다. 채용조건형은 정원 20%까지 정원 외로 선발가능하고, 재교육형은 정원 50%까지 정원 외로 모집할 수 있다. 또한 기업이 학생들 학비 지원 등 학과 운영비를 부담하고 있다.

석박사과정 대학원 정원 규제를 폐지하여 인공지능 석·박사 고급 연구·개발 인력을 배출한다. 현행 대학원이 학생정원을 증원하기 위해서는 대학설립·운영규정에 따른 교사, 교지, 교원, 수익용 기본재산의 4대 요건을 모두 100% 충족할 필요가 있었으나, 고급·전문인재의 수요가 많은 AI 등 첨단(신기술)분야에 대해서는 이들 기준을 완화한다.

7. 교대·사대부터 AI교육시켜 교사의 역량을 높여야

실제 수업에서도 인공지능이나 빅데이터, 소프트웨어를 이용한 AI 활용 수업 역량이 매우 미흡한 상태이다. 교대·사대 다닐 때 AI과목을 이수토록 하여 선생님들의 AI교육 역량을 예비교사 시절부터 기른다. 교육대학, 사범대 내 전체 학부생

강의에 기초 인공지능(AI) 소양 과목을 신설하여 가르친다. 초등학교, 중·고등학교 교원 양성과정(교육대학, 사범대학 등)에서 인공지능 과목을 필수로 이수하도록 한다. 현직교사에게는 교육대학원을 활용하여 '인공지능 융합교육 역량 강화'를 위한 재교육을 실시한다. 현재 교육부에서 시행 중인 '초·중등 교원양성대학 인공지능(AI) 교육 강화 지원 사업'을 연차적으로 확대한다. 이 지원 사업은 최근 디지털 혁신에 따른 초·중등학교에서의 인공지능 교육 강화를 위해 예비교원에 대한 인공지능 (AI) 교육역량 함양을 지원하는 사업이다. 또한 교육대학원 석사 학위 과정을 통해 매년 현직 교사 1,000명을 선발하여 인공지능 융합교육의 전문 교사로 재교육하고 있다. 시도교육청은 학비의 1/2을 지원하여 교사들의 학비부담을 덜어주고 있다. 한국과학창의재단에서는 「인공지능(AI) 교육 역량 강화 지원단」을 운영하여, 국내 인공지능(AI) 분야 전문가가 정책연구 수행, 교육과정 상담(컨설팅)을 하고 있다. 현직교사들의 적극적 참여를 유도할 인센티브가 추가로 마련되면 그 효과가 배가될 것이다.

고교학점제 제대로 하여 잠자는 교실 깨우자

" 자유 · 공정 · 다양성
4.0시대 교육정책 어젠다 "

1. 고교학점제는 선택 중시하는 보수·우파 정책
2. 교직단체는 반대하나 학생·학부모는 기대감
3. 진로형 수능으로 개편해서 고교학점제 안착시켜야
4. 교원 충원은 큰 문제없어
5. 진로 연계하여 선택 지도하고 절대평가로 교육 본연 모습 찾아야

제3장	고교학점제 제대로 하여 잠자는 교실 깨우자

교육방송 EBS는 2020년 1월에 신년 특집으로 '잠자는 교실'을 다큐로 반영하여 고교 교실붕괴 현장을 생생하게 보여주었다. 학생의 10~20%만 수업에 참여하고 나머지 학생들은 딴짓을 하거나 잔다. 어떤 수업방식도 학생들을 깨우는 데 별 효과가 없다. 학생들은 학원에서 수업 듣고 학교에서 논다고 말한다. 전교조의 교사대상 설문조사[1])에서도 잠자는 교실이 얼마나 심각한지 잘 보여준다. 전국 유·초·중·고교 교사 4만 9,084명을 대상으로 한 설문조사 결과에 따르면, 고등학교 교사 중 7.3%만이 수업 시간에 엎드려 자는 학생이 '거의 없다'고 답했다. 조사에 참여한 고등학교 교사의 절반에 가까운 41.8%가 학생 10~30%가 수업 중에 엎드려 잔다고 답했다.

잠자는 교실의 악순환 고리를 끊는 해법으로 고교학점제를 살펴본다.

1. 고교학점제는 선택 중시하는 보수·우파 정책

가. 문대통령 공약 1호이지만 보수 정부 때 선택과목 확대로 추진되어

고교학점제는 문대통령의 공약 1호이다. 대선공약집에 고교학점제로 진로맞춤형교육을 추진하겠다고 약속하고 있다.[2] 고교학점제를 유형별 4단계에 걸쳐 추진하겠다고 공약집에서 밝히고 있다. 자사고·외고 등을 일반고로 전환하여 학교 선택권을 없애면서, 다른 한편으로는 학생에게 과목선택권을 확대하는 양가성을 띠고 있다. 선택권이라는 가치에서 보면 학교 선택권을 박탈하면서 교과목 선택을 늘리는 정반대 것을 동시에 추구하는 양가성(ambivalence) 보이고 있다. 자사고, 외고 등 특목고는 고교를 서열화시키는 수직적 다양화이기에 이는 배척시키고 반면, 진로적성에 맞는 교과목 선택 확대는 고교의 수평적 다양화로, 평등 속에서 다양화로 적극 옹호한다.

　　선택과목 확대는 김영삼 정부의 5.31 교육개혁 정신이 반영된 제7차 교육과정에서 시작됐다. 1997년 12월에 고시된 제7차 교육과정에서 1~10학년은 국민공통기본교육과정을 11~12학년은 선택중심교육과정을 편성하였다. 고2~3학년은 학생의 능력, 관심, 진로 등에 맞는 교과목을 선택할 수 있도록 하였다. 과목선택형 수준별교육과정인 것이다.[3] 이명박 정부 시절에는 '고교교육력제고 방안(2010)'으로 학생과목 선택권확대를 추진했다. 고등학교 학생들의 소질과 적성, 진로에 맞는 다양한 학습기회를 보장하고, 향후 도입될 고교학점제 도입에 대비한다는 취지였다. 박근혜 정부의 2015 개정교육과정은 문·이과를 통합하고 고교생의 과목선택의 폭을 확대하여 고교학점제의 취지와 부합되는 방향으로 교육과정을 개정하였다. 이처럼 고교학점제의 핵심가치인 학생의 '자기주도성'과 '진로연계성'은 보수 정부에서 교육과정개편 때 반영되었던 것임을 알 수 있다. 그러나 교육과정만 바꾸고 교사·재정·시설공간 등이 뒷받침되지 않아 무늬만 선택과목 확대였던 점이 아쉽다.

　　문재인 정부 출범 후 고교학점제는 시행 시기를 두고 오락가락한다. 김상곤 교육부장관은 2017년에 고교학점제를 2022학년에 도입한다고 발표하였으나, 전교조 등 교직단체 반발로 시행 시기를 2025년으로 늦춘다. 진보 진영에서 고교학점제가 가지는 선택권 확대라는 보수의 가치에 대한 사상적 거부감이 작용했을 것으로 추측된다. 유은혜 교육부장관은 고교학점제에 대해 적극적인 자세를 취한다.

시행시기를 앞당겨 2023학년도 고교 1학년부터 도입하여 2025년 전면 시행을 발표하고 초·중등교육법에 근거를 마련한다. 2021년 8월 초·중등교육법을 개정하여 고교학점제 이수 근거와 고교학점제 지원센터 설치 등 고교학점제 운영에 필요한 법규 정비를 마친 것이다. 2021년 마이스터고, 2022년 특성화고는 모두 고교학점제를 실시하였다. 2022년에는 전국 82% 고교가 고교학점제를 운영할 계획이고 2023년 고교 95% 시행을 교육부는 목표로 잡고 있다. 이제 2022년 9월에 2023학년도 고교 1학년의 교육과정을 고교학점제에 맞추어 편성하여야 한다. 현재 연구시범학교는 별도 예산을 지원하였으나 2022년부터 지방재정교부금 지원항목에 고교학점제 운영비를 포함하여 시도교육청에 교부한다. 이처럼 행정적으로는 준비가 거의 갖추어진 것이다.

나. 고교학점제는 고교교육의 대변혁을 추구해

고교학점제는 진로에 따라 과목을 선택해서 공부하고 192학점을 이수하면 졸업하는 제도로 교육부와 지지자들은 아래와 같은 긍정적인 변화를 기대한다.[4)]

첫째는 진로개척이다. 학생의 진로·적성을 찾아 집중 심화 학습할 수 있도록 학생의 과목 선택폭을 확대한다. 둘째는 학습의 다양화이다. 학교지정 필수과목을 최소화하고 여러 수준의 선택과목을 확대하고 대학이나 연구소 학습경험을 학점으로 인정하여 다양한 과목을 학습한다. 셋째, 성적평가의 혁신이다. 2~3학년 선택과목은 성취제 평가로 성적을 매겨 소인수 학급 기피를 피하고, 좋은 등급을 받기 위한 과목 쏠림현상을 방지한다. 넷째, 잠자는 교실을 깨운다.[5)] 네일아트나 힙합수업 등등, 학생들이 희망하는 과목들은 가능한 한 최대한 개설하고 교사의 독창적 수업으로 학생 몰입을 유도한다. 다섯째, 교직 개방이다. 희소분야(소형무인기 운용조종, 게임엔진 기초, 만화 창작, 빅데이터 분석, 마케팅과 광고 등)와 소규모 학교 등 교사 확보가 어려운 경우에는 전문가(해당분야 박사, 실무경험자 등)에게 한시적으로 교과를 담당토록 한다. 여섯째, 일반고 살리기에 밑거름이 된다. 자사고·외고에서만 개설해 온

표 3-1	2023년 고교학점제 도입하면 어떻게 바뀌나		
	2022년까지	**2023~2024년**	**2025년 이후**
대상 학년	현 중3~고3	현 중1~2학년이 고교 입학	현 초6 이하 고교 입학
졸업 기준	204단위	192학점	192학점
수업 시간 (3년 기준)	2,890시간	2,720시간	2,560시간
과목 이수 여부 기준	없음	없음	성취율 40% 못 미치면 'I(미이수)' → 보충 수업
시간표	학교에서 지정	원하는 과목 골라 시간표 구성	원하는 과목 골라 시간표 구성
내신 평가	상대평가 (내신 9등급)	상대평가 (내신 9등급)	공통 과목: 상대평가 선택 과목: 절대평가
수능	현 수능 체제	현 수능 체제	논·서술형 문제 도입 등 개편 (2024년 발표)

자료: 교육부.
출처: 조선일보, 2021.8.24.

심화전문 과목을 개설해 컴퓨터 전문가(덕후)나 디자인 전문가에게 수강할 기회를 부여한다. 일곱째, 도농격차 해소에 기여한다. 농어촌 지역 등 중·소규모학교(학생 수 300명 이하)에선 지구별 거점학교와 공동교육과정 운영으로 수강할 수 없었던 과목(예, 경제, 물리II 등)을 학생들이 수강할 수 있도록 하여 도·농 간 격차를 해소한다.

도입취지를 보면, 단순히 고등학생의 교과 선택권을 조금 더 늘리자는 게 아니라 고교교육의 대변혁을 초래할 교육개혁 정책이다. 학생이 각자의 소질과 관심에 따라 잠재적 역량을 계발하여 스스로 미래를 살아갈 힘을 기르도록 교육과정 운영을 혁신하는 것이다. 고교교육의 내용과 평가 방법, 새로운 학교 문화, 학교 공간, 교원 충원 구조 등에서 큰 변화를 도모한다.

눈을 돌려 선진국을 보면, 한국과 일본을 제외하고 미국이나 유럽에서 고교학점제는 보편적이다. 유럽은 공부할 4~6가지 계열을 선택한 후에 계열 안에서 과목을 선택한다. 우리나라 충남 삼성고가 이와 유사하게 3계열 8과정을 운영하고 있다. 미국은 계열 없이 이수할 과목을 선택한다. 우리나라 하나고가 미국형 학점제를 운영하고 있다.

2. 교직단체는 반대하나 학생·학부모는 기대감

가. 교직단체의 반응

교총과 전교조는 학교현장의 여건 미비와 교사의 부담을 이유로 반대하고, 교사노조는 찬성하면서 성공조건의 정비를 요구하고 있다. 한국교총6)은 고교학점제와 관련해서는 "준비 안 된 고교학점제는 오히려 교육의 질을 떨어뜨리고 도농 간, 학생 간 교육 불평등만 심화시킬 뿐"이라며 "교총 설문 결과, 현장 교원의 72%가 다양한 교과 개설을 위한 교사 부족, 입시제도와 연계 미비 등을 이유로 졸속 추진을 반대하고 있다"고 밝혔다.

전국교직원노동조합7)은 대외적으로 "모든 과목을 똑같이 배워야 한다"면서 재검토를 주장하고 있다. 정부는 밀어붙이기식 연구·선도학교 확대를 중단하고 선결과제부터 해결하라고 요구한다. 대의원대회에서 고교학점제 찬성을 의결하였으나, 기존 입장을 바꾸는 데 부담을 느끼고 있다는 추측도 있다. 교사노동조합연맹은 찬성하면서 실행조건 개선을 요구한다. 교사노동조합연맹(이하 교사노조)은 "고교학점제가 한국 교육 혁신의 계기가 되는 성공적 정책이 되길 바란다. 그러나, 고교학점제에 중요한 영향을 미치는 대입제도 및 내신평가제도에 대한 개편방안이 미정인 상황으로 남아 있어 고교학점제가 성공적으로 추진될 것이라는 믿음을 주지 못하고 있다고 평가한다. 이 부분에 대한 실효성 있고, 믿음을 줄 수 있는 정책 제시가 필요하다"고 주장한다.

나. 언론의 반응

경향신문(2021.8.3.)의 '교사들의 속 보이는 고교학점제 반대' 보도처럼 고교학점제 반대를 집단이기주의, 교사들 밥그릇 챙기기로 비판하고 고교학점제를 지지하는 논조도 있으나, 대부분 언론은 준비 부족과 대입과 괴리가 크다는 이유로 부정적인 논조이다. 특히, 고교학점제는 대입제도와 연계가 되어야 정착되는데 대입개편안 없이 밀어붙이는 것에 대한 우려가 크다.

다. 여론조사에서 교사는 반대, 학부모·학생은 찬성하는 추세

전교조(2021.7.22. 보도자료)에서 일반계고 고교학점제 연구·선도학교의 전교조 교사를 대상으로 한 의견조사 결과, 재검토 및 문제점 개선 필요 찬성이 65.8%, 반대가 26.9%였다. 92.7%가 현재 고교학점제에 대해 문제가 있다고 인식하고 있다고 조사결과를 발표하였다. 교총(2021.8.4.)에서 전국 고교 교원 2,206명을 대상으로 실시한 '고교학점제에 대한 고교 교원 2차 설문조사'에서 고교 교원들은 2025년에 고교학점제를 전면 도입하는 것에 대해 72.3%가 '반대'하였다. '학교현장의 제도 이해 및 제반 여건 미흡'(38.5%), '학생 선택 및 자기주도성 강조가 교육의 결과를 온전히 담보할 수 없음'(35.3%)을 주요한 반대이유로 꼽았다.

한국교육과정평가원(2021.8.11.)에서 고등학교 학생(984명), 학부모(1,205명), 교사(1,427명)를 대상으로 2021년 6월에 실시한 주요 설문 결과를 보면, 학생 83.6%, 학부모 81.2%, 교사 77.5%가 고교학점제 도입 취지에 공감한다고 응답하였다. 학생 81.6%, 학부모 77.3%가 학교 밖 전문가의 필요성에 공감한 데 비해 교사는 42.9%만 공감한다고 응답하여 교육 주체 간 차이가 있었다. 대통령 직속 국가교육회에서 2020년 실시한 대국민 여론조사 결과보고서에 따르면 '학생들이 원하는 다양한 내용을 배울 수 있도록 전문가에게 교사 자격을 개방할 필요가 있다'는 설문에 학부모 83.4%, 일반 국민 80.5%가 찬성하였다.

3. 진로형 수능으로 개편해서 고교학점제 안착시켜야

가. 진로형 수능으로 개편해서 대입과 연계성을 높여야

고교학점제 취지가 실현되려면 대입제도와 연계성이 높아야 한다. 그러나 대입제도개편 방향이 명확하지 않아서 과연 고교학점제가 안착될까 하는 의구심이 많다. 현재 수능에서 국·영·수·국사의 공통과목 이외에 선택과목은 2개만 허용된다. 수능중심의 전형 확대가 예고되어 있어서 학생들은 자신의 진로와 흥미에 맞게 과목을 선택하기보다는 '대입(수능)에 유리한 과목'을 선택할 것이다. 즉 "입시 준비 따로, 수업 따로"가 학교현장에 나타날 것이다. 이는 학생이 자신의 진로에 따라 배워 자기 주도적 인재로 성장하는 것을 돕겠다는 고교학점제의 취지와는 거리가 먼 것이다. 현행 수능체제에서 고교학점제가 도입되면 학업역량, 전공적합성, 인성, 발전가능성을 평가하는 학생부종합전형이 더 적합한 제도라고 할 수 있다.

따라서 현행 수능이 고교학점제 취지에 부합되게 대폭 개편되어야 한다. 고교에서 선택하여 공부한 과목을 수능과목으로 선택하여 치르고 이 성적으로 대학에 지원토록 대학수학능력시험을 '진로형 수능'으로 개편해야 한다. 일정상 2022 개정교육과정(고교학점제)이 전면 적용되는 고1 학생이 대입을 보는 2028학년도 대입제도의 대폭적인 변경이 불가피하고 이를 2024년에 발표하여야 한다.

표 3-2 대입방향 추진 절차(안), 교육부

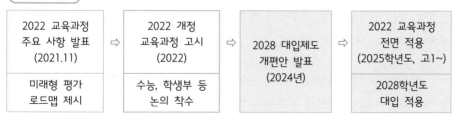

즉, 수능이 전형자료로서의 변별력을 확보하고, 수능 시행 방식으로 인한 학

생의 과목 선택권 존중, 입시 부담 적정화 등 고교교육 정상화에 기여하는 방향으로 개편되어야 한다.[8]

나. 진로형 수능은 수능 I 과 수능 II 로 이원화

한국교육과정평가원은 고교학점제 취지를 살릴 수 있는 세 가지의 수능 개편 방안을 제시하였다.[9]

표 3-3 '고교학점제' 이후 수능 개선 방안 시나리오

수능 구성	평가 체제	결과 활용
필수과목 + 일반선택과목	절대평가	수시 및 정시 전형 자료
일반선택과목	절대평가	수시 및 정시 전형 자료
수능 I, II 로 이원화	절대평가 + 상대평가	수능 I 은 수시 및 정시 전형 자료, 수능 II 는 정시 전형 자료

자료: 한국교육개발원, 한국교육과정평가원.
출처: 매일경제(2021.12.13.).

▲(방안 1) 고교교육과정의 필수과목과 일반선택과목으로 수능과목을 구성한다. 다수의 학생들이 수강하는 과목을 수능 시험 과목으로 하고 절대평가를 통해 일종의 자격고사로 기본적인 학력을 점검하는 방안이다. 진로선택과목은 소외되고 또한 수능에서 유리한 일반선택과목으로 학생들이 몰릴 것이다. 원점수 등 변별력 있는 점수자료를 제공하지 않으면 절대평가로로 인하여 상위권 학생들의 변별력 확보가 어려워질 것이다.

▲(방안 2) 일반선택과목으로 수능을 구성한다. 수능 과목을 일반선택과목으로 최소화하여 학생의 과목 선택권을 강화할 수 있지만, 선택과목에 따른 유·불리가 존재할 수 있다. 학생들은 자신의 진로와 흥미에 맞게 과목을 선택하기보다는

'대입(수능)에 유리한 과목'을 선택할 것이다.

▲(방안 3) 수능Ⅰ, Ⅱ로 이원화하여 필수과목으로 수능Ⅰ, 일반선택과목으로 수능Ⅱ를 구성한다. 수능Ⅰ은 절대평가의 자격고사 형태로 수시나 정시 자료로 활용하고, 수능Ⅱ는 상대평가 형태로 정시 전형자료로 활용하는 방안이다. 수능Ⅰ 점수로 수시 전형에 합격한 학생들은 수능Ⅱ에 응시할 필요가 없다. 이 방식은 수능을 두 번 시행하기 때문에 한 번 시행으로 인한 제약에서 자유롭다. 또한 5지 선택형에서 벗어나 서·논술형 문제를 출제할 수 있는 장점이 있다. 대부분의 학생이 필수과목의 수능Ⅰ만 응시하여 수능 부담이 경감된다는 효과도 기대할 수 있다. 수능에서 과목 선택권 보장이 용이해지며 수능Ⅱ의 상대평가로 변별력 확보도 가능해진다. 평가원 연구팀은 수능Ⅱ로 인한 시험부담과 사교육 유발 가능성을 우려하고 있다.

필자가 보기엔 '방안 3'이 가장 타당하다. 다만 내용의 수정·보완이 필요하다. 이에 방안 3을 보완해서 '진로형 수능'으로 부르고자 한다. 진로형 수능은 수능Ⅰ과 수능Ⅱ로 이원하여 진로에 맞추어 수능 과목 선택할 수 있도록 시험과목을 확대하는 것을 말한다. 그동안 교육학계에서는 수능의 이원화 필요성을 제기했다.[10] 수능 시험을 이원화하여 학생들의 진로와 학업수준에 따라 수능과목을 선택할 수 있는 기회를 준다. 학생들이 공통적으로 응시하는 수능Ⅰ과 학생의 진로와 수준에 따라 응시하는 수능Ⅱ로 분리한다. 수능Ⅰ(기초수학능력검사)은 통합교과적인 소재를 활용하여 고등학교 교육과정의 공통필수교과의 내용과 수준에 알맞게 출제되는 사고력 중심의 시험으로 하고, 국어, 영어, 수학 등 언어능력과 수리능력 중심으로 시험을 본다. 수능Ⅱ(교과목별 학업성취도검사)은 고교교육과정에 있는 주요교과목의 학업성취도를 측정한다. 교과목별 학업성취도검사는 각 대학 학업에 필요한 교과목을 중심으로 실시하며, 수험생들은 자신이 지망하는 대학이나 전공분야에서 요구하는 검사를 선택해서 본다. 예컨대, 경상계열에 지원하는 학생은 경제, 미적분(또는 경제수학), 사회와 문화(법과 정치) 등을 선택할 것이다. 수능Ⅱ는 논·서술형으로 출제하여 비판력과 문제해결력 등 고등사고력을 측정한다. 수능을 수능 I 는 현행처럼 객관식 시험유형을 유지하되, 수능 II (교과목 학력검사)는 서논술형 중심으로 출제한다.[11]

입학경쟁이 치열한 상위권 대학 외 대다수 대학들은 수능 I 만 요구하고 수능 II 는 요구하지 않을 것이다. 이는 과도한 시험 학습을 요구하지 않는 것을 의미한다. 한편, 전교조는 수능은 자격고사화하고, 수시 위주로 대입제도를 완전히 뜯어고쳐야 한다고 주장한다.

4. 교원 충원은 큰 문제없어

교직단체는 고교학점제의 주된 반대 이유로 교사 8.8만 명이 추가 소요되는데 정부는 이에 대한 충원계획이 없다는 점을 들고 있다. 교총과 전교조는 "국책기관도 고교학점제가 정착되기 위해서는 지금보다 8만여 명의 교사가 더 필요하다고 추정했다"고 주장한다. 이 한국교육개발원 연구는 학생 수 감소를 고려하지 않고 이상적 기준(학급당 14명, 주당 12시간 수업)에 의한 것으로 과대 추정하고 있다. 현재(2020년) 고교 교사는 13.2만 명임을 감안할 때 8.8만 명이 추가로 필요하다고 추산한 것은 부풀려진 것이다. 현재의 기준(학급당 24명, 교사 수업시수 16시간)이면 추가적인 교원 수요는 필요 없다. 선진국과 비교하여도 우리나라 고등학교의 교사 1인당 학생 수는 11.4명으로 OECD 평균 13명보다 적으며, 1인당 교육비도 OECD의 1.3배이며 우리나라 대학의 1.3배 수준으로 매우 좋은 교육여건이다.

교육부의 연구시범학교 운영결과을 보면 교사 증가요인은 크게 두 가지이다. 하나는 다양한 과목개설과 개개인 학업설계로 인한 소인수 학급(10~13명) 증가로 학급 수는 현행보다 14% 증가한다. 또 하나는 선택과목 담당교사 및 미이수 학생 보충지도 전담교사, 교육과정 설계 전문가 등 새로운 수요 발생로 인한 교사 수요

증가이다. 그러나 학생 수 감소를 고려하면 추가적인 교사수요는 매우 적다. 한국 교육개발원 연구[12])에 따르면 고등학생 수 감소에 따라(통계청 추계: 2020년 대비 2035년 30.0% 감소) 고교학점제로 추가적으로 채용해야 하는 중등 교원 수는 매년 650명 수준이다. 즉 4~5천 명 수준에서 5~6천 명 수준으로 소폭 증가한다. 학생 수 격감으로 과원이 되는 중학교 교사들이 중·고 겸임을 하면 추가 수요는 더 준다.

고교학점제를 도입하면 한 교사가 담당하는 과목 수가 늘어서 교사 부담 커진다고 주장한다. 그러나 한 교사가 수업하는 과목이 증가하더라도 교원자격증 표시자격 과목에서 가르칠 수 있는 과목 내에서 소외되었던 교과가 개설되기에 큰 문제가 되지 않는다. 예컨대 일반사회 영역에서 사회·문화를 가르치다가 학생들 수요로 정치와 법, 경제 등을 추가로 담당하는 것이다. 교사자격증에 표시되지 않은 과목을 가르치는 상치교사가 증가하는 것이 아니다.

한편 교사 추가 수요가 발생한다면, 중등교원 임용을 확대할 수 있는 계기가 되어 예비교사에게 임용기회를 넓혀주는 효과도 있다. 급속한 학생 수 감소로 인한 줄어드는 교원임용 수요를 상쇄할 수 있어 만성적 임용난에 시달리는 사범대 예비교사에게 숨통이 트일 수도 있다.

가장 큰 문제는 희소 분야나 소규모 학교에는 학생들이 수요에 맞추어 교과를 개설할 수 없다는 점이다. 이는 순회교사, 학교 밖 전문가를 한시적 활용하거나 인근지역 학교와 '공동교육과정' 운영으로 해결할 수 있다. 거점학교에 원격수업에 필요한 교사 추가배치, 온라인 촬영시설 구축 등을 교육청은 지원해야 할 것이다. 개별 학교에서 개설이 어려운 과목 교사 1명이 2~3개 학교 수업을 한꺼번에 담당하는 순회교사를 배치한다. 희소 분야나 교사 확보가 어려운 농어촌 지역에서는 학교 밖 전문가가 한시적으로 수업을 담당할 수 있도록 개방형 교사 충원제도로 변화가 필요하다. 이처럼 공동교육과정 운영, 온라인 학점제로 학교 밖 학습을 인정, 순회교사 제도, 학교 밖 전문가 활용 등은 도농 간 등 지역, 그리고 학교 간의 선택과목 개설 등 교육의 질 차이를 극복할 것이다.

5. 진로 연계하여 선택 지도하고 절대평가로 교육 본연 모습 찾아야

학생의 과목 선택권 기준과 범위를 정하여 진로와 연계된 과목을 선택하도록 지도한다. 학생의 '적성·흥미'보다는 '진로설계'에 중심을 두어 미래 역량을 키워준다. 새로운 과목 개설보다는 수준별 교과를 개설하여 학생의 학습능력에 맞는 과목선택 보장에 중점을 둔다는 의미이다. 새로운 과목은 여러 고교가 함께 개설하고 수강하는 공동교육과정 운영으로 상당부분 흡수해야 할 것이다. 졸업학점의 일정부분을 온라인으로 이수하고 졸업학점으로 인정하여 학점이수 기회를 넓혀준다.

고교학점제를 도입하면 내신 평가는 성취평가제로 전환되어야 한다. 고교 내신성적의 변별력을 확보하여 대입전형자료로 가치를 높이기 위해서 운영되는 9등급 상대평가는 교육적 부작용이 크다. 교육부는 2024년까지는 현행 상대등급평가를 유지한다고 밝혔다. 2025학년도부터 학년 공통교육과정은 상대평가이고 2~3학년 선택과목은 절대평가이다. 내신등급을 잘 받을 과목에 쏠리거나 내신 부풀이기 가능성을 원천 차단할 필요가 있다. 고교내신성적을 대입전형요소로 활용하지 않거나 사용하여도 참고자료의 하나로 중요도를 낮춤으로써 절대평가에 따른 내신 부풀리기 동기를 사전에 제거한다.

평준화를 넘어 고교선택제로

" 자유 · 공정 · 다양성
4.0시대 교육정책 어젠다 "

1. 평준화는 시대적 소명 다해
2. 교육평등에 집착하여 선택의 자유를 억압
3. 학교선택권 확대는 선진국의 교육개혁 방향
4. 대도시·명문학군에 살아야 좋은 학교에 갈 수 있어
5. 어느 곳에 살든 가고 싶은 학교 지원할 수 있어야
6. 자사고·외고는 존치시키고 자율성 주어야

제4장 | 평준화를 넘어 고교선택제로

1. 평준화는 시대적 소명 다해

가. 유신시절에 도입된 평준화는 진보·좌파 정부의 획일적 평준화로 견고해져

고교평준화는 박정희 정부 시절 1973년 2월 '연합고사에 의한 학군별 추첨배정 방식'으로 전격 도입되었다. 고등학교 입학시험을 폐지하고 거주지 인근학교로 교육감이 강제배정하는 것이다. 발표 이듬해 1974년에는 서울과 부산을 시작으로 1975년 인천, 대구, 광주로 평준화 지역을 확대하였다. 당시 민관식 문교부장관은 평준화 도입이유로 중학생을 입시지옥으로부터 구출하고 사교육비 부담 경감을 들었다. 1959년 초등의무교육 6개년 계획이 성공적으로 추진되어 초등학교 취학율이 90% 이상 늘어나 중학교 진학희망자가 증가하였고, 1969년 중학교 무시험제로 중학교 다니는 학생이 대폭 늘어 고등학교 진학경쟁이 치열하였다. 고교평준화는 극심하였던 고교진학 경쟁을 완화하는 데 기여하였다. 특히 당시 교육여건이 상대적으로 열악했던 사립학교에 대한 지원은 사학의 교육여건 개선에 크게 기여했다. 사립학교도 공립학교와 동일하게 학생모집을 중단하고 같은 등록금을 받도록 하면서 운영비 부족액을 정부에서 보전해 주었다. 사립학교 교사의 봉급과 연금 등 처우를 공립학교 수준으로 대우하였다. 아울러 많은 교사 재교육을 통해서 학교 간의 교육 여건을 평준화하려는 노력도 펼쳤다. 박정희 정부 시대에는 평준화가 도시지역으로 확대되었다. 이와 같이 사립학교를 공립학교에 준하는 규제를 가해서 이는 정부의존형 사립학교를 만들어 사학의 특성이 사라지는 부작용이 발생한다.

평준화정책은 1980년대 전두환 정부에서는 확대되지 않고 보완되는 방향에서 유지되었다. 과학고와 외고가 평준화 보완책으로 신설된다. 전두환 대통령 임기 말 1986년 대통령 자문기구 교육개혁심의회는 고교평준화정책 대안으로 희망하는 일반고교는 학군 내에서 학교별로 전형을 실시할 수 있도록 하자는 의견을 낸다. 교육개혁심의회가 지적한 문제점은 우수학생은 학습의욕이 저하되고 학습부진아는 소외되며, 교사의 학습지도 부담은 가중되는 등 전반적인 교육의 질적 수준과 효율성이 낮아진다는 점이었다. 아울러 사립고의 독자성·자율성 위축과 건학이념 및 학풍의 상실, 실업교육 위축 현상도 문제점으로 지적되었다. 특히 고교평준화 정책은 대학교육의 가수요를 높이고 입시 경쟁률을 더욱 가중시켰으며, 학군의 사회·경제적 특성에 따라 「신 명문」 고교가 탄생하는 것을 지적하였다.[1]

노태우 대통령은 고교교육의 수월성과 다양성을 위해서 평준화 해체를 시도하였다. "고교평준화제도는 입시과열을 완화하는 효과는 있었으나 전체적으로 학생들의 성적이 하향평준화되고, 특히 서울의 8학군은 이상과열로 아파트가격을 자극하고 사회적 위화감마저 초래하고 있다. 고교평준화제도의 구체적인 개선방안을 상반기 중 마련하여 새해부터 시행하라"[2] 1990년 2월 문교부 업무보고를 받는 자리에서의 대통령 지시였다. 국민여론조사에서 평준화 찬성하는 사람이 73% 정도 나오자 평준화 폐지 계획을 접고 평준화 보완 쪽으로 방향을 바꾼다. 각종학교였던 외국어고를 어학영재 양성을 위한 특목고로 개편하고 설치를 확대한다.

김영삼 정부는 5.31 교육개혁으로 1996년 '선 복수지원 후 추첨제'를 도입하여 학생들의 학교선택을 일부 넓힌다. 학교 내 이동식 수업을 확대하여 학생의 학업수준에 맞추어 수준별 반 편성을 유도한다. 평준화 보완에 심혈을 기울인 것은 이명박 정부이다. 고교 다양화 300프로젝트를 통해서 자율형사립고(자사고), 자율형공립학교(자공고), 자율형특성화고 설치를 추진한다. 자유로운 학교가 좋은 학교가 된다는 전제하에 사학다운 사학으로 '자사고'를 설치하고, 지원하되 간섭하지 않는 공립학교로 '자공고'를 그리고 명품 특성화고로 자율형특성화를 새로운 학교 모델로 내세웠다. 그러나 전교조 등 진보진영에서는 이를 평준화 해체로 이해하고 이를 극렬하게 반대하였다.

진보·좌파 진영에서는 박정희 대통령을 독재자라고 비난하면서도 고교평준화를 그린벨트 지정, 국민건강보험제도와 더불어 박정희 대통령이 가장 잘한 정책으로 손꼽는다. 조희연 서울교육감은 한 언론사 인터뷰에서 "박정희 대통령의 고교평준화는 잘한 것"이라고 공개적으로 칭찬하였다. 고교평준화를 제1평준화이고, 자사고·외고 폐지를 제2평준화라고 주장한다. 이재정 경기교육감은 일부시군(화성, 김포, 평택 등)에서 고교입시를 2025년에 모두 없애고 고교평준화 전면시행을 발표하였다.3) 2025년에는 자사고와 외고가 일반고로 전환되기에 고교입시 무경쟁체제로 전환되어 학생이 선택하여 갈 수 있는 고교는 과학고, 예술고, 체고 등 몇몇 고교에 불과하다. 2020년 전국 일반계고 재학생의 약 75%가 교육감이 내정해주는 고교에 다니고 있다. 고교평준화는 교육감이 학교를 배정하기에 '교육감전형'으로 불린다.

나. 평준화 효과는 미미하고 부작용만 커져

평준화가 명문고를 해체하여 고교 서열주의를 완화하고, 과열 입시경쟁을 줄이는 효과는 거두었다. 그러나 교육적 부작용은 매우 크게 부상하고 있다.

첫째, 학력하락 문제이다. 평준화 정책이 학업성취에 미치는 영향은 학자들 간에 주장이 엇갈린다. 학생들의 성적이 떨어져 하향 평준화되었는 주장과 성적 향상도에서 평준화 지역 학생들이 통계적 비평준화 지역에 비해 약간 앞선다는 다른 연구결과도 있다. 그러나 교육학적으로 '시험을 통해서 배운다'는 것은 명백하기에 무시험으로 들어간 학생들의 성적은 당연히 뒤진다.

둘째, 사교육비가 늘고 있다. 평준화 이후에도 학부모들의 사교육비 지출은 매년 증가하고 있다. 평준화 옹호론자들은 고등학교 입학시험에서 유발되는 사교육 수요가 줄어서 사교육비가 준다고 주장한다. 그러나 현실은 정반대이다. 지난 통계청이 공식조사를 시작한 2007년 이래 이명박 정부 시절 2010~2012년을 제외하고는 1인당 사교육비가 지속적으로 늘었다. 지난 30년간 사교육비가 10배 넘게 불었다.[4] 특히 문재인 정부에서 2007년 조사 이래 사교육비 증가율이 최고치를 기록하였다. '2019 초중고 사교육비 조사'를 보면, 1인당 월평균 사교육비가 32만 1천 원으로 전년 대비 10.4% 오르고, 특히 고등학교 학생의 1인당 월평균 사교육비는 전년 대비 4.4만 원(13.6%)이나 폭증하였다. 2020년 코로나로 사교육시장이 위축됨에도 불구하고 고등학교 1인당 월평균 사교육비는 5.9%증가하여 2017년 대비 35% 급증한 것이다.

셋째, 학부모들의 학교와 교사에 대한 불만은 지속되고 상급학교로 올라갈수록 만족도가 떨어진다.

한국교육개발원이 2020년 8월에 국민 5,000명을 대상으로 한 설문조사 결과, 현재 우리나라의 초·중·고등학교를 평가한다면 어떤 성적을 줄 것인지에 대한 질문에서 전체적으로 '잘하고 있다(매우 잘하고 있다+잘하고 있다)' 16.2%, '보통이다' 56.2%, '잘 못하고 있다(못하고 있다+전혀 못하고 있다)' 27.6%로(평균 2.86/5점 만점)으로 불만족이 더 크다. 평균 2.86으로 보통 이하의 평가를 받고 있다. 학교급이 올라갈수록 만족도는 떨어지고 있어, 3.11(초), 2.91(중), 2.64(고)이다. 특히 학부모 응답자는 '잘하고 있다' 13.6%, '보통이다' 40.8%, '잘 못하고 있다' 45.6%로, 전체 응답자와는 달리 잘 못하고 있다는 부정적 평가가 높았다(평균 2.60).

표 4-1   초·중·고등학교에 대한 평가(2020)

(단위: 명(%))

초·중· 고교 평가	2020							
	전체				초·중·고 학부모			
	초·중·고 전반	초등학교	중학교	고등학교	초·중·고 전반	초등학교	중학교	고등학교
매우 잘하고 있다 (A)	50 (1.0)	116 (2.3)	67 (1.3)	72 (1.4)	10 (1.0)	29 (2.8)	19 (1.8)	15 (1.4)
잘하고 있다 (B)	759 (15.2)	1,546 (30.9)	966 (19.3)	617 (12.3)	171 (16.5)	351 (33.8)	190 (18.3)	127 (12.2)
보통이다 (C)	2,811 (56.2)	2,297 (45.9)	2,615 (52.3)	2,190 (43.8)	560 (54.0)	437 (42.1)	527 (50.8)	423 (40.8)
못하고 있다 (D)	1,190 (23.8)	860 (17.2)	1,144 (22.9)	1,692 (33.8)	262 (25.3)	191 (18.4)	260 (25.1)	376 36.3)
전혀 못하고 있다 (E)	190 (3.8)	181 (3.6)	2.08 (4.2)	429 (8.6)	34 (3.3)	29 (2.8)	41 (4.0)	96 (9.3)
계	5,000 (100.0)	5,000 (100.0)	5,000 (100.0)	5,000 (100.0)	1,037 (100.0)	1,037 (100.0)	1,037 (100.0)	1,037 (100.0)
평균 (표준편차)	2.86 (0.75)	3.11 (0.84)	2.91 (0.80)	2.64 (0.86)	2.87 (0.75)	3.15 (0.85)	2.89 (0.81)	2.60 (0.87)
2019 평균 (표준편차)	2.75 (0.76)	3.09 (0.85)	2.82 (0.79)	2.49 (0.84)	2.74 (0.74)	3.14 (0.86)	2.80 (0.79)	2.46 (0.83)

출처: 한국교육개발원 교육여론조사(2020).

초·중·고등학교 교사들의 능력과 자질에 대한 신뢰 정도를 묻는 질문에 전체 응답자 중에서 '신뢰한다(매우 신뢰한다+신뢰한다)'는 22.2%, '보통이다'는 53.7%, '신뢰하지 못한다(신뢰하지 못한다+전혀 신뢰하지 못한다)'는 24.1%이다. 평균 2.95점(5점 만점)으로 신뢰가 높지 않다. 학교평가와 같이 학교급이 올라갈수록 교사의 신뢰도는 떨어지고 있다. 즉, 전체 평균이 2.95이고, 초등교사는 3.05, 중학교 교사는 2.90, 그리고 고교 교사에 대한 신뢰도는 2.77로 낮아진다. 특히 고등학생 학부모의 경우 '신뢰한다' 19.6%, '보통이다' 42.1%, '신뢰하지 못한다' 38.3%로 응답하여(평균

그림 4-1 　초·중·고등학교에 대한 평가(전체 평균, 2006~2020)

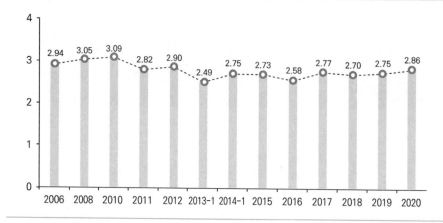

2.73) 불신이 크다.

　넷째, 공부에 대한 흥미도·자신감은 학년이 올라갈수록 떨어진다. 국제 교육성 취도 평가 협회의 수학·과학 성취도 추이변화 국제비교 연구에서 중2 학생의 수 학·과학에 대한 태도(자신감, 흥미, 가치인식)는 낮고, 4년 전보다 향상되지 않고 있다. 수학에서 자신감이 있는 학생은 46%, 흥미가 있는 학생은 40%, 가치 있다고 생각 하는 학생은 70%로 나타났으나, 모두 국제 평균에 비해 낮았다. 과학에서 자신감 이 있는 학생은 34%, 흥미가 있는 학생은 53%, 가치 있다고 생각하는 학생은 66% 로 나타났으나, 모두 국제 평균에 비해 낮았다. 경제개발협력기구(OECD) 2018 국 제학업성취도 평가(PISA)에서도 우리 학생들의 학업에 대한 자신감과 흥미도는 OECD 평균에 비해 낮다.

　다섯째, 고교 학교 간의 격차는 심화되고 있다. 일류학교, 이류학교는 좋은 학군 (지역)과 나쁜 학군(지역)으로 모습만 바뀌었을 뿐 학교 간 격차는 여전하다. 수능성 적이 공개되었을 때 평준화 지역 내에서 학군 간의 차이가 큰 것을 확인할 수 있 다. 2019년 서울 지역 자치구별 고등학생 대비 서울대 진학률을 보면 서초구가 도

봉구의 10배에 이른다.[5]

여섯째, 교육의 획일화이다. 고교평준화는 박정희식 개발독재와 관치의 상징이다. 자율이라는 미래가치와 상충된다. 학교 간의 자유로운 경쟁이 사라져 교육이 획일화되고 다양성이 죽었다. 교과·학제의 획일적 운영에 따른 문제점을 개선한다고 과학고(1983년), 외국어고(1984년), 국제고·국제중(1998년), 영재학교(2003년), 개방형 자율학교(2006년), 자율형사립학교(2002) 등 다양한 학교모델이 도입되었으나, 과학고와 영재고를 제외한 학교들은 2025년 폐지운명에 놓여 있다. 과목별 3~4단계의 수준별 학급을 편성·운영하던 수준별 수업도 교과목 점수 따라 학생들을 등급 매기고 이를 기준으로 우열반 교육을 시키려는 차별적이며 불평등한 교육이라는 이유로 폐지되었다.

다. 좌파 교육권력은 자사고·외고 폐지하여 '제2의 평준화' 시도해

2019년 11월 교육부는 초·중등교육법 시행령과 시행규칙을 개정하여 2025년에 외고, 자사고, 국제고 일괄 폐지 계획을 발표하였다. 이는 문재인 대통령의 "고교서열 해소" 한 마디에 국민적 의견수렴 없이 군사작전과 같이 밀실에서 이루어진 것이다. 이로 인해 30년 이상 우리 사회 고교교육의 중요한 역할을 담당하던 전국의 자사고(42교), 외고(30교), 국제고(8교)는 정권의 적폐세력으로 몰려 일반고로의 전환을 강요받고 있다. 평준화 지역에서 학생·학부모가 선택할 고교가 거의 사라져 선택의 자유를 뺏고 있다. 직업계고, 예술고, 체육고, 영재·과학고만이 선택 지원이 가능한 학교이다. 직업계고를 제외한 대학 진학을 꿈꾸는 학생들이 선택할 수 있는 학교의 정원은 전체 학생의 0.05%에 불과하여 하늘의 별 따기만큼 합격하기 어렵다. 교육에서 선택의 자유를 박탈하고 교육을 국가독점사업으로 생각하는 교육 독재적인 발상이다.

2. 교육평등에 집착하여 선택의 자유를 억압

가. 평등이 공정을 뒤엎어

이 시대의 화두는 공정이다. 그런데 교육에서 공정에 대한 의미가 능력주의자와 평등주의자 사이에 다르다. 정치 심리학자인 뉴욕대 조너선 하이트 교수는 그의 저서 '바른 마음'에서 보수주의자와 진보주의자는 도덕적 기반이 다르다고 얘기한다.[6] 보수주의자들은 자유 중시하는 반면 진보주의자들은 평등을 중시한다. 이에 따라 공정을 해석하는 방식도 달라 보수주의자들은 노력과 성과만큼 가져가는 것이 정의(비례의 원칙)롭다고 생각하는 반면에, 진보주의자들은 보상이 비슷해야(결과의 평등) 공정하다고 해석한다. 진보주의적 교수는 학생 간의 성적편차를 적게 주는 반면에 보수주의 교수는 제일 잘한 학생과 못한 학생 간의 성적 점수 차이도 크게 줄 뿐 아니라 제일 못한 학생에게는 벌을 줄려고 한다. 평등주의자들은 능력주의를 엘리트들의 전제·횡포로 규정한다.[7] 능력주의는 재능과 노력으로 나타나는 차이를 인정하고 그 보상도 성과에 따라 배분되어야 한다고 믿는다. 출발 조건의 불평등은 '운명'이고, 경쟁의 결과로 발생한 불평등은 '정의'로 본다. 우리가 통제 가능한 것은 오직 '과정'뿐이므로 그 과정의 공정이 매우 중요하게 여긴다. 공정한 경쟁으로 쟁취한 특권은 맘껏 누려도 되는 보상이고, 공정한 경쟁에 져서 안게 된 차별은 군말 없이 치러야 할 대가인 것이다.[8]

교육에서 평등은 교육기회의 허용적 평등, 교육기회의 보장적 평등, 교육조건의 평등, 교육결과의 평등으로 구분된다.[9] 교육기회의 허용적 평등은 모든 사람에게 교육 받을 기회가 개방됨을 의미하고, 교육기회의 보장적 평등은 무상교육이나 장학금 지급 등으로 교육기회 접근성을 보장하는 것이다. 교육조건의 평등은 학교 간, 지역 간 격차를 줄여서 교육여건의 평등화를 추구한다. 교육결과의 평등은 국가가 사회적 약자와 학업성적이 떨어지는 아동들에 대하여 추가적인 지원을 하여 격차를 줄이는 데 노력한다. 이처럼 평등 원리를 규칙에의 "적합성(fitness)"으로 이해하고, 결과의 불평등은 불가피하고 그 격차를 완화하는 데 그친다. 이에 반하여 철저한 평등주의자들은 사회적 가치의 결과적 배분의 "동일성(sameness)"으로 이해하고, 능력에 따라서 생산에 기여하고 필요에 따라서 가치를 분배받기를 바란다. 똑같은 출발선에 교육을 시작하고 동일한 수준의 교육서비스를 받아 그 결과도 같아야 한다고 주장한다. 역사적으로 결과의 평등을 추구한 나라들은 예외 없이 국민대다수가 가난해지고 소수의 권력 엘리트만 잘 사는 나라가 되었다. 공산주의 국가의 몰락에서 우리는 역사적 교훈을 얻는다. 교육불평등은 도덕적으로 옳지 않다는 신념이다. 그러나 학생은 학업성취에 요구되는 다양한 요건들을 부모로부터 물려받는다. 경제 형편 뿐만 아니라 재능과 성격, 그리고 신체적 특징까지 천차만별이다. 이들을 물질적인 부는 공평하게 나눌 수 있어도 재능과 성격까지 똑같이 할 수는 없다. 재능과 노력의 차이에서 발생하는 격차는 자연스러운 것이다.

나. 우리나라, 교육 형평성 양호한 국가에 속해

우리나라 교육불평등 지수를 살펴보자. 유니세프 이노첸티 연구소의 발표에 따르면,10) 한국의 전반적인 교육평등지수는 선진국 41개국 중 17위로 중상위권이며, 특히 만 15세 아동의 대학진학에 대한 기대가 조사 대상 국가 중 부모의 사회적 지위나 소득의 영향을 가장 적게 받는 국가로 평가되고 있다. OECD에서 3년마다 15세 학생을 대상으로 실시하는 PISA에서도 한국은 형평성이 양호한 국가로 분류된다. OECD의 PISA에서는 교육 형평성 지표로 가정배경의 영향력, 가정배경에 따른 성취 격차, 역경을 극복한 학생들의 비율을 활용한다. OECD의 PISA 2018 결과를 보면 한국은 읽기 성취도가 OECD 평균보다 높으면서 형평성도 평균 이상 높은 것으로 나타났다(〈그림 4-2〉 참조). 우리나라에서 PISA 경제·사회·문화지위 지표(ESCS)가 학생들의 읽기 성취에서 차지하는 영향력을 나타내는 분산 비율은 8.0%로 OECD 평균(12.0%)보다 낮았다.

그림 4-2 PISA 참여국의 읽기 성취도와 형평성의 수준

출처: 교육부, PISA 2018 결과.

다. 학교선택을 억제하면 교육의 다양성과 창의성을 죽여

교육불평등은 학생의 타고난 속성, 즉 부모의 사회경제적 배경, 지역, 성, 인종 등이 교육성과에 영향을 미치는 것을 의미한다. 교육성과는 상급학교 진학률, 학업성취도, 전공선택 등을 말한다. 교육불평등이 크다고 하면 이런 귀속적인 요인, 특히 부모의 사회·경제적 배경이 학생의 성적에 미치는 영향이 크다. 부모 배경이 미치는 영향이 절대적이고 자식 세대가 대물림되어 학력격차가 고착된다면 마르크스 관점의 '교육에 의한 불평등 재생산'이 이루어진다. 반면에 부모 배경 영향이 크지 않다면 교육이 능력주의 사회의 핵심 장치로 작동하여 계층이동 사다리로 역할을 한다.[11]

문제는 평등에 집착하다 보니 교육의 자유를 억압하는 데 있다. 자유란 엄격히 말해서 "선택의 자유"이므로 선택의 여지가 없으면 자유는 없는 법이다. 선택을 확대하면 부모 배경이 큰 영향을 미친다고 평등론자들은 저항한다.

정치 선진국 영국을 대표하는 보수 지식인 로저 스크러튼[12]은 평등주의자들이 학교를 교육의 장소로 보기보다는 평등을 실현하는 사회공학적 도구로 1960년대 미국과 영국에서 인식한다고 보았고 이는 학교의 본질적인 진정한 목표인 교육을 강탈하는 결과를 초래하여 교육적 쇄락으로 이끌었다고 진단한다. 평등주의자들은 한 아이나 학교의 성공은 다른 아이나 학교의 실패에 따른 대가로 바라보는 제로섬 zero sum 사고를 지닌다. 그들은 잘 나가는 학교나 아이를 찾아서 불이익을 주거나 폐쇄하여 획일성을 추구한다. 영국에서 옥스브릿지(옥스포드 대학+캠브리지 대학)에 많은 학생을 진학시키는 사립학교를 폐지하려고 한 사례를 들고 있다. 스크로턴은 자율적 교육기관을 늘리고 가난한 학생들이 이들 학교에 진학할 수 있도록 지원하는 것이 정의에 부합하다고 주장한다.

사회 제도적으로도 평등교육에 경도되면 여러 가지 부작용이 나타난다.[13] 첫째, 기회의 평등은 자유와 충돌하지 않지만 결과의 평등을 추구하면 개인의 자유를 침해하게 된다. 자유란 엄격히 말해서 "선택의 자유"이다. 선택의 자유를 확대하면 학생 간 또는 학교 간 경쟁이 이루어지고 경쟁은 격차를 발생시킨다. 격차를 정의롭지 않게 보는 평등주의자들은 선택의 자유를 억압한다. 학교서열화를 없앤다는 이유로 자사고·외고 폐지를 추진하는 것이 전형적인 사례이다. 제도적 교육이 그 수요자에게 선택의 폭을 넓힘으로써 얻는 효과는 많다. 수요자들이 교육 선택의 자유를 향유할 수 있고, 교육 프로그램의 개별적 타당성을 높이며, 교육서비스의 질을 효율적으로 관리할 수 있다.

둘째, 평등을 실현하기 위해서 사회적 가치를 배분하기 위한 "객관적 관리자"를 필요로 하여 국가의 개입을 확대한다. 사회주의 국가에 독재자나 강력한 관료 체제가 출현하는 것은 바로 이러한 요구 때문이다. 다수 교육학자들은 한국교육의 근본 문제로 일제강점기하의 군국주의적 교육에서부터 권위주의적 정권을 거치면서 뿌리 깊게 형성된 국가주의적 통제정책을 들고 있다. 우리나라 특유의 지나친 국가주도의 교육행정체제가 개별 교육주체 또는 이행당사자들의 자기결정권과 선택권을 침해하고 있다. 교육정책의 잦은 변경, 교육정책을 둘러싼 보수와 진보의 갈등 등 정책의 실패현상은 국가의 과도한 개입으로 인한 '정부실패'의 단면을 보여주는 것이다. 교육서비스 공급을 국가가 독점하고 학교운영에 대한 과도한 규제가 정부실패의 원인이다. 교육주체들을 과보호하고 돌보려는 '유모 정부(Nanny state)'에서 탈피하여 교육당사자들의 교육의 자유를 확대해야 한다.

셋째, 교육제도나 운영에서 획일성으로 다양성과 창의성을 훼손한다. 모든 제도나 보상에서 구성원에게 균등하게 예외 없이 적용되는 것이므로, 그 형태에 의한 획일성은 불가피하게 된다. 평등을 추구하는 과정에는 학교를 통제하고, 세세한 정책까지 개입하여 지역과 개별학교의 자율성과 개인의 다양성을 제한하는 결과를 초래한다. 넷째로 과다한 재정이 소요된다. 평등주의 입장에서는 교육을 공공재로 보아서 국가가 교육비용을 부담하여야 한다고 생각한다. 이는 공동체 연대력을 증진시켜 사회갈등을 완화하고 보다 안전한 사회를 만드는 데 기여한다고 본다. 소득과 상관없이 모든 학생에 무상으로 급식을 지원하고 고교생의 무상교육 등이 대표적인 정책이다. 다섯째, 하향평준화를 초래한다. 격차를 줄이기 위해 잘나가는 자를 끌어내리는 것이 제일 쉬운 방법이다. 즉 억강부약(抑强扶弱) 태도를 취해 공부를 잘하거나 앞서 나가는 학교는 누르고, 뒤처지는 자만을 염두에 두고 정책을 펼친다. 획일적 평등주의는 교육주체들의 의욕을 떨어트리고 교육에 대한 투자를 감소시킨다.

이상에서 논의처럼 공정을 능력주의로 규정하는 것이 타당하다. 능력주의는 신분사회를 벗어나 자유와 평등의 조화를 추구하는 역사발전 속에서 최고는 아니지만 최선의 이데올로기로 교육에서 채택되어 정착되었다. 노력과 능력에 기반한 성취를 장려해야 위로 향하는 사다리를 만들 수 있기 때문이다. 특히 4차 산업 혁명시대에 들어와 능력과 노력으로 무장한 '창조적 엘리트'의 사회적 부의 창출이 과거와 비교할 수 없을 정도로 커졌다. 혁신적 발상과 노력으로 엄청난 부를 창출하여 일반인보다 수천 배의 보상을 받아도, 그 불평등은 그들의 혁신 덕에 사회 전체가 누리게 된 혜택으로 간단히 상쇄된다. 한국보건사회연구원의 조사[14]에 의하면 노력한 만큼 대가를 얻는 사회가 우리 국민이 가장 원하는 사회이다.

3. 학교선택권 확대는 선진국의 교육개혁 방향

가. 세계의 교육개혁 방향

핀란드 헬싱키대학 교수, OECD 교육정책분석가, 하버드대학 교육대학원 객원교수 등 다양한 교육경력자로서 핀란드 교육의 성공비결을 소개하여 우리에게도 잘 알려진 파시 살베리(Pasi Sahlberg)는 1990년 이후 OECD 주요 회원국들의 교육정책 방향 GERM(Global Education Reform Movement)의 특징을 세 가지로 요약하고 있다.[15] 이들 교육개혁 전략들은 미국 및 북유럽, 캐나다 등을 위시한 OECD 주요 회원국들이 비공식 채널을 통해 변혁의 원동력으로 삼는 전략이다. 물론 이는 시장 중심의 신자유주의로 교육의 본질을 훼손한다는 반론도 있지만 공교육을 살리려는 개혁정책으로 많은 나라에서 채택하고 있다.

첫째, 가장 많이 채택하고 있는 정책으로 학부모와 학생의 학교선택권을 확대하고 학교 간에 학생모집 경쟁이 이루어지도록 한다. 경쟁이 진보의 엔진이라는 믿음에서 추진한다. 미국이 2000년대 도입한 차터 스쿨(charter school), 스웬덴이 1990년대 시작한 자유학교(free school), 영국이 2010년대 도입한 아카데미 학교(academy school), 그리고 칠레의 1980년부터 실시하는 바우처(voucher) 제도를 대표적인 사례로 들 수 있다.

두 번째, 표준화 시험을 책무성의 주요 지표로 삼는다. 학교 밖에서 실시하는 표준화 시험 점수를 토대로 학교와 교사의 성과를 따진다. 이는 학생의 학업성취도를 향상시키는 것을 학교의 제일 큰 임무로 보는 것이다. 전국단위 시험 성적을 공개하고 성적 향상도를 토대로 학교나 교사의 평가기준으로 삼는다. 미국에서는 시험성적 결과를 근거로 성과기반 급여체계가 확산되고 있다. 학생들의 성적이 교사의 수업의 질을 판단하는 가장 큰 요인으로 간주하는 것이다.

셋째, 공립학교 민영화를 주요 교육개혁 과제로 추진한다. 교육을 서비스 산업으로 보고 교육수요자에게 좋은 교육을 제공하기 위해서 경쟁을 시키는 것이다. 공적으로 공급되는 공립학교에만 의존하면 교육의 국가독점체제에서 벗어날 수 없어서 교육시장의 압력에 굴복하지 않고 교육성과를 높이기 위한 노력을 게을리 한다. 민영화하면 성과에 대한 인센티브가 제공되어 더 좋은 학교를 만들려는 경쟁이 생기고, 이는 뒤처진 학교가 양질의 학교로 변모되어 전반적으로 좋은 학교가 늘어나 결국 모든 학생에게 이익이 된다는 믿음이다. 이러한 정책기조는 교육의 더 나은 성과는 학교교육의 주체가 정부에서 민영화체제로 전환될 때 가능하다는 전제하에 이루어진다. 실제로 미국의 Charter Schools, 스웨덴의 Free Schools (자율학교), 영국의 Secondary Academies, 네덜란드의 Religious Schools, 그리고 영리 사립학교 등을 대표적인 사례로 들 수 있다.

파시 살베리는 이외에도 읽기, 수학, 과학 등 핵심 과목에 집중하고, 기술을 교수학습 매체로 적극 활용하는 경향을 보이고 있다고 말하고 있다.

나. 다양한 방법으로 학교선택권을 보장해줘

학부모들에게 학교 선택권을 확대해주는 방법을 해외 사례를 통해서 살펴본다.[16) 첫째, 거주지에 관계없이 어떤 공립학교도 지원할 수 있는 자유입학제이다. 개방형 입학제로 학군 내 학교에 배정하는 평준화 제도와는 달리 사는 지역 학군에 구애받지 않고 원하는 지역의 학교에 입학할 수 있다. 뉴질랜드는 1990년 지방분권화 정책과 함께 학구 제한을 풀어 다른 지역 학구의 학교에 지원을 허용하였다. 최근에는 학교에 정원 여석 있을 경우만 학구 밖의 학생을 받고 있다.

둘째, 바우처(voucher, 쿠폰) 제도이다. 모든 학생에게 일정 금액의 바우처를 공적자금으로 제공하여 학생은 이 바우처로 공립학교나 사립학교의 학비로 쓴다. 공립학교는 무상이기에 바우처는 사립학교의 등록금을 보충하는 데 사용한다. 학비 부담을 줄여 주기에 학부모들의 학교선택권을 실질적으로 넓혀주는 효과가 있다. 미국의 13개 주에서 공적자금에 의한 바우처를 학생에게 제공한다. 밀워키 학부모 선택 프로그램, 오하이오 교육선택 장학프로그램, 인디아나 선택장학금 프로그램 등이 대표적이다. 칠레는 1981년 이후 사립학교 학비를 학생들에게 바우처로 지원한다. 칠레 학생 54%가 바우처 프로그램에 의해 지원되는 사립학교에 다니고 있다.

셋째, 학교 운영에서 포괄적 자유를 갖는 사립학교 또는 공립학교의 허용이다. 정부의 지원을 받지 않는 사립학교는 학생모집, 교육과정 운영, 등록금 책정 등에서 정부의 규제가 거의 없다. 공립학교는 정부(교육청)과 협약을 통해서 운영의 자율성 부여하고 성과에 책임진다. 미국의 마그넷스쿨(Maget school), 차터 스쿨(Charter school), 스페인의 자유학교(Free school)를 들 수 있다. 마그넷스쿨은 과학, 예술, 체육 등 특정 분야에 재능을 지닌 학생들을 학구와 관계없이 모집하여 특성화된 교육을 시킨다. 스웨덴의 자유학교는 공립학교 수준의 교육비가 바우처를 통해서 지원된다. 그리고 학교설립과 운영을 통해서 이윤을 낼 수 있도록 영리법인을 허용한다. 미국과 스웨덴에서는 체인으로 여러 학교를 운영하는 기업형 기관이 있다

넷째, 홈스쿨링(Home schooling)으로 학교에 다니지 않고 집에서 자녀를 교육시킨다. 대표적으로 홈스쿨링이 합법인 나라는 미국, 영국, 뉴질랜드, 프랑스 등이 있으며, 그중 홈스쿨링이 가장 활발한 나라는 미국이다. 미국은 몇 년에 걸친 학부모들의 법정투쟁 끝에 1980년 30개 주에서 불법이던 홈스쿨링이 1993년 이후 50개주에서 합법적인 교육으로 인정받았다.[17] 모든 주는 1년에 2, 3차례 정도 교육 관계자가 해당 가정을 방문, 교육 실태를 확인하는 조건으로 부모의 재택교육권을 인정하고 있다. 최근 코로나19 팬데믹 영향으로 미국의 홈스쿨링 비율이 2020년 봄 3.3%에서 가을에는 11%로 증가하고 있는 것으로 나타났다.[18]

다. 명문 고교는 교육선진국의 보편적 현상[19)]

영국, 미국, 프랑스, 일본 등 공교육의 오랜 역사와 정통을 자랑하는 교육선진국에서 대학 진학에 좋은 성적을 보이는 소위 명문고의 실상을 파악하여 시사점을 얻고자 한다.

(1) 영국

– 선발형 공립학교를 육성하여 오랜 전통의 명문 사립학교 추격 –

영국은 6-5-2-3 학제로 초등학교 6년, 중등학교는 중, 고 구분 없이 5년으로 되어 있다. 중등학교와 대학 사이에 후기 중등 과정이라고 할 수 있는 2년 과정의 A-level 혹은 Sixth Form[20)]을 두고 있으며 대학은 3년 과정이다. 중등과정을 마치면 직업교육(Further education)과 대학 준비과정(A-level)으로 진로가 정해진다. 의무 교육기간은 총 11년(초등 6년, 중등 5년)이며, 초등학교 취학 연령은 9월 1일자 기준 만 5세이다. 고등교육기관을 보면, 미국의 아이비리그(Ivy Leagues)에 버금가는 명문대학으로 옥스브리지(Oxbridge · 옥스퍼드대학과 케임브리지대학) 외에도 러셀그룹(Russell Group · 옥스퍼드대학과 케임브리지대학을 포함한 영국 전역 24개 명문 대학 그룹)이 있다.

영국은 오랜 역사(예, Eaton school은 1440년 개교)와 전통을 자랑하는 사립학교들이 소위 옥스브릿지(Oxford+Cambridge) 진학을 많이 시켜 전 세계로부터 인재들이 몰려온다. 영국 내 명문 대학에 진학하는 사립학교 출신 학생들의 비율은 공립학교 출신에 비해 매우 높다. 2017년 BBC의 조사 발표에 따르면, 케임브리지대학 입학자 중 38% 이상이 사립학교 출신이며, 이외에도 옥스퍼드는 45%에 이른다. 1838년에 설립된 웨스트민스터(Westminster school)는 최근 5년간 졸업생 절반 가까운 44%를 옥스브리지에 입학시키기도 한다.[21)]

그러나 사립학교는 학비와 기숙사비는 연간 4천~6천만 원에 이르러 영국인 평균 연봉을 웃도는 수준의 교육비가 필요하다. 이에 선발형 공립 중·고등학인

grammar school이 인기가 높다. 영국 정부는 학비가 무료인 공립학교 출신들의 옥스브리지 합격률을 높이려고 노력하고 있어서, 유명 공립학교는 입학 경쟁률이 10대 1을 넘는다. 11세 학생들을 대상으로 '일레븐 플러스'(11+)라는 시험과 인터뷰를 통해 학생들을 선발하며 무상으로 수준 높은 교육을 제공한다. 해당 지역의 주민 자녀에게게만 입학 지원 기회를 주기에 좋은 그래머 스쿨이 있는 지역의 부동산 가격은 매우 높다. 한국 학부모가 좋은 특목고·자사고 등에 자녀를 보내기 위해 노력하듯 영국인들도 명문 고교에 대한 관심이 높다. 1950년대 이후 노동당의 교육 평준화 정책에 따라 그 수가 급격히 감소했으나, 영국 총리 테리사 메이(Theresa May)는 집권 기간 중 그래머 스쿨의 수를 늘렸다. 사립학교 교육비를 감당하기 어려운 서민들에게 무상으로 양질의 교육을 제공해 좀 더 많은 공립학교 출신 학생들이 명문대에 진학할 수 있는 기회를 제공하고 있다.[22]

(2) 일본

– 명문 공립고의 부활 정책 펼쳐–

일본의 학제는 제2차 대전 후 미국의 영향으로 우리와 같은 6-3-3-4제를 채택하고 있다. 일본에서는 한국의 특목고나 자사고와 같이 제도적으로 일반고와 분리된 고등학교는 없는 반면에 입시로 서열화가 되어 있다. 일본은 1967년부터 학교 서열화를 막겠다는 취지로 고교 공동 선발방식인 학교군제(평준화)을 도입하였다. 학교별 단독 선발제를 유지한 사립고등학교는 학생 지원이 증가하여 신흥 명문고로 부상한다. 이에 반해 기존의 명문 공립고는 학부모로부터 외면을 받게 되어 정원미달 사태와 대학 진학 성적이 한없이 추락한다. 예컨대, 평준화 도입 직전 1967년 도쿄대 합격자 수 134명을 배출하여 전국 1위를 차지하던 히비야(日比谷)고는 전국 1위 자리를 사립인 나다(灘)고에 내주었고, 합격자 수가 계속 줄어서 1993년에는 단 1명만 합격했다. 공립고 추락으로 2001년 도쿄대 입시에서 합격자 수 전국 50위 안에 든 공립고가 단 하나도 없는 실정이었다. 일본 정부는 공립고의 추락을 더 이상 방치할 수 없어서 1994년부터 학교의 학생 선발권을 확대하였지만, 사립고 쏠림현상을 막을 수 없었다.

이에 사립고가 공립고보다 많은 도쿄도는 2003년 학교군을 폐지하고 모든 공립학교는 학교별 단독 선발제로 학생을 선발하게 이른다. 학생의 선택권을 보장하고 학생의 능력과 교육의 개성화·특색화·다양화를 추구하기 위해서 평준화인 학교군제를 폐지한다. 근본적인 이유는 세계화 추세에 맞추어 국제경쟁력을 맞춘 유능한 인재 양성에 있었다. 당시 장기 경제불황 속에서 한국과 중국의 추격을 상당히 우려하여 우수한 인재 양성이 시급하다는 여론이 팽배하였다. 일교조과 사회당의 반대에도 불구하고 자민당은 경제계와 학부모의 지지를 얻어 학교별 선발제로 유턴(U)하여서 교육경쟁력을 높이고 공립고를 살리는 정책을 펼친다.

특히 당시 "도쿄로부터 일본을 바꾼다"는 구호로 대중의 인기가 높았던 이시하라 신타로(石原慎太郎) 지사의 교육개혁 플랜에 따라 교토에서 평준화가 사라지고 공립학교 육성책이 시행된다. 도쿄도 교육위원회는 '진학지도중점교' 지정으로 공립 고등학교의 대학 진학실적의 향상을 위한 지원을 한다. 2001년부터 히비야고를 비롯하여 공립고를 진학지도 중점학교로 지정하여 도쿄(東京)대, 히토쓰바시(一橋), 교토(京都)대 등 3개 국립 難關校(진학이 상당히 어려운 명문 국립대)과 와세다(早稲田)대 게이오(慶應)대 조치(上智)대 등 3대 사립 難關校(진학이 상당히 어려운 3대 사립 명문대)의 진학 실적을 향상시켰다.[23] 0교시 수업, 방과 후 수업, 토요일 수업, 교원공모제로 유능한 교사 초빙, 학원강사 특강, 진학 집중지도 등이 진학지도 중점학교에서 시행한 노력이다.[24] 이처럼 명문부활 정책이 일본 공립고를 살렸다.

참고로 일본은 유토리 교육으로 인한 학력저하 실패 사례를 교훈삼아 국가수준 학업성취도 평가인 전국학력 학습상황조사(National Achievement Test; NAT)는 문부과학성에 의해 2007년부터 초등학교 6학년과 중학교 3학년을 대상으로 시행되고 있다. 문제 유형도 2원화하여서 국어와 산수(수학) 과목에 대해 학교에서 배운 지식과 기술을 묻는 A형과 함께, 이러한 지식과 기술을 특정 맥락에 활용할 수 있는지를 묻는 B형 평가를 시행하고 있다. 그리고 47개 도·도·부·현 성적을 비교하여 문부성에서 순위 발표하는데, 2018년 경우 Ishikawa가 1위였고(66.8%)

Okinawa가 47위로 꼴찌(59.3%)였다.

(3) 프랑스

― 그랑제콜 진학준비반 프레파에 입학경쟁 치열 ―

프랑스 학제는 유아학교―5(초등)―4(중학교)―3(고등)―3(대학)이다. 유치원 학교인 에꼴 마떼르넬(écoles maternelles)이 3년, 초등교육인 에콜(écoles)이 5년, 중등교육은 중학교인 콜레쥬(collèges) 4년, 고등학교인 리세(lycées)가 3년이며, 1970년대부터 취학 전(3~5세) 교육을 중시하여 OECD국가 중 최고의 취학율(100%)을 자랑하고 있다. 고등학교 교육과정의 '다양성'과 학교별 '특성화'는 프랑스 고등학교 교육의 주요 특징이므로 고등학교 선택이 매우 중요하다.

고등학교는 일반계(lycée généale), 기술 고등학교(lycée technologique), 직업계고(Lycee professionel)로 나누며, 중학교 졸업고사 브러베(Brevet) 성적이 고등학교 계열 선택에 중요하다. 사실상 고등학교는 계열별 바칼로레아 준비하는 교육기관이다. 일반 고등학교(lycée généale)의 계열(série)은 경제사회(Économique et Social: ES), 문과(Littéraire), 과학(Scientifique) 세 가지이다.

프랑스 대학은 평준화되었지만, '대학 위의 대학'이라고 불리는 엘리트 코스 '그랑제콜(Grandes Ecoles)'이 있다. 평준화된 일반 대학과 구분돼 있는 프랑스 특유의 4년제 소수 정예 엘리트 교육기관이다. 국립행정학교(ENA), 국방기술대학(Ecole Polytenique), 고등사범학교(ENS: Ecole Nationale Superieur), 파리정치대학(Sciences Po)이 유명하다. 사립 그랑제콜은 등록금이 매우 높아서 미국 아이비 리그(Ivy league) 대학 수준에 이른다. 최근 마크롱 대통령이 자신의 모교이자 대통령 4명, 총리 8명을 배출한 그랑제콜 국립행정학교(ENA)를 폐지하겠다는 구상을 밝혀 논란을 빚고 있기도 하다. 드골 대통령이 1945년 설립한 ENA 출신 인재들이 전후 프랑스가 성장과 번영을 이룬 데 크게 기여하였다는 것이 국민들의 평가이다. 최근 국민여론 조사에서 54%가 ENA 폐지에 반대한다.[25]

그랑제콜 입학을 희망하는 학생들은 그랑제콜 준비반인 '프레파(prépa)' 과정을 이수한 후 학교별 시험에 응시해 성적순으로 선발된다. 프레파는 프랑스 주요 명문고에 설치된 2~3년 과정의 입시 준비반으로 고등학교 내신 성적 상위 4% 이내 최우수 학생들을 선발한다. 프레파 과정은 강도 높은 교육으로 낙오하기 십상이다. 공부 강도가 매우 높아서 자정이 넘어서야 잠자리에 들 정도이고 프레파 과정 3년 내내 단 하루도 제대로 쉬어본 적이 없다고 술회하는 학생이 많다. 한국 대입보다도 그랑제콜 입시가 더 경쟁이 치열하여서 학생뿐 아니라 부모도 죽을 각오로 뛰어야 그랑제콜에 합격할 수 있다는 평가이다.

프랑스 학부모들도 교육열이 높아서 그랑제콜 합격률 높은 명문고에 자녀를 입학시키기 위해 갖은 노력을 다한다. 파리 공립 고등학교에 합격하려면 원하는 학교가 속한 학군 내에 주소가 있어야 하므로 파리 명문 공립학교 순위 1·2위인 루이 르 그랑(Louis Le Grand)이나 앙리 4세(Henri IV) 고등학교 주변의 집값은 매우 비싸다.26) 두 학교가 속한 학군(파리 5·6·13·14구)의 부동산은 인기 상한가를 달린다. 한편, 위장전입과 고위급 인사들의 청탁이 사회문제가 되기도 한다.

프랑스는 영국과 미국과 달리 공립 고등학교가 명문고로 자리 잡고 있다. 예컨대, 2016년도 바칼로레아 성적에 따른 4,300개 공립 및 사립 고등학교 의 전국 순위를 보면, 전국에서 가장 우수한 고등학교 1－10위는 다음과 같다. 1) Ecole Active Bilingue Jeannine Manuel(사립), 2) Henri IV, 3) Condorcet, 4) Provence(de Marseille), 5) Les Francs Bourgeois(사립), 6) Fénelon Sainte－Marie(사립), 7) Hoche (Versailles), 8) Louis le Grand, 9) Lavoisier, 10) Le Gymnase Jean Sturm (Strasbourg)(사립). 이처럼 최상위 10위 학교에서 공립 고등학교가 6개, 사립 고등학교가 4개이며, 지역별로는 파리가 7개교, 지방 도시가 3개교이다.

(4) 미국

– 대입준비하는 프렙스쿨이 전 세계로부터 인기 –

미국은 교육에 대한 책임을 지고 있는 지방정부(State)에서 각 지역에 맞는 학제를 발전시켜 다양한 형태를 지닌다. 유치원 교육과 12년의 기간을 가지고 있으

92

나, 이를 초등학교, 중학교, 고등학교로 나누는 방법은 주에 따라 다르다. 일반적으로 초등교육, 중등교육, 그리고 중등 이후 교육(post-secondary education)의 3단계로 구분한다. 초·중학교를 8년, 고등학교 4년을 다니는 8-4제, 초등학교 6년, 중학교 3년, 고등학교 3년을 다니는 6-3-3제, 초등학교 6년, 중학교 및 고등학교 6년을 다니는 6-6제 등이 있으나 이 중 가장 많이 채택하고 있는 학제는 6-3-3-제이다. 중등교육의 대상은 일반적으로 7~12학년이지만, 중등학교를 구분하는 명칭도 고등학교(High School)와 중학교(Middle School), 상급 중등학교 (Senior High School)와 중학교(Junior High Schol), 중등 종합학교(Combined Junior-Senior High School) 등으로 불린다. 중등단계에서의 교육은 대학진학을 준비하는 교육 (College preparatory)의 일반계 고등학교, 취업을 목적으로 하는 직업교육(Vocational school)을 담당하는 직업·기술 고등학교, 대학준비와 취업준비를 선택할 수 있도록 실업계열과 대학진학계열이 함께 들어 있는 종합고등학교로 나눌 수 있다.

미국은 아이비리그(Ivy League) 대학 진학을 목표로 하는 프렙스쿨(college-pre-paratory school)[27]이 전 세계로부터 인기를 얻고 있다. 전 세계 국가 지원자의 10-30% 정도만 입학시키는 프렙스쿨은 대부분은 기숙생활을 통하여 학업을 정진할 뿐만 아니라 지도자에게 요구되는 자질을 기르고 예·체능 교육도 함께 받기에 Boarding School로 불리기도 한다. 1970년대에는 유대인 학생 비율이 높았고, 이어서 일본 유학생, 한국 유학생이 뒤를 잇다가 최근에는 중국계 학생 비율이 커지고 있다.

미국 동북에 위치한 10대 명문학교 Ten Schools(Ten Schools admission Organization: TSAO)[28]는 하버드, 예일, 프린스턴 대학(Big 3), MIT, 스탠포드 대학 등에 합격자를 많이 배출하여 유명세를 타고 있다.

이와 같이 보딩스쿨은 우수한 교육을 제공하지만 연간 교육비가 기숙사비가 포함하면 4만-6만 불이 소요되어 학부모들에 큰 부담이 된다. 교육받을 기회는 공평하게 부여해야 한다는 정신에 따라 학비 부담이 거의 없는 공립학교에 지원을 아끼지 않는다. 수학, 과학, 예술 분야에 특화된 마그넷스쿨에서는 학생을 선발한다. 차터스쿨은 민간의 경영기법을 도입하여 교육청과 계약을 맺어서 민간인들이 학교를 운영하여 적은 비용으로 좀 더 나은 학업성취도를 거두기도 한다. 바우처 제도를 도입하여 사립학교 학비 일부를 보조하기도 한다.

최근에는 시험으로 입학생을 뽑는 특수 목적 공립고에 아시아계 학생이 비율이 압도적으로 높은 것이 사회 이슈가 되고 있다. 예컨대 최근 뉴욕시에서는 스타이브센트 고교, 브롱스 과학고 등 8개 특수목적 명문 공립고에 아시아계 재학생 비율이 60-70%에 달하자, 시민단체들은 시험성적으로만 학생을 선발하지 말고 교사 추천제 등을 도입하자고 주장하고 있다.

(5) 공통적 특징

첫째, 교육선진국에는 명문대학 입시에서 좋은 실적을 올리는 명문 고등학교에 전 세계로부터 우수한 학생들이 몰려간다.

둘째, 국민세금 지원받지 않는 사립고는 학생선발, 교육과정 편성, 교사 채용에서 국가 간섭 없이 완전한 자율을 누린다. 학생·학부모 수요자 선택에 의해서 성패가 결정되기에 명문대학 입시준비는 당연한 학교임무라 간주한다.

셋째, 국가(교육청 포함)는 명문고 부활 정책을 펼쳐 공립고를 살려 가난한 가정의 자녀들에게도 명문대에 진학할 기회를 넓혀주고 있다.

4. 대도시·명문학군에 살아야 좋은 학교에 갈 수 있어

가. 지금은 집값 비싼 곳에 살아야 좋은 학교 갈 수 있어

평준화 지역에서는 전·후기로 나누어서 학생이 지원하고 학생이 다닐 고교가 결정된다. 전기에는 과고, 예술계고, 직업계고 등이 학생을 일정기준에 의해서 선발하고, 후기에는 일반계고 전형으로 거주지 인근학교로 배정된다. 현재 평준화 지역의 고교입학전형을 서울을 중심으로 살펴본다. 서울 고교는 전기와 후기로 나누어 고교지원자를 선발한다. 전기에 모집하는 학교는 제한적이지만 고교에서 학생을 선발하기에 '학교장 선발' 고등학교이다. 반면에 후기에는 교육감이 다닐 고교를 배정하기에 '교육감 선발' 고등학교라 부른다. 전기고등학교는 특수목적고(과학·예술·체육계열, 산업수요맞춤형고(마이스터고)), 특성화고 등이 해당하며, 후기고등학교는 일반고, 특수목적고(외국어·국제계열), 자율형사립고 등이 해당한다. 후기고 중에서 특목고와 자사고는 학교장이 선발한다.

전기에 학생을 선발하는 직업계고(특성화고)의 입학전형을 보면 일반전형과 특별전형으로 나누어서 선발한다. 일반전형은 고입 석차연명부의 개인별 석차백분율(교과내신)을 기준으로 선발한다. 특별전형은 적은 수로 학교별로 정한 기준에 의한다. 교육감 선발 후기고등학교는 중학교 학교생활기록부 기록을 기준으로 교육감이 배정대상자를 선발한 후, 학생의 지원 사항과 학생 배치 여건 및 통학 편의 등을 고려하여 단계별로 전산 추첨하여 배정한다. 후기 일반계고 지원 학생은 1단계에서 서울시 전체 고등학교 중에서 서로 다른 2개교 선택·지원할 수 있고(단일학교군), 2단계에서는 거주지 일반학교군 소속 고등학교 중에서 서로 다른 2개교를 선택·지원한다(11개 학교군). 교육감은 1단계 지원자 중에서 지망 순위별로 학교별 모집 정원의 20%(중부학교군 60%)를 전산추첨 배정하고, 2단계에서 지원자 중에서 지망 순위별로 학교별 모집 정원의 40%를 전산추첨 배정한다. 잔여 정원은 1−2단계에서 전산추첨 배정되지 않은 학생들을 대상으로 통학 편의을 고려하여 전산추첨 배정한다.

6개 외국어고는 1단계에 영어 교과성적 및 출결점수(감점)로 정원의 1.5배수 선발하여, 2단계에서 1단계 성적과 면접점수로 최종합격자를 선발한다. 21개 자사고는 학교별 입학전형요강에 따라 면접 없이 추첨만으로 선발하거나, 일정 기준(지원율 조건)을 충족할 경우 면접대상자 추첨 후 면접으로 선발한다.

예술·체육 중점학급 운영학교는 중점학급에 입학할 학생을 「자기주도학습전형」으로 1·2단계를 거쳐 선발한다. 1단계에서 중학교 내신성적과 자기소개서로

| 표 4-2 | 서울시 고교 2021학년도 전·후기 구분 |

구분			수	학교명
전기 (85교)	영재학교		1	서울과학고
	특목고 (13교)	과학계열	2	세종과학고, 한성과학고
		예술계열	6	국악고, 전통예고, 덕원예고, 서울공연예고, 서울예고, 선화예고
		체육계열	1	서울체고
		산업수요맞춤형고 (마이스터고)	4	미림여자정보고, 서울도시과학기술고 서울로봇고, 수도전기공고
	특성화고		70	경기기계공고 등 70교
	일반고 중 예·체능계고		1	서울미술고
	일반고에 설치한 학과 중 교육감이 정하는 학과 (관악예술과)		(1)	염광고
후기 (235교)	교육감 선발고	일반고, 자공고	205	경동고 등 205교
		과학중점학급	(22)	강일고 등 22교
	학교장 선발고	특목고 외국어계열	6	대원외고, 대일외고, 명덕외고, 서울외고, 이화여자외고, 한영외고
		특목고 국제계열	1	서울국제고
		자율형 사립고	21	경희고 등 21교
		예술·체육 중점학급	(4)	대원여고, 영신여고, 송곡여고, 송곡고
		일반고	2	한광고, 한국삼육고

정원의 1.5배수를 선발하여, 2단계에서 1단계 성적과 면접으로 최종 합격자를 선발한다. 과학중점학급 운영학교는 일반계고처럼 배정을 받지만, 지원자 중에서 배정받는 비율을 50%까지 높여서 지원자의 희망을 반영한다. 1단계에서 학교 소재 일반학교군 거주 지원자 중, 학교별 모집정원의 50%를 전산추첨 배정하고, 1단계 탈락자를 포함하여 타 학교군 거주 지원자 중, 나머지 50%를 전산추첨 배정한다.

거주지 중심으로 학생배정의 기준이 되는 학군은 서울은 11개, 부산 5개, 대구 2개로 나누어졌다. 학생배정에서 통학 편의성은 '지리 정보배정방식'으로 이루어진다.

나. 지방은 대도시로의 학생 유출로 지역 소멸 가속화

지방에서는 자사고, 외고 등 전국에서 모집하는 특목고 유치를 희망한다. 지역역량개발과 지역경제발전에 기여한다는 이유에서다. 이시종 충북지사가 지역발전을 위해 명문고가 필요하다고 주장하는 것이 대표적인 사례이다.[29] 아래 표에서 보듯이 충북지역에는 소위 학생들이 가고 싶어 하는 특목고가 다른 지역보다 적어 두 가지 문제를 안고 있다고 이 지사는 호소한다.

첫째는 충북 도내 최상위권 중학생들의 타 지역 유출현상이 매년 반복되고 있다. 2011~2018년 충북 상위 3% 중학생 499명이 충남·전북·세종 지역 고등학교로 유출되었다. 이로 인해 서울대 등 소위 명문대 진학자 수가 매년 줄고 있어 전국에서 최하위권을 기록하고 있다. 충북도에서 집계한 통계를 보면 충북지역 출신 고교생의 서울대 등록학생은 ('06)109명 → ('13)86명 → ('14)66명 → ('19)51명으로 감소하였다. 둘째는 충북도내로 이전한 공공기관, 연구소, 대기업 등 우수인

표 4-3 전국 특목고 등 운영 현황('19. 1월 기준 학교 수)

구분	전체	서울	부산	대구	인천	광주	대전	울산	세종	경기	강원	충북	충남	전북	전남	경북	경남	제주
계	108	32	8	6	8	1	5	3	2	15	3	2	4	5	3	5	4	2
영재고	8	1	1	1	1	1	1	-	1	1	-	-	-	-	-	-	-	-
자사고	42	22	1	3	2	-	2	1	-	2	1	-	2	3	1	2	-	-
국제고	7	1	1	-	1	-	-	-	1	3	-	-	-	-	-	-	-	*
과학고	20	2	2	1	2	-	1	1	-	1	1	1	1	1	1	2	2	1
외고	31	6	3	1	2	-	1	1	-	8	1	1	1	1	1	1	2	1

* 제주 국제학교 4교 제외.

력 약 2만 명들이 "자녀교육"을 이유로 가족동반 없이 나홀로 이주 또는 수도권에서 출퇴근하고 있다. 이는 혁신·기업도시, 경자구역 지정 등 국가적 노력에도 불구하고 보내고 싶은 학교가 없어서 자녀동반 이주 기피, 야간·주말 공동화 현상 등 국가 균형발전의 실질적 효과로 이어지지 못하고 있다는 진단이다. 명문고 부재 → 우수인재 유출 및 외부 우수인재 영입 어려움 → 지역 발전 이끌 인재 빈곤 등 "지역인재 소멸"의 악순환을 끊기 위해서 명문고 육성이 절실하다는 주장이다. 충북도내 우수인재의 타 지역 유출을 방지하고 외부 우수인재를 도내로 유입하기 위해서 전국단위 학생모집 고교를 신설해야 한다고 도백은 호소한다.

학생을 선발하는 특목고를 유치하여 지역을 살리고 인재도 양성하려는 대표적인 정책으로 경기도 손학규 지사가 추진하였던 "특목고 벨트"사업을 들 수 있다. 경기도 손학규 지사는 2004년 지역개발계획의 일환으로 과학고와 외고 등 특목고를 대폭 신설하는 "특목고 벨트" 계획을 발표하였다. 서울을 벨트처럼 싸고 있는 경기도 전역에 특목고가 설치되어 서울 외곽이 특목고 교육 벨트(Edu-belt)로 조성한다는 계획이었다. 획일적 평등 교육의 한계를 극복하고 시대에 걸맞은 인재 양성을 위해 엘리트 교육에 중점을 둔 특목고 설립에 나선 것이다. 학부모가 희망하는 학교를 선택할 수 없는 현행 평준화 제도는 공정한 교육기회제공과 거리가 멀다는 판단이다. 이에 따라 평준화의 틀 속에서 세계화시대에 필요한 우수 인재를 양성하기 위해서 과학고와 외국어를 경기도에 26교까지 확대한다는 계획이었다. 그러나 손학규 지사의 하차로 특목고 증설은 계획에 미치지 못했다.

5. 어느 곳에 살든 가고 싶은 학교 지원할 수 있어야

어느 곳에 살든 자기가 가고 싶은 학교를 선택할 수 있도록 하고, 지원자가 정원을 초과하면 고교에서 학생을 선발토록 한다. 학생·학부모에게 선택의 자유를 돌려 주면, 학교는 잘 가르치는 경쟁으로 좋은 학생을 유치하려고 할 것이다. 이는 공교육의 교육력을 제고한다.

가. 학생이 진로에 맞추어 선택하도록 인문계 고등학교는 계열별로 특화

한국의 고등학교의 80%을 차지하는 인문계고는 문과와 이과 구분만 있을 뿐 학생의 진로에 맞추어 특성화되어 있지 않다. 인문고교도 현재의 중점학교의 분야를 과학과 예체능에서 경제·경영계열, 사회과학계열, 국제인문계열, 자연과학, 공학, 생명과학, IT 등으로 확대하여 특성화할 필요가 있다. 두 가지 이점을 상정할 수 있다. 첫째는 특화 분야의 심화 선택과목을 많이 개설할 수 있다. 학생의 진로·적성을 찾아 집중 심화 학습할 수 있도록 학생의 과목 선택폭을 확대하려면 고교가 특화되어 있어야 한다. 고교가 모든 분야의 과목을 개설하기는 현실적으로 매우 어렵다. 특히 농어촌 소규모 고등학교에서는 과목개설에 한계가 있다. 따라서 자사고와 외고에서만 개설해 온 심화전문과목을 개설하려면 일반고가 몇 개 분야로 특화되어 있으면 이에 집중하여 개설할 수 있다. 둘째, 비교적 큰 학교에서는 학생의 진로에 맞춘 몇 개의 트랙 운영으로 진로교육을 충실히 할 수 있다. 학생이 진학하고자 하는 대학의 전공 분야의 과목을 고교에서 미리 공부하여 전공기초지식을 쌓고 본인의 적성에 부합하는지 점검하는 계기를 갖게 된다. 이는 성적에 맞추어 적성에 맞지 않는 대학의 학과를 선택하는 것을 줄여줄 것이다. 이처럼 고교가 몇 개 분야로 특화되어 있으면 중학생들이 본인의 진로에 맞추어 고교를 선택할 것이다. 이는 진보 교육인사들이 주장하는 고교의 수평적 다양화에 부합되는 제도이다.

충남 삼성고 사례는 하나의 표본이 될 수 있다. 진로 트랙을 8개로 세분화하여, 문과는 경제·경영계열, 사회과학계열, 국제인문계열로 나뉘고 이과는 자연과학, 생명과학, 공학, IT로, 그리고 예체능 트랙으로 구분된다(문과 3학급, 예체능 1학급,

이과 8학급 등 총 12학급). 진로트랙별 이수과목을 달리하고 중점적으로 해당 계열 과목을 듣도록 교육과정을 편성하여 운영하고 있다. 해당 트랙에서 20단위 이수하면 diploma 수여(예, 공학계열은 물리, 공학기초, 컴퓨터기초 등 4단위 과목을 5과목 이수)하여 해당 계열의 기초소양이 있다는 것을 고교에서 보장해 준다. 진로와 적성에 맞추어 과목을 선택하여 공부하는 고교학점제 취지에 가장 부합하는 교육과정 운영이다.

나. 특목고·직업계고는 내신으로 선발하고 일반계고는 추첨으로 선발

특별시·광역시는 단일학군으로 통합하여 학생의 선택 기회를 최대한 부여한다. 광역시별로 공동학군(단일학군)으로 하여 학생은 거주지에 관계없이 일반고, 특목고, 직업계를 지원하고, 학교장이 정한 기준에 따라 입학자 결정토록 한다. 이는 현행 후기 일반계고 배정(교육감전형)을 폐지하고 학교장선발 전형으로 단일화하는 것을 의미한다. 지원자가 학생 정원을 초과할 경우 선발기준이 쟁점이 된다. 자칫 평준화 이전의 입시지옥과 과외열풍의 부작용을 일으킬 수 있기 때문이다. 학생 선발기준은 2원화를 제안한다. 특목고(과학고, 예술고, 체육고, 마이스터고 등), 직업계고, 자사고·외고, 독립형 사립고(국가 재정지원없이 독자적 학교 운영을 원하는 사립고)는 중학교 내신과 면접을 통해서 선발토록 한다. 이는 현재 직업계고 선발방식이다. 공립고와 정부의존형 사립고는 지원자 중에서 추첨으로 합격자를 가린다. 모집시기는 고교에서 전기로 하든, 전후기로 분할모집하든 자율적으로 정하도록 한다. 학생들의 학교 선택 폭을 넓히기 위해서 전기 모집 고교와 후기 선발고교의 비율이 균형을 이루도록 교육청은 지도한다. 물론 학교장 선발로 인하여 비선호학교가 나타날 것이다. 교사배치와 학교 시설 개선 등에 교육청이 별도 지원하여 선호학교로 성장하도록 배려한다.

고등학교 입학전형방식은 대통령령으로 규정되어 있어서 행정부의 결정으로 바꿀 수 있다. 다만 고교평준화는 국민들의 관심사이고 교육감들이 선택이 중요하므로 사회적 합의를 거치는 절차가 필요하다.

표 4-4 서울 중학생의 고교 선택하는 방법의 변화

현행				변경
고교 유형			학교 수	전형방법
전기 (85교)		영재학교	1	▲1차 모집: 서울전역 모든 학교 선택 - 특목고/직업계고는 내신+면접으로 선발 - 일반계고는 추첨으로 선발 ▲2차 모집: 1차 불합격생이 학교유형에 구분 없이 지원 - 특목고/직업계고는 내신+면접으로 선발 - 일반계고는 추첨으로 선발
	특목고 (13교)	과학계열	2	
		예술계열	6	
		체육계열	1	
		산업수요맞춤형고 (마이스터고)	4	
	특성화고		70	
	일반고 중 예·체능계고		1	
후기 (235교)	교육감 선발고	일반고, 자공고	205	▲추가 모집: 1차, 2차 불합격생이 미달학교에 지원 - 특목고/직업계고는 내신 + 면접으로 선발 - 일반계고는 추첨으로 선발
		과학중점학급	(22)	
	학교장 선발고	특목고 / 외국어계열	6	
		특목고 / 국제계열	1	
		자율형 사립고	21	
		예술·체육 중점학급	(4)	

초중등교육법 시행령 제77조(고등학교 입학전형의 실시권자) ① 고등학교의 입학전형은 당해 학교의 장이 실시한다. 이 경우 입학전형방법 등 입학전형에 관하여 필요한 사항은 교육감의 승인을 얻어 당해 학교의 장이 정한다.

6. 자사고·외고는 존치시키고 자율성 주어야

가. 자사고의 태생과 성장은 교육의 자유 확대 역사이다

자사고의 태생과 성장 과정은 국민의 자유와 사회 각 분야의 자율성을 확대해온 우리 역사 흐름과 닮았다. 고교평준화 체제에서 획일적인 교육체제가 한계를 드러내자 사립고에 자율을 주어서 돌파구를 찾고자 했던 것이다. 고교평준화 과정에서 국·공립교육체제로 흡수된 사립학교를 본래 모습으로 환원시키려는 의도가 엿보인다. 1995년 김영삼 정부 시절 5.31 교육개혁방안으로 교육개혁위원회는(1995년) 자립형사립고 도입 필요성을 처음 제안했다. 비록 대학입시의 다양화를 전제로 달았지만, 등록금 책정권과 학생선발권을 부여하여 평준화 근간을 흔드는 사립학교 모형을 제안하였다.

그러나 자립형사립고 출발은 순탄치 않았다. 지식기반사회에 요구되는 다양하고 특성화된 고교체제가 필요하다는 인식에서 출발하였지만, 소위 '귀족학교'로 입시명문학교 출현을 염려하여 반대하는 목소리에 눌려 도입이 지체되었다. 2002년 김대중 정부에 들어서서 비로소 시범적으로 조심스럽게 도입되었다. 당시 교육인적자원부가 시범 운영방안을 발표하자 전국교직원노동조합과 참교육학부모회에서는 '귀족형 학교' 또는 '자살고'라고 낙인찍어 철회를 요구하였다. 상징성이 큰 서울시 유인종 교육감은 전교조 입장에 동조하여 자립형사립고 도입을 전면 거부하였다. 서울에서는 19개 사립고가 신청하였지만 평준화 해체를 우려한 교육감의 반대로 한 학교도 자립형사립고로 지정되지 않았다. 전국에서 27개 사립고가 자립형사립고 전환을 신청하였지만 6개 사립학교만 시범적으로 지정된다. 많은 저항에 부딪히자 시범운영한 후 그 결과에 따라 확대 여부를 결정키로 한 것이다. 6개 시범학교는 광양제철고, 민족사관고, 포항제철고, 해운대고, 현대청운고, 상산고로서 서울을 비롯한 대도시 지역에서는 허용되지 않았다.

노무현 정부에서는 자립형사립고 시범운영을 종합적으로 평가하여 전면도입

여부를 결정하겠다고 하였으나 당초 입장을 바꾸어 6개 학교의 시범운영 기간을 연장하고 다음 정부로 과제를 남겼다. 자사고 도입에 불을 붙인 것은 2007년 대통령 선거였다. 이명박 후보는 '고교교육 다양화 300프로젝트'라는 이름으로 자율형사립고 100개 설립을 대통령 공약으로 제시했다. 자율형사립고의 성격을 '국가의 획일적 통제에서 벗어나 교육과정, 교원인사, 학사운영 등을 학교가 자유롭게 결정하고, 그 책무성을 학생과 학부모의 선택에 의해서 평가를 받는 사립학교'로 특징짓고 있다. 시범운영 중인 자립형사립고의 정신은 계승하되 사회적 취약계층 학생에 대한 배려를 담아 자율형사립고로 확대 개편한다.

　이명박 정부가 출범한 이후, 본격적인 자사고 지정 절차에 들어갔다. 2008년 당시 교육과학기술부(교과부)는 교육과정, 교원인사, 학사관리 등에 있어 자율성을 갖는 자율형사립고 100개를 도입하여 학생과 학부모의 학교선택권을 확대할 것임을 발표했다. 이에 따라 2009년에 25개교, 2010년 26개교(일반고 신청: 20개교, 자립형사립고에서 전환: 6개교)를 포함하여 2011년까지 총 51개의 자사고를 지정하였다. 중앙정부와 우호적인 관계를 유지하던 교육감들이 교육부의 정책에 호응한 결과이다. 서울은 24개교 지정되어 전국 자사고의 반을 점유하게 되었다. 그러나 진보교육감의 지정 반대, 신입생 미달과 학생 이탈의 문제가 발생함에 따라 원래 계획한 100개교로의 확대는 무산되었다. 당시 정부는 자율형사립고 숫자의 확대보다는 이미 지정된 자율형사립고의 내실화를 추구하는 것으로 정책 방향을 변경하였다고 볼 수 있다.

　전교조 지지를 받는 진보 인사들이 교육감에 당선되면서 자사고에 대한 시도교육청의 정책에 변화가 일기 시작했다. 2010년 6월 지방선거에서 친(親)전교조 교육감들이 6개 시도에서 당선되면서 자사고를 억압하는 정책들이 쏟아졌다. 전북에서는 자사고 2개교를 전격 지정 취소하여 교육부와 법정 다툼으로 비화되었다. 2014년 새로이 등장한 조희연 서울시 교육감은 전임 교육감이 재지정한 자사고에 대하여 재평가를 통해서 6개 학교를 지정 취소하자 교육부장관이 조희연 교육감의 지정 취소 처분을 직권 취소하여 자사고를 재지정하는 갈등 사건이 발생했다. 중앙정부와 지방교육청 간의 자사고에 대한 입장차이를 분명히 보여주는 사례이다.

    박근혜 정부에 들어와서 일반고를 살린다는 명분으로 자사고의 자율권을 축소한다. 첫째는 학생선발의 재량권 축소이다. 자사고가 전기에 먼저 입학전형을 실시하여 우수한 학생을 독점적으로 선발하기 때문에 일반고 교육이 어려움을 겪게 된다는 논거로 '선지원 후추첨제'를 도입했다. 고교평준화 지역 중 서울지역의 자율형사립고는 1단계에서 추첨을 통해 입학정원의 1.5배를 선발하고 2단계에서 창의·인성면접을 통해 학생을 선발하도록 하며, 지방에 소재한 자사고의 경우 현행 선발방식인 자기주도 학습전형을 그대로 활용하거나 서울의 선발방식을 선택할 수 있도록 하는 내용이다. 둘째는 사회배려대상자 전형의 변경 및 확대이다. 사회배려대상자 전형은 경제적 배려 대상자, 비경제적 배려 대상자 전형으로 구분하고, 기존의 경제적 배려 대상자 전형을 기회균등 전형으로 비경제적 배려 대상자 전형을 사회다양성 전형으로 명칭을 변경하였다.

나. 문정부에서 단계적 지정 취소에서 졸속으로 일괄 폐지로 정책변경

    문재인 대통령은 자사고 폐지를 선거공약으로 내걸 정도로 자사고에 대해서 부정적이다. 조국 전 법무부장관의 자녀 대입 비리 의혹이 제기되기 전까지는 운영성과 평가를 통한 단계적 폐지 정책을 고수하였다. 예컨대, 2019.8.23. 유은혜 장관을 비롯한 4명의 교육감들이 참여한 교육자치정책협의회에서 2020년 상반기 재지정평가를 마친 후에 자사고 일괄전환 문제를 검토한다고 밝혔다.[30]

(1) 평가를 통한 지정 취소(2017.5~2019.11.7.)

    2019년 11월까지 자사고를 폐지하려는 의도는 두 가지 정책으로 추진되었다. 첫째는 2017년 12월 초·중등교육법 시행령을 개정하여 자사고의 학생 선발을 전기 선발에서 일반고처럼 후기 선발로 변경하여 우선 선발에서 누릴 수 있는 학생 선발권을 아예 없애려고 시도하였다. 자사고를 일반고와 함께 모집하도록 하고 자사고 지원자들의 일반고 중복지원을 금지시킨 것이다. 이는 평준화 지역인 경우 자사고에 지원하여 불합격하면 거주지 학교군 일반고에 진학할 수 없도록 하는 불이익 조치로서 자사고 지원학생들에게는 큰 부담이 되었다. 이처럼 불이익을 주어서 자사고 지원 자체를 포기토록 유도하는 정책은 헌법재판소에 의하여 제동이 걸렸다. 2019년 4월 11일 헌재는 자사고 동시모집은 합헌이지만 이중지원 금지는 위헌이라고 판시했다. 전기에 선발을 후기로 돌려서 우선 선발권을 박탈한 경우에는 합헌(위헌 의견 5명, 합헌 의견 4명으로 위헌 결정에 필요한 정족 수 1명 미달로 합헌 결정을 받음)을 유지했으나, 재판관 전원일치의 의견으로 자사고 지원자에게 평준화지역 후기학교의 중복지원을 금지한 초·중등교육법 시행령에 대해서는 위헌결정을 내렸다.

　　헌재 결정에 따라, 평준화 지역에서 자사고에 지원한 학생도 2개 이상의 학교를 지원할 수 있도록 하였지만, 후기에 일반고와 함께 동시에 모집하게 하여 자사고가 누리던 선발권의 장점이 사라졌다.

　　둘째는 자사고 재지정을 위한 평가 기준을 대폭 올려서 탈락을 유도하는 정책이다. 자사고는 5년마다 운영성과를 평가받아서 지정 목적 달성이 불가능할 경우 지정 취소할 수 있도록 법령에 규정되어 있어 2019년에 전국 43개 자사고 중에서 24개교가 평가를 받아서 11곳이 지정 취소를 당하였다.

(2) 자사고의 일괄 폐지로 급선회

　　단계적 폐지를 추진하던 교육부는 조국 딸 입시비리 의혹 사태를 계기로 문재인 대통령의 '대입공정성 제고와 고교서열화 완화'를 강조한 지시에 일괄 폐지로 급선회하였다.[31] 이는 2020년 자사고 외고 국제고 평가계획을 마련하였다가 2개월 만에 충분한 논의와 검토 없이 정책을 바꾼 것이다. '조국 사태'로 대통령이 대입 제도 개편을 지시하기 전까지는 교육부도 내년(2020) 자사고·외고 재지정 평가는 올해(2019)처럼 진행하고, 시행령을 통한 일괄 전환 여부는 국가교육위원회 등에서 논의하겠다고 입장을 밝혀왔다. 조국 법무부장관 자녀 문제로 입시공정성 문제가 불거지자 대입정시 확대와 자사고 특목고 폐지로 이를 해결하려는 정략적 판단으로 볼 수 있다.

- 2019. 7. 26.: 교육부는 경기교육청의 자사고 1개교, 전북 1개교 지정 취소 협의에 동의
- 2019. 8. 2.: 교육부는 서울 9개교, 부산의 1개교 지정 취소 요청에 동의
- 2019. 8. 23.: 유은혜 장관을 비롯한 4명의 교육감들이 참여한 교육자치정책협의회에서 2020년 상반기 재지정평가를 마친 후에 자사고 일괄전환문제를 검토한다고 발표
- 2019. 8. 28/30.: 자사고 9개교 지정 취소처분 집행정지 신청에 대하여 법원이 인용결정
- 2019. 10. 25.: 문재인 대통령 "교육개혁관계장관회의"에서 고교서열화문제 해소책으로 자사고·외고·국제고의 일반고 전환 의지를 천명,
  - 유은혜 부총리 회의 종료 후 브리핑을 통해서 일괄 전환방안을 적극 추진하겠다고 발표
- 2019. 11. 7.: 교육부, 고교서열화 해소 및 일반고 교육역량 강화 방안 발표
- 2019. 11. 27.: 초·중등교육법 시행령 일부개정안 입법예고(교육부공고 제2020).
- 2020. 2. 28.: 대통령령 제30494호로 초·중등교육법 개정하여 자사고 근거조항 삭제
- 2021. 8. 31.: 교육부는 서울시교육감의 '동성고·한가람고·숭문고 자사고 지정 취소 동의 신청'에 동의
  - 해당학교들이 학생미달로 재정상 어려움을 겪자, 일반고 전환 시 2년간 총 15억 원 보통교부금 지원을 검토하겠다고 약속함(기존 3년간 10억 원)

(3) 절차적 정당성 결여

대법원은 2018년 7월, 서울교육감의 2014년 자사고 지정 취소 처분이 위법하다고 한 판결문[32]에서 '공교육의 정상화와 자사고의 바람직한 운영이라는 공익은 자사고 지정을 유지한 채로 그 운영방식을 개선하는 방법으로도 충분히 달성할 수 있다', '기존 교육제도의 변경은 교육당사자 및 국민의 정당한 신뢰와 이익을 보호하는 전제에서 국민적 합의를 바탕으로 절차적으로 신중하고 조심스럽게 이뤄져야 한다'고 판시하였다. 판결취지로 보면 자사고 제도 자체를 폐지하려면 자사고 폐지에 따르는 공익과 이에 수반되는 부작용을 심층분석하는 연구가 권위 있는 연구기관에 의하여 수행되었어야 한다. 그동안 자사고 성과를 평가하는 연구는 신뢰할 수 있는 연구기관(예, 한국교육개발원, 한국교육과정평가원 등)의 보고서에서 찾을 수 있

으나 자사고 폐지를 입증하는 연구보고서는 찾을 수 없다.

아울러 자사고 폐지에 관련된 국민적 합의를 도출하려는 노력이 없었다. 교육정책에 대한 사회적 공론을 모으고 국민적 합의를 끌어내는 역할을 하기 위하여 설치된 국가교육회의33)가 있기에 국민여론 수렴은 어려운 일이었다고 볼 수 없다. 즉 충분한 논의와 숙의를 거칠 수 있는 기구가 있음에도 불구하고 이를 생략하여 행정부가 자의적 교육정책형성권을 행사한 것은 교육제도의 민주성 원리에 위배된다. 교육제도 법정주의는 국민의 의사가 반영되는 방식으로 교육제도가 결정되고 운영되어야 한다는 민주성을 내포하고 있다.

이돈희 전 교육부장관은 자사고제도 자체를 없애는 문재인 정부의 정책에 대해서는 단호하게 잘못된 것으로 지적한다.

"교육제도 운영에서 시행착오는 있을 수 있다. 완벽한 운영이 불가능하기 때문이다. 운영과정에서 부작용과 역기능이 나타난다고 해서 제도자체를 폐기하거나 정책의 일관성을 파기하는 것은 결코 국가 교육정책을 추진하는 데 있어서 지혜로운 방법이 아니다. 오히려 위험한 발상일 수도 있다. 제도자체를 총체적으로 부정하거나, 정권이 바뀐다고 해서 일시에 폐기하는 것은 교육의 정치적 중립을 유지하는 데도 심각한 문제를 야기할 수 있고, 그 제도에 의해서 교육받은 젊은이들의 삶을 혼란스럽게 만드는 원인이 될 수 있다. 그리고 교육제도의 변덕스러운 운영의 관행이 정착되면 "백년지대계"라는 우리 사회의 묵시적 교육정신에도 어긋난다."34)

다. 법적분쟁에서 자사고의 연승35)

(1) 자율형사립고을 둘러싼 법적 다툼은 아래 〈표 4-5〉에서 보듯이 행정소송에서부터 위헌심판청구까지 광범위하게 이루어졌다.

| 표 4-5 | 자율형사립고 관련 법적분쟁 일지 |

일자	주요 내용
2014년 8월 14일	• 경기도 교육청은 2014년도 시행한 자사고 운영 성과 평가 결과에 따라 1개교에 대하여 지정 취소 결정을 하고, • 「초·중등교육법 시행령」 제91조의3 제5항에 따라 교육부에 지정 취소를 위한 사전 협의를 요청하였으나 교육부는 취소에 동의하지 않음36)
2014년 9월 5일	• 서울특별시 교육청은 자사고에 대하여 재평가를 실시한 후 8개교에 대하여 교육부에 지정 취소 협의 신청을 하였으나, • 교육부는 「자율형사립고등학교 지정 협의에 관한 훈령」 제9조의 규정에 따라 모두 '반려'37)
2014년 10월 31일	• 서울특별시 교육감이 자사고 6개교에 대해 지정 취소 처분을 하자 교육부장관은 지정 취소 처분에 대하여 시정명령(시정기한: 11.17)38)
2014년 11월 18일	• 서울특별시 교육감이 교육부장관의 시정명령에 불응하자 교육부장관은 「지방자치법」 제69조 제1항에 의거하여 서울특별시교육감의 자사고 지정 취소처분을 직권취소39)
2014년 12월 9일	• 「초·중등교육법시행령」 제 91조의3 제5항을 개정하여 자사고 지정 취소 시 절차로서 교육부장관과 사전협의를 교육부장관의 '동의'로 변경
2017년 12월 29일	• 「초·중등교육법시행령」 제 80조 제1항 제5호와 제81조 제1항 제5호를 개정하여 자사고를 후기학교로 전환하고 일반고와 중복지원 제한함
2018년 5월 30일	• 자사고를 전기모집에서 후기모집으로 바꾼 서울특별시교육감의 '고등학교 입학전형 기본계획'에 대한 취소청구의 소송에서 서울행정법원은 자사고 운영법인의 청구를 받아들이지 않음40)
2018년 6월 28일	• 헌법재판소는 자사고 지원자의 중복지원을 제한한 「초·중등교육법시행령」 제81조 제1항 제5호의 개정(20171229) 효력을 2018헌마221 헌법소원심판 청구사건의 종국 결정 선고 시까지 정지시킴41)
2018년 7월 12일	• 서울특별시교육감의 지정 취소 처분에 대하여 교육부장관이 직권취소 처분한 것에 대하여, • 대법원은 「초·중등교육법시행령」 제91조의3 제5항에서 말하는 사전 협의는 사전 동의를 의미하는 것으로 해석하고 교육부장관의 직권취소 처분은 정당하다고 판단42)
2019년 4월 11일	• 헌법재판소는 2017년 12월 29일 개정된 「초·중등교육법시행령」 제81조 제1항 제5호에 대하여 위헌 결정43)

2019년 7월 26일	• 경기도 1개교와 전북 2개교(1개교는 자발적 전환신청)에 대한 지정 취소 동의요청에 대하여 교육부는 전북 1개교 외에는 취소 동의44)
2019년 8월 2일	• 서울특별시 9개교(1개교는 자발적 전환신청)와 부산광역시 1개교에 대한 지정 취소 동의요청에 대해 교육부는 모두 동의45)
2019년 8월 28일	• 지정 취소된 경기 1개교와 부산 1개교에 대하여 자사고 지정 취소 처분의 효력정지 가처분 신청을 법원이 인용함46)
2019년 8월 30일	• 자사고 8개교에 대한 지정 취소처분의 효력정지 가처분 신청을 법원이 인용함47)
2019년 11월 7일	• 교육부는 「초·중등교육법시행령」의 자사고 근거를 없애는 방식으로 자사고를 2025년부터 일반고로 전환하는 방침 발표
2020년 12월 18일	• 해운대고 학교법인 동해학원이 제기한 '자사고 지정 취소 처분 취소 소송'에서 원고 승소 판결, 이에 대해 부산시교육청 항소 예정48)
2021년 2월 18일	• 세화고, 배제고에 대한 서울시교육청의 자사고 지정처분이 위법하다는 서울행정법원의 판결, 이에 대하여 서울시교육청은 항소
2021년 3월 24일	• 서울행정법원은 숭문고, 신일고 운영재단이 제기한 자사고 지정 취소 처분 소송에서 원고의 청구를 인용함. 이에 대하여 서울시교육청은 항소
2021년 5월 14일	• 서울행정법원은 중앙고, 이대부고 운영재단이 제기한 자사고 지정 취소 처분소송에서 원고의 청구를 인용함. 이에 대하여 서울시교육청은 항소
2021년 5월 28일	• 경희고, 한양대부고 운영재단이 제기한 지정 취소 처분소송에서 해당 학교법인이 승소함
2021년 7월 8일	• 수원지방법원은 안산동산고 운영 학교법인이 제기한 자율형사립고등학교 지정 취소처분 취소 소송에서 학교법인의 청구를 인용함

조석훈(2019)은 헌법재판소에서 2017년 12월 29일 개정된 「초·중등교육법시행령」 제81조 제1항 제5호에 대하여 위헌 심사를 하면서 다룬 헌법적 쟁점을 교육제도 법정주의, 사학운영의 자유, 자사고 운영법인의 평등권, 자사고 지원한 학생·학부모의 평등권 등으로 요약하고 있다. 이상 4가지 쟁점에 대한 헌법재판소의 결정과 재판관들의 의견을 다음과 같이 정리한다.

쟁점	결정	다른 의견
교육제도 법정주의	위반 아님	• 교육제도 법정주의 위반(재판관 조용호) • 결정에 동의하면서 반대의견에 일부 동의(재판관 서기석, 조용호, 이선애, 이종석, 이영진)
사학 운영의 자유	합헌의견(재판관 유남석, 이석태, 이은애, 김기영)	위헌의견(재판관 서기석, 조용호, 이선애, 이종석, 이영진)
자사고 운영법인의 평등권	합헌의견(재판관 유남식, 이석태, 이은애, 김기영)	사학자유침해로 위헌이므로 평등권에 대해서는 판단하지않음(재판관 서기석, 조용호, 이선애, 이종석, 이영진)
자사고 지원 학생·학부모의 평등권	위헌의견(재판권 전원 일치)	

(2) 자사고 지정 취소 소송에서 10개 학교 모두 승소

2019년 교육청 운영평가로 지정 취소된 자사고는 서울 8곳(경희고, 배제고, 세화고, 숭문고, 신일고, 이대부고, 중앙고, 한대부고)과 경기 1곳(안산동산고), 부산 1곳(해운대고) 등 10개 학교에 이른다. 10개 학교는 지정 취소에 불복하여 행정소송을 제기하여 법원으로부터 집행정지 신청이 인용되어 행정소송이 끝날 때까지 자사고를 유지한다. 2020년 12월에는 부산 해운대고가 지정 취소불복 소송에 승소하였고, 2021년 2월에 서울 세화·배재고가 승소하고 2021년 3월에 서울 숭문·신일고가 연이어서 승소한다. 이와 같이 법원에 의해서 자사고 지정 취소가 제동이 걸려도 교육부와 시도교육청은 오히려 법원판결에 유감을 표명하는 반법치주의적 행태를 보인다. 조희연 서울교육감은 "행정의 영역에서 고도의 전문성에 기반한 교육청의 적법한 행정처분이 사법부에 의해 부정당한 것"[49]이라며, 항소를 제기하여 소송비용을 국민세금으로 쓰고 있어서 비판을 받고 있다. 서울교육청의 경우, 자사고 8곳에 대한 1심 소송 비용은 약 1억 2,000만 원이다. 대법원까지 상고할 경우 약 4억~5억 원이 소송 비용으로 소요될 것으로 추산된다.

　서울행정법원 행정14부가 2021.2.18. 배재·세화고 학교법인이 서울시교육감을 상대로 낸 자사고 지정 취소 처분에 대한 취소 청구 소송에서 원고 승소 판결한 내용을 살펴본다.[50] 재판부가 "서울시교육청이 중대하게 변경된 평가 기준을 소급 적용한 것은 자사고 재지정 제도의 본질에 어긋난다"며 "이는 재량권을 일탈, 남용한 위법한 행정 조치"라고 설명한다.

　서울시교육청의 재지정 취소 처분이 위법하다고 재판부가 판단한 이유는 크게 두 가지로 요약할 수 있다. 첫째, 평가지표가 "자사고 지정목적 달성과 무관하게 교육감의 선거공약인 자사고 제도 폐지 자체만을 목적으로 이루어져" 평가지표의 부적절성을 말할 수 있다. 예컨대 '학부모 학교 교육 참여 확대 및 지역 사회와의 협력'의 하위 평가요소인 학부모 동아리 활성화 등은 "자사고 지정 목적 달성 여부와 관련성이 높다고 보기 어려울뿐더러, 오히려 서울시교육청이 추진하는 '서울형 혁신학교 운영 기본계획'과 흡사한 내용"이라고 판단했다. 이는 자사고 탈락을 유도하기 위하여 자의적으로 평가지표를 설정한 것을 재판부가 지적하는 것으로 볼 수 있다.

　둘째, 서울시교육청이 평가 기준을 갑자기 바꾼 뒤 이를 소급해서 적용했기 때문이다. 재판부는 "교육청은 변경된 내용을 소급해 이 사건 평가대상 기간에 대해 적용한 후 이 사건 학교들에 대해 자사고 지정목적 달성이 불가능하다고 평가했는데 이는 합리적인 기준에 의한 공정한 심사라고 보기 어렵다"며 "교육청이 자사고 지정을 취소한 것은 처분기준 사전공표제도의 입법 취지에 반하고 갱신제의 본질 및 적법절차원칙에서 도출되는 공정한 심사요청에도 반한다고 보아야 하므로 이 사건 각 처분은 재량권을 일탈·남용하여 위법하다고 봐야한다"고 판시했다.

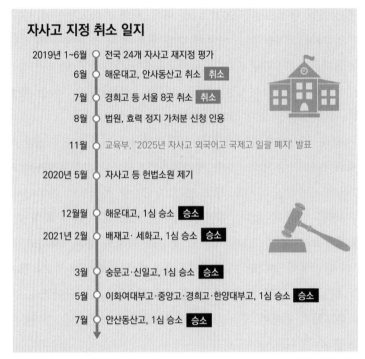

출처: 동아일보(2021.7.9.).

(3) 교육감은 위법적인 처분에 책임져야

이상의 법원판결을 종합해 보면, 관할청은 '자사고 폐지'라는 정치적 목적으로 평가 기준과 배점까지 무리하게 바꿔가며 부당한 평가를 하였다. 정상적인 평가기준을 유지하면서 정당한 절차를 통한 자사고 지정 취소는 사실상 불가능함을 유추할 수 있다. 이는 자사고들이 자사고 지정목적을 달성하고 있다는 것을 반증하는 것이다. 운영평가를 통한 단계적 전환이 불가능함을 인식한 교육부는 제도 자체를 부정하는 일괄적 전환이라는 극약처방을 내렸다고 볼 수 있다. 이로 인하여 자사고가 입은 손해에 대하여 교육청은 응당 책임을 져야 할 것이다. 한국교총은 "서울교육청이 불필요한 소송으로 소중한 혈세를 낭비하고 학교와 학생, 학부모의 혼란과 피해만 초래하고 있다"며 "교육청은 항소에 나설 것이 아니라 위법,

불공정한 평가와 처분에 대해 책임부터 져야 한다"고 주장하고 있다.

라. 자사고 폐지 이유는 과장되고 왜곡된 주장이다

자사고를 혐오하는 사람들은 자사고가 고교 진학 경쟁에 불을 붙여 사교육비를 부채질하고, 우수한 학생들을 선점하여 고교서열화를 심화시키고 있다고 주장한다. 대다수 일반고를 황폐화시켜 교육의 공공성을 해치는 적폐로 규정하고 있다. 교육부는 2021.8 서울시교육감의 '동성고·한가람고·숭문고 자사고 지정 취소 동의 신청'에 동의하면서 자사고 폐지의 당위성을 "그동안 자사고·외고·국제고에 부여된 학생 선발권이 본래 취지와 달리 학교를 성적 위주로 서열화하여 고입경쟁 및 사교육 과열, 계층 간 불평등 심화 등 교육 전반에 적지 않은 부정적 영향을 미쳐 왔다"고 밝히고 있다.[51] 그러나 이런 주장을 들여다보면 다음과 같이 과장되고 왜곡되었다.[52]

(1) 자사고는 일부 부유층의 교육 욕구를 충족시키는 '귀족학교'라는 비난이다. 귀족학교는 일부 계층만 입학할 수 있고 학생과 교사들이 남다른 특혜를 받을 때 성립된다. 자사고 등록금은 일반고의 3배 수준으로 출발하여 학교 간의 차이가 있으나 서울의 경우 약 700만 원~800만 원 수준이다. 외국인 학교 등의 등록금에 비해서는 저렴하고 우리 국민의 평균소득을 감안할 때 큰 부담이 되는 수준이라고 볼 수 없다. 저소득층 경제적 소외계층 자녀에게도 자사고 교육기회를 부여하기 위해서 자사고 정원의 20%는 사회통합전형으로 선발하고 전액 학비를 보조해주고 있다. 학생 1인당 교육비도 서울지역 자사고는 800만 원에서 1,000만 원 수준으로 다른 일반 사립고등학교나 공립고등학교에 비하여 비슷하거나 적은 편이다. 한편, 자사고 교직원들은 일반고나 사립고에 비해서 급여 등에서 더 나은 처우를 받지 못한다. 이러한 전반적인 현실을 고려해 볼 때, 자사고가 귀족학교라는 비판은 지나친 과장이라고 볼 수 있다.

(2) 자사고는 학생선발로 우수학생을 독점하여 그 결과 고교서열화를 심화시키고 있다는 주장을 펼치고 있다. 예컨대, 2018학년도 자사고 신입생의 내신성적을 보면, 서울지역 중학교 내신성적 상위 10% 이상이 18.5%, 상위 20%까지 확대하면 전체 신입생의 36.3%로, 일반고에 비해 약 2배 높다는 주장이다. 서울 소재 자사고는 2015학년도부터 추첨+면접을 통해 학생을 선발하고 있지만, 성적 우수학생들의 쏠림 현상은 여전히 나타나고 있다고 주장한다.

우수학생을 선점하는 떠가기 효과(skimming effect) 주장이 타당성을 지니려면 두 가지 선행조건이 충족되어야 한다. 하나는 중학교 내신성적과 대학입학 성적이 일치해야 하고, 다른 하나는 성적 중심의 선발방식을 택했을 때 성립된다. 우선 중학교 내신성적과 대학 입학 결과와는 상관관계가 높지 않다. 중학교 내신성적은 전 과목이 같은 비중으로 반영될 뿐만 아니라 학교 간의 차이를 무시하고 석차백분율만 따지는 반면에, 대학입시는 국·영·수 비중이 높고 학교 간 차이가 수능으로 나타나기에 중학교 내신성적과 대입성적과는 일치도가 높지 않다. 더구나 중학교의 내신성적이 성취도 평가로 전환되면서 변별력이 크게 약화되었다. 따라서, 현재 중학교 학생의 내신만을 잣대로 하여서 성적 우수학생을 판별하는 것은 한계가 있다. 둘째로 선발 효과는 학생선발방법과 선발 시기에 절대적인 자율권이 자사고에 주어지고 성적 중심의 전형방식을 택했을 때 나타난다. 그런데 자사고의 학생선발 권한은 제도 도입 이후 계속 통제가 강화되어 2021학년도부터 추첨에 의해서 학생을 선발하여 선발권이 형식만 남게 되었다.

지난해 선발방법을 살펴보자. 자사고의 학생선발방법은 면접과 절대평가 방식의 내신성적 등이기 때문에 변별력이 매우 낮아 현실적으로 자사고가 우수학생을 선점하기 어렵고, 사교육 및 입시경쟁을 유발한다고 보기 어렵다. 특히 서울지역 자사고의 학생선발방법은 추첨과 면접이기 때문에 변별력이 매우 낮아 현실적으로 자사고가 우수학생을 선발할 수 없는 구조이다. 자사고 지원자 중에서 추첨으로 1.5배를 선발하고 이들 학생을 대상으로 소위 성적 이외의 인성 중심의 면접으로 선발한다. 면접 문항과 면접 실시과정은 교육청의 철저한 감시를 받는다. 자사고는 타당한 면접시험출제와 입학 사정에 어려움을 겪고 불합격자에게 탈락 이유를 설명하는 것을 제일 힘들어한다.

둘째로 선발 시기에 관한 이슈이다. 지난 2017년 12월 29일 교육부는 일반고에 앞서 전기에 진행되던 외고·국제고·자사고의 고입전형 시기를 일반고와 같은 후기에 이루어지도록 초·중등교육법 시행령을 개정하였다. 아울러 자사고 지원자에게는 일반고 이중지원을 금지함으로써 과도한 불이익 조치에 대한 헌법소원이 제기되었고, 헌재의 결정에 따라 일반고와 중복지원이 가능토록 허용되었다. 그러나 선발 시기는 일반고와 함께 학생을 선발토록 하여서 우선선발권을 폐지하였다. 그 이유를 교육부는 자사고의 학생우선선발권이 특혜라는 점을 들고 있다. 자사고설립 당시에는 자율권을 통해 특성화·다양화 교육을 하게 될 것이라는 기대가 있어 우선선발권을 인정했었지만, 지금은 그 성격이 변질되어 일반고와 다르지 않기에 우선선발권을 줄 수 없다는 것이다.

이는 국가가 공익을 앞세워 고교단계의 학생선발권을 제한하거나 통제할 수있고 학교는 국가가 부여하는 범위 내에서 아주 제한적인 선발권을 지닌다는 국가주의적 발상이다. 자사고 측은 헌법소원을 통해서 이러한 학생선발권 제한이 일반고와는 성격이 전혀 다른 자사고에 대한 헌법상 평등권을 침해하는 것이고, 학생선발 시기를 자율적으로 결정하는 학생선발권을 제한하는 것이므로 헌법상 사학운영의 자유를 제한하며, 중학생들의 자사고 선택을 기피하게 함으로써 헌법상 학교선택권을 침해하는 것이고, 정부의 입학전형 제도를 믿고 자사고를 만든 사학의 헌법상 신뢰보호 원칙을 위반하는 것이라고 주장하였다. 헌재에서 우선 선발권 폐지를 합헌으로 결정하였지만, 선발 시기와 방법에 대해 충분한 예고기간을 주지 않고 변경하는 것은 교육정책의 안정성을 해치는 결정으로 교육적으로도 바람직하지 않았다.

(3) 자사고는 중학교 학생들에게 고입단계의 과도한 경쟁과 사교육을 강제하고 있을 뿐 아니라, 사교육비 격차로 인한 교육 불평등을 유발하고 있다는 주장이

다. 이를 뒷받침하기 위해 사교육 참여율과 1인당 사교육비 통계를 들고 있다. 2020년 통계청의 사교육비 조사결과에 따르면 일반계고 진학희망자에 비해 자율고 및 과학고·외고·국제고 등 진학희망자의 월평균 사교육비와 사교육 참여율이 높은 것이 사실이다. 일반계고 진학희망자는 월평균 23.1만 원, 자율형사립고는 41.9만 원이다. 이와 같이 일반고 진학희망자에 비해 다소 높은 사교육비 지출과 참여율을 보이는 원인에 대해서 좀 더 정교한 분석이 이루어져야 자사고 준비를 위한 사교육비 증가인지를 규명할 수 있다. 사교육비 규모는 여러 가지 요인에 의해서 결정되므로 다른 변수를 통제하여야 자사고 지원 희망으로 인한 사교육 증가 효과를 추출할 수 있다. 통계청의 사교육비 조사 분석에 의하면 성적이 상위일수록 1인당 월평균 사교육비 및 참여율이 높고, 자녀 수가 적을수록 1인당 월평균 사교육비 및 참여율이 높다. 성적 등 다른 변수를 통제한다면 자사고 진학 때문에 사교육비 증가 효과는 미미할 것으로 추정된다.

사교육비 문제는 교육정책으로만 풀 수 없는 경제·사회적 문제와 문화적 특성이 반영된 복합적이고 중층적 성격을 띤다. 정권을 잡은 역대 정부는 예외 없이 사교육비 경감을 교육정책의 선택에서 가장 중요한 가치로 두었지만 성공하지 못했다. 사교육비 증가라는 문제의 원인이 아닌 결과적인 현상에 집착하게 되면 대증요법식의 사교육 문제해결 대책이 양산되고 이는 또 다른 문제를 낳는 악순환을 초래할 수 있다. 다양하고 고급스러운 차별화된 교육수요에 공교육이 대응하지 못하면 학교 밖 사교육 시장에서 교육수요를 충족하려고 할 것이다. 이는 공교육의 부실을 숙주로 삼아 사교육 시장이 번창한다는 것을 보여주는 것이다.

마. 자사고 폐지는 폐해가 크다

2020년 2월 교육부는 초중등교육법 시행령과 시행규칙을 개정하여 2025년에 외고, 자사고, 국제고를 일괄 폐지할 것이라는 계획을 확정하였다. 이는 문재인 대통령의 "고교서열 해소" 한 마디에 국민적 의견수렴 없이 군사작전과 같이 밀실에서 이루어진 것이다. 이로 인해 30년 이상 우리 사회 고교교육의 중요한 역할을 담당하던 전국의 자사고(42교), 외고(30교), 국제고(8교)는 정권의 적폐세력으로 몰려 일반고로의 전환을 강요받고 있다. 자사고 폐지가 우리 교육에 줄 해악은 다음과 같이 정리 할 수 있다.[53]

첫째, 헌법의 '교육제도 법정주의' 정신에 어긋난다. 헌법 제31조는 "학교교육 및 평생교육을 포함한 교육제도와 그 운영, 교육재정 및 교원의 지위에 관한 기본적인 사항은 법률로 정한다"고 명시하고 있다. 즉, 자사고, 외고 등 교육제도의 변경은 시행령 차원의 행정입법으로 결정할 사항이 아니라 국민의 대의기관인 국회가 법률로 결정하는 것이다. 대법원의 판례도 "기존 교육제도 변경은 교육 당사자 및 국민의 정당한 신뢰 이익을 보호하는 전제에서 국민적 합의를 바탕으로 절차적으로 신중하고 조심스럽게 이루어져야 한다"라고 확인한 바 있다(2018.7.12).

둘째, 절차적 정당성을 상실하였다. 2019년 11월 7일 문재인 정부의 2025년 자사고·외고 폐지 발표는 국민적 의견 수렴 없이 대통령 한 마디에 시행령 개정을 통하여 전격적으로 실시하려는 것이다. 이는 조국 전 장관의 자녀 입시비리 문제로 불거진 사회적 공분을 자사고·외고·국제고 죽이기로 모면하려는 것으로 자사고·외고·국제고는 갑자기 조국 일가 비리로 인해 입시 비리의 온상으로 매도되어 억울한 희생양이 되는 것이다.

셋째, 학부모·학생의 학교 선택권을 박탈한다. 평준화 지역에서 예·체능 이외 학과(인문사회계·이공계 등)를 진학하기를 희망하는 중학생이 선택할 수 있는 학교는 영재·과학고뿐이다. 이들 학교의 정원은 전체 학생의 0.05%에 불과하다. 이리 되면 그동안 자사고·외고에 진학하던 4.2%의 학생들은 집 근처에 강제로 배정받는다. 이는 학생들의 학교 선택권을 박탈하는 것이고, 교육을 국가 독점으로 생각하는 사회주의적인 발상이다. 자사고·외고는 국민의 자유와 사회 각 분야의 자율성을 확대해 온 우리 역사의 흐름에 따라 탄생하고 점진적으로 성장하였다. 이들 학교를 없애고 '배급형' 교육 체제로 회귀하는 것은 역사의 역주행이고 퇴보이고 교육 독재이다.

넷째, 고교 평준화 정책의 획일성과 비효율성의 부작용을 심화시킨다. 자사고·사립외고·국제고는 기존 평준화 정책에서 나타났던 획일성과 비효율성을 보완해 온 것이다. 즉, 학교 간 공정한 경쟁을 통하여 교육 수요자인 국민에게 학교 선택권을 확대하고, 교육의 공공성과 수월성(秀越性)을 동시에 추구하는 역할을 수행해 왔다.

다섯째, 국민 세금을 낭비한다. 현재 42개 자사고와 16개 사립외고는 정부 지원을 받지 않고 자립으로 운영하여 국민 세금 부담을 줄여 준다. 만약 자사고·외고·국제고 79개교를 일반고로 전환한다면 전환비용이 연간 2,637억 원 소요될 것으로 교육부는 추산하고 있다. 이는 연 2만 6천여 명 학생에게 연간 1,000만 원의 장학금을 줄 수 있는 규모이다.

여섯째, 서울 강남 등 부유지역 명문학군으로의 쏠림현상이 심화되어 지역 간 불평등이 심화될 것이다. 소위 '학군 서열화'를 심화시키고 특정지역 집값 상승의 부작용이 예상된다. 선택할 수 있는 학교가 없어짐에 따라 우수한 학교가 몰려 있는 소위 강남 8학군과 같은 명문학군으로 이주하려는 수요는 늘어날 것이고 지역 간 교육 불평등이 확대될 것이다.

일곱째, 평준화 정책에서 나타나던 학생지도의 어려움이 가중될 것이다. 평준화지역 학교의 한 교실에는 기초학력과 학업동기가 천차만별인 학생들이 섞여 있으므로, 이로 인하여 교사의 수업지도의 어려움은 더욱 가중되고 학력저하는 심화될 것이다.

여덟째, 보편적 국제기준(global standard)에 어긋난다. 세계적으로 국가권력이 자사고·외고 등 독립형 사학의 운영을 통제하고 학부모의 학교 선택권까지 박탈하는 자유민주주의 국가는 없다.

아홉째, 전국 단위 학생모집 특례를 없애는 것은 신뢰보호원칙에 위배된다. 일부 자사고와 외고는 전국적으로 학생모집이 이루어져야 건학이념 구현이 가능하다. 국가가 일방적으로 일부 자율학교에 허용된 전국 단위 모집 특례를 폐지하고 시·도교육청의 관할 범위 내에서 학생모집을 제한하는 것은 설립 당시 정부의 약속을 저버리는 것이다.

열째, 4차 산업혁명 시대에 필요한 우수 인재 양성을 저해한다. 세계 여러 나라는 인공지능(AI)으로 상징되는 4차 산업혁명 시대를 선도할 우수 인재 양성에 무한 경쟁을 벌이고 있다. 평균주의에 함몰되어 경쟁을 통한 인재 양성을 소홀히 하면 대한민국의 미래는 없다.

바. 국제규범에 맞추어 자사고·외고를 존치시키고 자율을 주어야

국가권력이 사립학교의 운영을 통제하고 학부모의 학교선택권을 박탈하는 자유민주주의 국가는 전 세계에 없다.

오랜 역사와 전통을 자랑하는 영국, 미국, 일본의 사립 중·고등학교는 국가로부터 지원을 받지 않을 뿐만 아니라 학생선발, 교육과정 운영, 그리고 교사채용에서 국가의 간섭 없이 완전한 자율을 누린다. 이런 자율을 바탕으로 교육경쟁력을 키워서 전 세계를 이끄는 인재를 양성하고 있는 것이다. 국민에게 사립학교를 자유롭게 설립하고 운영하는 자유의 보장은 자유민주주의 성숙도의 한 지표로 인식되고 있다.

자사고 근거는 법률이 아닌 대통령령(시행령)에 규정되어 있어 정권이 바뀌면 자사고 운명이 바뀔 수 있다. 그러나 결자해지 차원에서 현 정부에서 자사고 폐지 정책을 철회하는 것이 바람직하다. 자사고를 없앤다고 일반고가 살아나는 것도 아니다. '가고 싶은 학교'인 자사고를 없애면 학생·학부모들은 그런 학교가 있는 다른 지역으로 옮겨가거나, 공교육 대신 사교육을 선호하게 될 것이다. 이렇게 되면 우리 모두가 손해를 보게 된다. 학부모의 학교선택권과 사학의 자유는 자유민주주의 성숙도의 한 지표로 인식되고 있다. 획일적 평등주의에 함몰되어 자사고 하나 인정하지 못하는 옹졸한 국가는 미래가 없다.

제5장

대학입시 자유화로 가는 길

" 자유 · 공정 · 다양성
4.0시대 교육정책 어젠다 "

1. 대입제도를 국가가 장악하면서 정권색깔에 따라 바뀌어

2. 학생부 전형은 공정성이나 학생·학부모 신뢰 얻는 데 실패해

3. G7 대입제도를 제대로 알고 배우자

4. 실력주의와 자율화 원칙에 충실한 대입제도를 만들어야

5. 진로형 수능으로 타당성 높여야

6. 대학입시는 선발 자유제로 가야

제5장 | 대학입시 자유화로 가는 길

1. 대입제도를 국가가 장악하면서 정권색깔에 따라 바뀌어

대입제도라고 하면 조령모개(조삼모사)의 대표적인 정책으로 뽑힌다. 대입제도를 해결하면 모든 교육문제가 풀린다는 환상과 정치적 발상으로 역대정부는 대학입시제도에 손을 대었다. 교육자, 지식인, 정치인, 그리고 시민단체가 생각할 수 있는 모든 형태의 입시제도가 제안되고 채택되어 실시되고, 수정되고, 폐기되고 또 새로운 제도가 등장하여 변경 폐기되는 악순환이 되풀이되고 있다. 문재인 정부도 예외는 아니다. 실험을 멈추지 않고 있다.

(1) 1969년 대입예비고사부터 국가가 선발권 주도적으로 행사

국가 공권력에 의한 대학입시 관리는 제3공화국 시절 1969년부터 도입된 대학입학예비고사제도 였다. 입학부정, 무자격자 입학이 사회적 문제가 되자 '대입예비고사'를 통해 대입지원 '자격'을 관리하고자 하였다. 정부 수립 후 20년간 대학에 부여되던 학생선발권은 국가 관력에 의해서 장악당한 것이다. 대한민국 건국 후 수차례 국가가 학생 선발권에 개입하려는 시도가 있었다. 1953년 12월에 대학

123

입시 국가연합고사가 실시된 적 있다. 그러나 이승만 대통령은 입시관리 부실로 '커닝 경연대회'로 비판받자 특별담화를 통해서 '중학교 이상 각 학교의 입학시험은 선발자유제'를 천명하고 국가연합고사를 폐기 선언하였다. 대학 등 학교의 선발 자율성을 인정한 조치였다. 5.16 직후 1962학년도에 실시된 대학입학자격 국가고시제도는 대학 자율침해라는 비판에 2회 실시 후 폐지되었다. 1969년 예비고사가 실시되었지만 대학의 본고사는 지속되었다. 대학별 본고사는 '교과지식'을 묻는 '주관식 서술형' 시험이었다.

1980년 전두환 대통령 7.30 교육개혁조치에 따라 대학의 본고사는 폐지되고 학력고사와 내신 성적만을 반영하여 대학생을 선발토록 하였다. 1982학년도부터 기존의 '대입예비고사'는 '대입학력고사'로 이름이 바뀐다. 대입학력고사는 이전의 대입예비고사와 똑같이 '교과지식'을 묻는 '객관식 선다형' 시험이었다. 학력고사 중심 대입체제는 1994년 대학수학능력시험이 도입되기 전까지 계속 유지되었다. 학력고사 위주의 표준화된 '단일시험' 체제는 지속되었다. 이후 선다형 중심의 국가주도 입시제도 골격은 현재까지 유지되고 있는 것이다.

1994학년도부터 기존의 대입학력고사를 대체하여 '대학수학능력시험(수능)'이 도입된다. 기존의 학력고사가 단편적인 교과지식을 묻는 객관식 선다형 시험에서 벗어나 '고등사고능력'을 평가한다는 취지로, 개별 교과 지식이 아닌 '범교과'적인 사고력을 평가하는 시험이 논술고사와 함께 실시된 것이다. 대입제도는 수능을 중심으로 내신과 논술고사가 가미된 체제가 된다.

(2) 김대중 정부에서 학생부의 비교과활동이 대입에 반영되기 시작

김대중 정부에서는 성적 외에 학생부의 비교과활동을 전면적으로 대입 전형에 반영하기 시작한다. 이해찬 장관은 1998.10.19.에 발표한 "2002학년도 대학입학제도 개선안"에 따라 시험점수는 최소 자격으로만 사용하고 학생의 특기, 경력, 품성, 특별활동 등 다양한 요소를 종합적으로 고려하는 "무시험 전형제도"를 도입한다. 성적 위주의 '선발'에서 창의력과 발전 가능성을 지닌 학생을 '발굴'하는 전형이라고 소개된다. 이에 학생부의 비교과 영역을 반영하고 추천서, 자기소개서, 면접 등 종합 평가하여 선발하는 특별전형·수시 비율이 크게 증가하기 시작하였다. 특히 서울대는 "2002학년도부터 단계적으로 정원의 50~80%를 고교장 추천과 같은 무시험 전형으로 선발하겠다"는 방침을 정하였다. 이는 1999년 BK21사업을 추진하면서 사업신청조건으로 무시험 전형과 학교장 추천제 등 입시제도개선을 제시하였기에 서울대는 정부 방침에 따를 수밖에 없었다. 수시모집확대는 입시에서 내신과 논술의 위상이 높아지고 수능의 약화를 초래한다. 이러한 특기와 적성을 중시하는 김대중 정부의 방침은 학부모와 학생들에게 '한 가지만 잘하면' 대학에 진학할 수 있는 길이 열리는 것으로 잘못 알려진다. 이는 2002학년도 수능에서 전년도보다 66.8점 하락하는 참상이 발생하여 '이해찬 세대'라는 별칭을 얻는다. 이렇게 학생부 비교과활동의 반영을 중시하는 대입전형은 이후 이명박 정부의 '입학사정관 전형', 그리고 박근혜 정부의 '학생부종합전형'으로 계승된다.

(3) 노무현 정부는 수능비중을 줄이고 학생부 영향력 키워 대학서열 해체 시도

노무현 대통령은 대학서열구조 해체수단으로 대학입시의 변화를 시도하였다.[1] 대입혁신안을 성안할 대통령 자문기구인 교육혁신위원회 구성은 비주류인사들로 채웠다. 기득권 세력의 목소리를 차단한다는 이유로 경남 거창고등학교의 전성은 교장을 위원장으로 임명하고 지방대 교수와 비주류 인사를 중심으로 교육혁신위원회를 꾸린 것이다. 교육혁신위는 급진적인 교육혁신안을 제안하여 사회적 논쟁을 야기하였다. 대표적으로 국립대 공동학위제를 들 수 있다. 이는 서울대를 없앰으로써 대학 서열구조를 해체한다는 구상이었다. 서울대 등 전국 26개 국립대 간 공동학위제를 도입하고 교수도 공동선발하여 3~5년 주기로 순환 근무하자는 내용이다.

2003년 노무현 대통령에게 보고한 대학입시개선안도 매우 급진적이고 정치적인 성격을 띠었다. 2008학년도 대입부터 전국 단위 수능 시험을 폐지하고 교육이력철을 도입하여 대학이 내신 중심으로 학생을 선발하도록 하려 했다. 교육이력철은 병원에서 쓰는 환자의 진료 기록카드로 비유되어 학생의 모든 기록을 모아놓은 기록부라고 알려진다. 이는 기록의 주체인 교사에게 폭넓은 자율권이 부여되고 재능이나 능력, 특기, 인성 등 학생의 모든 것이 방대하게 기록된다는 점에서 학생부와 구별된다. 그러나 평가의 공정성을 담보할 수 없고 교사의 능력·열정에 따라 교육이력철의 내용이 달라지는 문제점을 극복할 수 없어 교육이력철 도입은 좌절된다. 또 다른 논란거리는 수능 등급을 몇 개로 나누냐는 것이었다. 당시 청와대, 열린우리당 등 집권세력은 수능을 2등급 내지 5등급으로 하여 사실상 수능의 변별력을 죽여서 명문대 입시는 없애려고 하였으나 당시 안병영 교육부장관 등의 반대로 9등급 절충안을 채택한다.[2] '수능' 성적산출도 2008학년도 입시부터는 '등급제(9등급)'로 하여 성적표에 표준점수와 백분율을 병기하지 못하도록 하였다. 학생부 내신등급이 비중이 커지자 소위 내신 부풀리기로 인한 내신 변별력 약화를 보완할 대책으로 상대평가를 도입한다. 2005년부터 학생평가 방식을 기존의 '5단계(수-우-미-양-가) 절대평가' 방식에서 '석차 9등급 상대평가' 방식으로 바꿈과 동시에 대입전형에서 내신 비중을 강화하는 '2008학년도 대입제도 개선안'을 발표하게 된다(2004.10.28.). 수능등급제는 수능 시험 성적을 표기하지 않고 오로지 등급만 표시하여 수능 시험이 당락을 결정짓는 잣대가 아니라 일종의 자격고사가 되도록 시도한다. 한 등급 안에 점수 차가 있는 학생들이 섞이게 되고 상위권 대학에 합격하는 학생들의 성적 분포가 점수 1~2점 차이로 줄세우는 것보다 다양해져 대학서열구조를 깰수 있다고 판단한 것이다. 그러나 수능등급제는 결국 한 번의 실험으로 끝났다. 2008년 수능 시행 1년 만에 이명박 정부는 2009학년도부터 등급과 백분위, 표준점수를 공개한다. 수능등급제 실험이 실패한 이유는 등급제의 불투명성과 불합리성[3] 때문이다. 등급 외에는 점수가 공개되지 않으니 학생들 입장에서는 자신의 점수가 정확히 몇 점인지, 왜 이 등급을 받았는지 알지 못하는 상태에서 지원 대학을 결정해야 했기 때문에 혼선이 초래됐다.

이처럼 평등주의자들은 수능을 무력화하고 학교생활기록부을 중심으로 선발을 도모한다. 대학에서 내신의 등급 간의 점수차이를 좁혀 내신의 영향력을 줄이자, 정부는 대학에 학생부(내신) 실질반영률 50% 이상을 강력 요구한다. 대학은 이에 대응하여 통합논술 반영비중을 확대하여 수능등급제로 인한 변별력 약화를 보충한다. 이렇게 내신의 비중을 높이는 새 대입제도안은 기존에 수능을 위주로 열심히 하면 대학에 갈 수 있다는 생각을 하고 있던 대부분의 학생들에게 또 다른 고통을 주었다. 수능 비중이 상대적으로 약화되었다고 하더라도 여전히 영향력이 큰 상태에서, 내신과 논술의 비중만 높아지는 바람에 이제는 수능 외에 내신과 논술도 확실하게 챙겨야 하는 '3중고(3重苦)'로 받아들여졌던 것이다. '죽음의 트라이앵글'이라고 고등학생들의 반대 시위까지 있었다. 학교내신 등급제는 친구와 경쟁하는 교실을 만들어 경쟁 체감도를 높인다. 한편 내신과외가 기승을 부려 수능과외 못지 않는 사교육비 부담을 초래하여 2005년부터 사교육비가 급속히 증가한다. 한편 공교육 정상화 3원칙, 3불 논쟁(본고사, 고교등급제, 기여입학제)이 점화된다.

(4) 이명박 정부는 입학사정관제 확대를 통해 대입자율화 추구해

2008년 취임한 이명박 정부는 '대입 3단계 자율화'를 표방하였다. 1단계로 학생부와 수능 반영 자율화 및 입학사정관제도 지원, 2단계는 수능과목 축소, 3단계는 완전자율화로 구분하였다. 노무현 정부 말기 2007년 시범 도입한 입학사정관제가 본격적으로 확대되었다. '죽음의 트라이앵글' 문제를 해결한다는 취지로 '입학사정관제'를 적극적으로 확대하였다. 교육부의 입학사정관 역량강화 지원 사업(2008~2013)을 통해서 대학의 입학사정관 전형을 늘려서 수시가 60% 수준까지 증가한다. 이명박 대통령이 2009년 7월 "임기 말(2012년) 대학들이 입학사정관 전형을 통해 100% 가까이 학생을 뽑을 것이라는 기대를 한다"고 밝히기도 하였다 (2009.7.28.).[4]

또한, 2011.1.27.(이주호 장관) "2014학년도 수능 시험 개편방안"을 발표하여, 국어·수학·영어 과목은 A·B형 수준별 수능을 실시한다. 사회·과학탐구의 선택과목 수를 2과목으로 제한한다. 사교육 문제를 해결하기 위해 '쉬운 수능'을 표방하면서 EBS 수능 반영 비율을 70% 이상으로 확대한다. 사교육비 억제를 위한 정책들은 수능 난이도 조절, 수능 출제를 EBS 교재와 연계, 그리고 정시의 단순화를 들 수 있다. 이와 같은 조치는 사교육비 억제 효과를 이루어 역대 정부 중에서 1인당 사교육비 증가율이 가장 낮은 성과를 거두었다. 반면에 교육적으로 많은 대가를 치룬다. 첫째, 수능의 난이도를 낮추어 물수능 논란이다. 학생들이 가장 점수 따기 어려운 수학 과목에서 1등급(4%) 원점수가 90점 이상으로 유지되고, 수능 만점자가 늘어났다. 2011년 교과부는 수능 영역별 만점자 비율을 종전의 0.02~0.8이던 것을 1%에 맞춘다고 하여 물수능 논란을 빚기도 하였다.5) 수능의 변별력을 낮추면 대학은 다른 전형요소를 찾게 되고, 학생들의 실력이 하향평준화된다. 둘째, 수능에 EBS 교재를 70%까지 반영함에 따라 학교수업은 EBS 교재로 문제풀이식 수업으로 바꾸었다. EBS 수능 연계제도가 2004년 도입될 당시엔 수능 문제 중 30% 안팎을 EBS 교재에서 냈다. 수능연계비율이 높아져서 학생들은 문제 푸는 기계로 만들어 창의력, 비판적 사고를 기를 수 없고 공교육을 망치는 주범으로 비판을 받는다. 한 언론기관의 조사6)에서 고교 교사 12명 중 9명은 EBS 교재 수능 연계제도의 폐지를 주장하였다. 셋째, 입학사정관제에 대비한 비교과활동준비의 부담이다. 입학사정관제에 대비하여 각종 스펙을 쌓아야 하는 부담을 주어서 이를 '죽음의 다이아몬드'라 부르기도 하였다. TEPS, TOEIC, 수학·과학 경시대회 수상실적, 해외봉사·체험활동 같은 '스펙' 갖추기에 학생들의 부담이 너무 크고 입시전형이 너무 복잡하다는 비판이 대두된다. 2015학년부터 기존의 수능 영어 시험을 국가영어능력평가시험(NEAT)으로 대체하는 계획도 추진하였으나 박근혜 정부에서 이를 철회하여 영어는 수능 과목으로 존치하게 된다.

4년제 대학의 2013학년도 대입전형 유형이 3,000개가 넘어서 학부모와 수험생들은 대학 입시가 마치 난수표를 읽는 것처럼 복잡하다며 대입 준비의 어려움을 호소하기에 이르고 여론의 지지를 받는다. "미래인재전형, 글로벌인재전형, 큰사람전형, 다빈치인재전형, 알바트로스인재전형" 등 각 대학이 다양하게 원하는 인재를 뽑기 위해 수시모집의 입학사정관제 종류를 늘렸기 때문이다. 동일 대학 내에서도 내야 하는 서류나 소개서의 종류가 천차만별이고, 전형이 30가지가 넘는 대학이 15개교에 달하는 등 수험생과 학부모, 학교 현장의 혼란이 가중되고 있다는 비판을 받았다.

(5) 박근혜 정부는 대입전형을 수시와 정시로 표준화하고 학생부 중심의 정책을 지속

2013년 10월 25일 서남수 장관은 "대입전형 간소화 및 대입제도 발전방안"의 이름으로 박근혜 정부의 대입정책을 발표한다. 입학사정관제를 학생부종합전형으로 이름을 바꾸어 확대 시행한다. 입학사정관제 지원사업은 고교정상화 기여대학으로 사업명을 바꾸고 지원금액을 확대한다. 그리고 대입전형을 수시(학생부 교과, 학생부 종합, 논술, 실기 등 4개 전형)와 정시(수능, 실기 등 2개)로 간소화하고 수시는 학생부 위주로 정시는 수능 중심으로 표준화한다. 수시는 ▲학생부 교과전형(내신성적), ▲학생부종합전형(내신성적+비교과활동+자기소개서 등을 종합하여 선발), ▲논술전형(대학별로 출제), ▲실기위주 전형(특기자 전형 등)으로 구분된다. 정시는 예체능은 실기를 포함하지만 일반계는 수능 위주의 전형이다. 학생부에 기록되는 비교과활동은 학교 안의 활동으로 제한하여 학교 밖 스펙을 완전히 배제한다. 이명박 정부 시절 '부모찬스'와 '사교육 찬스' 논란을 일으켰던 학교 밖 스펙에 대한 허용 범위를 매년 축소하였다. 학교생활기록부 작성 및 관리지침(교육부훈령) 개정을 통해서 대학에 전형자료로 제공되는 학생부 기재사항을 규제하는 것이다. 2010학년도 대입부터 학교 밖 수상 경력이 제외되고, 2011학년도부터 해외봉사활동과 공인어학시험 점수를 배제하였으며, 2012학년도에는 교외경시대회 입상실적이 제외되고, 2013학년도는 발명특허가, 2014학년도에는 논문등재와 도서출판 실적이 대입전형에 반영되는 것을 금지시켰다. 2015학년도부터는 학교 밖 스펙을 완전히 배제하였다.

박근혜 정부가 들어서고 지난 정부의 주요 대입정책을 뒤집는다. '수준별 수능'은 2016학년도 수능을 끝으로 순차로 폐지되었고, '성취평가제'는 대입자료 적용이 유예되었고, NEAT의 수능영어 대체 계획은 폐기되었다. 그러나 '쉬운 수능'

으로서 'EBS 수능'은 그대로 유지되었다. 한편, 2017학년도 수능부터 '한국사'가 필수과목으로 지정되고 '절대평가'로 성적을 산출한다. 2018학년도 수능부터는 '영어'도 '절대평가' 성적을 산출하여 90점 이상 취득하면 1등급을 받는다. 학생부 중심의 수시는 지속적으로 증가하고 수능성적을 주된 전형자료로 하는 정시 비중은 줄어들고 있었다.

(6) 문재인 정부는 수능파(정시)와 학종파(수시) 사이에서 오락가락

문재인 대통령은 선거공약으로 수시확대와 수능절대평가, 그리고 대입단순화를 제시하였다. 이는 전교조 등 진보단체들의 요구를 공약에 반영한 것이다. 김상곤 교육부총리는 수능절대평가 과목을 영어, 한국사 외의 다른 과목으로 확대한 것을 주요골자로 하는 2021학년도 수능개편방안을 2017년 8월에 발표한다. 그러나 영어·한국사·공통사회 및 과학, 제2외국어·한문 등 4개 과목만 절대평가로 전환하는 방안(1안)과 전 과목 절대평가 전환 방안(2안)을 둘러싼 찬반논란으로 합의점을 찾지 못하고 1년 연기한다. 2018년 8월 교육부는 많은 비용과 시간이 소모된 '대입제도 공론화'를 거쳐 2022학년도 정시모집비율을 30%로 늘리고, 영어·한국사·제2외국어/한문만 절대평가로 하며, 학종의 비교과 영역을 축소한다. 이는 490명 시민참여단이 매긴 점수에선 '45% 이상을 정시로 선발'한다는 제안이 1위였지만 학종중심의 수시를 유지하겠다는 정부의 입장이 반영된 결과이다. 여론 공론화로 대입제도를 결정하는 것은 부적절하다는 대학 측의 의견을 묵살되었다. 일반 시민의 공론화를 거쳐 정시비율, 수능절대평가 등을 결정하다 보니 교육이슈를 표결에 의한 승패문제로 변질되었다. 개편내용도 교육의 원칙과 철학이 보이지 않는 땜질식 개편안이라는 비판을 받았다. 이는 공약이 얼마나 현실을 도외시하고 특정 단체의 입김에 의해서 졸속으로 만들어졌다는 것을 입증하는 것이다. 아울러 현 정부의 대학 입시정책은 철학과 원칙 없이 오락가락하고 있음을 알 수 있다.

조국 법무부 장관의 딸 입시비리 의혹은 정시확대로 이어진다. 대입방향이 결정된 지 1년이 안 된 2019년 10월 문대통령의 정시확대 지시에 따라 정시 비율이 40% 이상으로 확대된 것이다. 2019.11.28. 유은혜 부총리는 "대입제도 공정성 강화방안"을 발표하여 서울 소재 16개 대학에 수능위주 전형으로 40% 이상 선발하도록 권고하고 2024학년도 대입부터 정규교육과정이 아닌 비교과활동, 자기소개서를 폐지한다. 이는 학종으로 합격한 조국 법무부 장관의 딸이 대학에 제공한 비교과활동에서 부모 찬스를 이용한 '스펙 품앗이' 등 불공정의혹이 제기되자 이를 무마하기 위한 정치적 결정으로 여론의 비판을 받았다. 정시를 확대한 과정에서 '공정한 학력 경쟁'을 주장하는 학생과 학부모 및 시민 집단과 이와 반대로 '시험경쟁과 학력 경쟁 자체의 무력화'를 주장하는 학종 중심의 이해집단(학종지지 세력은 교원노조, 진보교육학자, 진로상담교사, 비교과활동 단체 등임) 간의 대립과 갈등이 더욱 촉발되었다. 수저계급론이 등장하여 서로 공방을 벌였다. 정시확대론자들은 학생부종합전형(학종)은 스펙 관리가 유리한 상위층 계층의 자녀들에게 유리한 금수저 전형이라는 주장이다. 즉 자기소개서, 자율활동, 수상경력에서 사교육 손을 탄 부자 집 아이들이 저소득층 아이들에 비해 좋은 활동실적을 기록한다고 주장한다. 한편 수시 확대론자(학종)들은 수능 정시가 오히려 자사고, 외고 학생들이 선호한다는 조사를 근거로 "정시가 금수저에게 유리한 전형"이라고 주장하면서 학생부 전형 확대를 고집한다.

2. 학생부 전형은 공정성이나 학생·학부모 신뢰 얻는 데 실패해

(1) 수시는 정부의 정책에 대학과 고교가 적극 호응하여 대세를 이루어

학생부 중심 전형(학생부종합전형+학생부교과전형)의 수시전형은 지속적으로 상승하여 2022학년도에 약 75.7% 수준에 이르렀다. 상위권 대학은 학생부종합전형, 중하위권 대학은 학생부 교과 비율이 높은 경향을 보이고 있다. 최근 교육부의 권장으

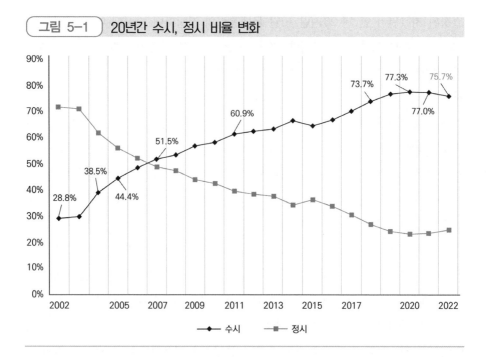

그림 5-1 20년간 수시, 정시 비율 변화

로 서울 주요대는 수능 중심의 정시비율이 40%로 상승하였으나 아직도 수시모집
이 대세를 이루고 있음을 알 수 있다.

　이처럼 지난 20여 년간 우파·좌파 정부가 공히 학생부 중심의 전형 확대를
추진하여 학종은 보수와 진보의 합작품이라 할 수 있다. 무엇보다도 교육부의 대
입정책이 수시확대에 일등 공신이라 할 수 있다. 수능을 쉽게 출제하여 변별력을
낮추고 재정지원과 연계하여 학종 전형확대를 유도한 것이다. 김대중 정부에선
1999년 BK21 사업을 시작하면서 재정지원조건으로 무시험 전형과 학교장 추천입
학 등 입시제도개선을 요구했다. 이명박 정부에서는 입학사정관 역량강화 지원 사
업(2008~2013)으로 대학의 입학사정관 전형을 확대토록 유도하였고, 박근혜 정부에
서는 2014년부터 고교교육 기여사업으로 사업이름을 바꾸어 계속 대학의 수시모
집을 장려하였다. 문재인 정부는 지원규모를 늘려서 대학을 지원하고 있다.

대학은 수시합격자들이 정시에 응시할 수 없기에 우수 학생의 선점이나 학생 충원 경쟁에서 수시가 유리하다고 판단하고 수시모집을 늘렸다. 상위권 대학은 구술면접에서 교과지식을 평가할 수 있고, 서류전형에서 학교특성을 볼 수 있는 점도 수시전형의 강점으로 들 수 있다. 특히 학종 입학자의 중도탈락률(이탈률)이 수능 합격자보다 낮아 학생 충원유지에 유리한 점도 있다.

한편 고교에서는 대학입시에 주요전형 요소인 교과 내신과 비교과활동에 대한 평가권을 행사할 수 있어서 학생 장악에 용이하다. 수업이나 평가과정에서 학생이 보여준 학업성취특성을 학생부의 세부특기사항(세특)으로 기록할 수 있어서 교사는 수업방식의 변화를 꾀할 수 있다. 교과수업 이외에 자율활동·동아리활동·봉사활동·진로준비활동(소위 자동봉진) 등이 대입전형에 반영되어 이들 활동이 활성화되는 것도 학종을 고교에서 반기는 이유 중에 하나이다. 교과 성적보다는 체험활동을 중시하는 진보성향 인사들과 교원평가권 강화를 주장하는 교사들의 이해가 맞아 떨어진 것이다.[7]

(2) '학생부 중심 대입(수시)'의 문제점이 조국의 자녀 입시비리 의혹을 계기로 크게 부각되어

성적 위주의 '선발'에서 창의력과 발전 가능성을 지닌 학생을 '발굴'하는 전형으로 바꾼다는 취지로 도입된 학생부 중심 대입전형이 대입전형의 주류가 되면서 많은 문제점이 노출되기 시작하였다. 대표적으로 '불공정·깜깜이 입시', 부모 찬스로 만드는 '스펙 쌓기', '금수저 전형' 논란 등이다. 이들 문제점은 2019년 조국 자녀 입시비리 문제가 드러나면서 사회적 논란으로 확산된다.[8] '스펙'을 만들기 위한 사교육 성행, 부모의 사회경제적 지위에 따른 '스펙 품앗이', '위조 스펙 만들기', 상위권 학생들에게 학생부 실적을 돋보이게 해줄 교내 수상 등을 몰아주는 행태, 학교교사의 역량에 따른 학생부 기록의 격차로 인한 불평등 초래 등의 문제가 언론을 통해 확산된다. 이를 계기로, 전 사회적으로 학종 대입전형의 공정성, 신뢰성 확보에 대한 의심과 우려가 증가한 것이다. 학생, 학부모의 "비교과활동 준비가 부담스럽다"는 응답률이 높고, 교사들은 업무 과중 및 학생의 성장 발달보다 대입을 위한 기록이라는 비판의 목소리가 커졌다. 학종은 상위계층에 유리한 전형으로 소위 '금수저' 전형이라는 비판이다.9) 이에 대하여 학종이 상위계층에 유리(금수저 전형, 현대판 음서제)하다는 것에 대한 반론도 있다.10)

학술적 논쟁을 떠나서 학종이 가지는 문제점은 크게 4가지로 정리할 수 있다. 즉, 학종의 문제점은 복잡성, 불확실성, 장기성, 불신성을 들 수 있다.11) 진학지도 담당교사도 공부해야 이해할 수 있는 입학전형 방식이 다양하고 복잡하다. 평가기준이 모호한 정성평가로 인하여 합격이나 불합격 이유를 알 수 없는 깜깜이 전형으로 불확실성이 크다. 어려서부터 아주 장기간 진로목표를 가지고 준비하지 않으면 합격이 어려운 전형이다. 학생부에 기록된 사항들이 부풀려지고 보여주기식 스펙만들기가 성행하여 학종이 신뢰롭지 못하다.

(3) 학종 도입의 정책적 효과는 거의 없고 사교육비만 증가해

학종으로 입학한 학생의 대학에서 학점수준(GPA)이 일반전형 또는 수능입학 전형 학생들보다 낮은 경향이고 직업능력개발원의 핵심역량진단(K-CESA)에서도 정시모집 학생들이 대인관계역량, 자원정보기술활용, 글로벌역량, 의사소통역량에서 통계적으로 유의미하게 높은 것으로 나타난다.12) 한편, 학종 입학자가 수능 입학자보다 대학 4년간 학점 성적이 우수하고 중도탈락률이 적다는 주장이 있으나 많은 연구에서 수능 입학자가 학점이 높다고 나타난다. 또한, 고교교육도 여전히 수능 중심으로 이루어지고 있고, 내신 등급을 잘 받기 위한 경쟁은 치열하여 학생의 학습부담 완화는 거의 없는 실정이다.

2007년 통계청이 사교육비 조사를 한 이후 고교학생의 1인당 사교육비는 매년 증가하였다. 특히 문재인 정부에서 2007년 조사 이래 사교육비 증가율이 최고치를 기록하였다. '2019 초중고 사교육비 조사'를 보면, 1인당 월평균 사교육비가 32만 1천 원으로 전년 대비 10.4% 오르고, 특히 고등학교 학생의 1인당 월평균 사교육비는 전년 대비 4.4만 원(13.6%)이나 폭증하였다. 2020년 코로나로 사교육시장

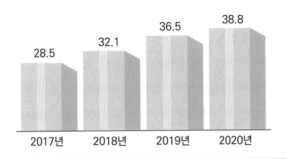

그림 5-2 | 고교생 1인당 월평균 사교육비

(단위: 만 원)

자료: 교육부·통계청.

이 위축됨에도 불구하고 고등학교 1인당 월평균 사교육비는 5.9% 증가하여 2017 년 대비 35% 급증한 것이다.

결론적으로 학생부종합전형은 수능만이 아니라 내신, 논술, 비교과까지 포함 하는 전방위 스펙 경쟁을 이끌어 사교육비 지출을 늘렸다. 다양한 종류의 전형과 복잡한 비교과활동을 위한 정보획득비용 등 거래비용의 지출을 늘리는 것이다.[13] 거래비용지출 능력이 계층 간 뚜렷하기에, 학종은 거래비용을 통해서 계층 간 불 평등을 심화시킨다.

(4) 학부모와 학생은 학종이 불공정하다고 생각해

2017년 7월 송기석 의원이 한국리서치에 의뢰하여 성인 남녀 1,022명을 대상 으로 여론조사를 실시한 결과, 학생부종합전형에 대해 응답자의 77.6%가 합격과 불합격 기준과 이유를 정확히 알 수 없는 일명 '깜깜이 전형'이라고 응답하여 불신 을 표시하였다. 75.1%는 '학종이 상류계층에게 더 유리한 전형'이고, 74.8%는 부모 와 학교, 담임, 입학사정관에 따라 결과가 달라지는 '불공정한 전형'이라고 인식하 고 있었다. '학생부종합전형은 사교육비 경감에 기여한다'는 주장에 대해 66.3%의 학부모가 그렇지 않다는 답변을 하고 있다. 대입제도와 관련해서는 '학생부 중심의 수시전형 확대'에 찬성하는 의견이 43.9%, '수능위주 정시 전형 확대'에 찬성하는 의견이 56.1%로 나타났다.

2018.4.19. 사교육걱정없는세상이 여론조사기관 리얼미터에 의뢰해 전국 성인 남녀를 대상으로 2018년 4월 진행한 설문조사 결과를 보면, 응답자 1천 1명 가운데 응답자 절반이 "학종전형 폐지·축소"에 찬성하고, 응답자 55.5%는 대입에서 대학수학능력시험 중심의 정시모집 비중이 60~100%를 차지해야 한다고 응답하였다.

〈tbs〉 의뢰로 2019년 5월 여론조사전문기관 리얼미터가 대학입시 제도에 대한 국민여론을 조사한 결과, '주로 대학수학능력시험(수능) 성적을 기준으로 하는 정시가 보다 바람직하다'는 응답이 63.2%로, '주로 고등학교 내신 성적과 학교생활기록부를 기준으로 하는 수시가 보다 바람직하다'는 응답(22.5%)의 세 배에 이르는 것으로 집계되었다.

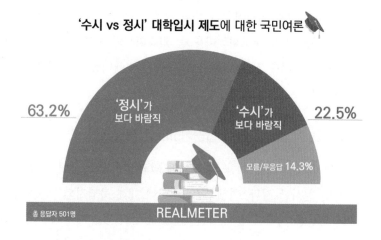

'수시 vs 정시' 대학입시 제도에 대한 국민여론

63.2% '정시'가 보다 바람직

'수시'가 보다 바람직 22.5%

모름/무응답 14.3%

총 응답자 501명 REALMETER

이처럼 국민 10명 중 6명 이상의 대다수가 수능성적 위주의 정시가 보다 바람직한 대학입시 제도라고 생각하는 것으로 나타나고 있다. 모든 직업 연령·지역·이념 성향·정당 지지층에서 '정시가 보다 바람직하다'는 응답이 대다수를 차지한다. 특히 학생(정시 73.5% vs 수시 26.5%), 20대(72.5% vs 20.0%)에서는 정시 선호도가 높아서 70%선을 넘는 최고치를 기록하였다. 학생들이 수능을 선호하는 이유는 학종의 스펙 쌓기를 옆에서 체감한 학생들은 과정이 불공정하다고 생각하기 때문이다.[14] 학부모들은 교과내신이 2등급(반에서 3등 이내) 이내에 들지 못하면 서울시내 대학 진학이 쉽지 않아서 수능으로 만회를 희망하는 기대감도 수능이 공정하다고 믿는 이유이기도 한다.

(5) 내신이나 수능을 보완하는 시험으로 도입되어 25년 차 대입논술 사라질 위기에

학력고사 시절 1986년 1월 13일 대학입시에 논술고사가 첫 실시되었다. 학력고사에서 드러난 암기 위주의 객관식 시험의 문제점을 보완하고 범교과적 성격의 논문식 시험을 통해 작문력과 창의력을 평가한다는 취지에서 도입된 것이다. 그러나 입시부담, 채점의 공정성 이유로 논술고사는 1986년과 87년 두 해 실시되다가 폐지되었다. 초등학교에까지 일었던 작문 공부 붐은 꺼지고 각종 학원에 유행했던 작문반도 사라진다. 1994년 대학수학능력시험을 도입하면서 대학별 본고사를 허용하자 논술이 부활한다. 본고사 도입 후 학교교육 황폐화, 사교육 확대 등의 부작용이 제기되자 1997학년도부터는 대학별 전형 중 논술시험만 존치하게 된다. 논술시험은 시사문제 중심, 고전논술 등 여러 형태로 변화해오다 2000년대 중반부터 여러 영역의 사고력을 통합해 측정하는 통합교과형 논술시험으로 정착한다. 수능과 내신 등급제로 학생들의 변별력 측정이 어려워지자 대학들이 각 교과목 지식을 간접적으로 검증할 수 있는 통합교과형 논술을 경쟁적으로 도입한다.

수리·과학 논술을 선보였고, 영어 지문까지 등장하여 어려워진 논술이 사교육을 조장한다는 비판을 받자 2005년 노무현 정부는 외국어 제시문, 단답형이나 객관식 문제, 특정교과의 암기된 지식을 묻는 문제, 수학이나 과학 문제 중 풀이과정이나 정답을 요구하는 문제 등을 본고사형 논술로 보고 금지시킨다. 논술 가이드라인을 만들어 규제를 하였다. 이명박 정부에서 입시 대학자율화를 이유로 2009

년 논술 가이드라인을 폐지한다. 가이드라인이 폐지되고 쉬운 수능의 변별력까지 떨어지자 대학들은 논술 난이도를 계속 높혀 여론의 비판을 받는다.[15] 서울대는 2013년 논술을 폐지한다. 그러나 논술 25년 역사는 '인문학적 물음들의 보고(寶庫)'라는 긍정적인 평가가 주류이다. 문제가 어려울 때면 교육부는 쉬운 논술을 강조하였다. 2022학년도 대입에서 논술은 선발규모가 줄었지만 선발대학은 증가하여, 36개 대학에서 논술로 1만 1,069명(전체모집인원의 3.2%)을 모집한다.

이제 논술도 2019년 11월 교육부에서 발표한 "대입제도 공정성 제고 방안"에 따라 2024학년도에는 폐지될 운영에 처했다. 논술위주전형과 어학·글로벌 등 특기자 전형 폐지를 재정지원사업을 통해서 적극 유도하겠다는 것이 정부입장이다. 차기 정부는 논술의 교육적 효과를 인정하고 유지시키기를 기대해 본다.

표 5-1) **'대입제도 공정성 강화 방안' 주요 내용**

	2021학년도	2022학년도	2023학년도	2024학년도
학생부 비교과영역	기재 금지사항 검증 강화	학생부 기재항목 축소(소논문 기재 금지, 수상경력 대입 제공 제한, 자율동아리 기재 제한 등)		정규 교육과정 외비교과활동 대입 반영 폐지
자기소개서				
교사 추천서		문항 및 글자 수 축소		폐지
		폐지		
정시		전체 대학 30% 이상	서울 상위 16개대 40% (2022학년도 조기달성 유도)	
사회통합 전형		사회적배려대상자 선발 10% 이상 의무화 지역균형 선발 10% 이상 권고		
논술·특기자 전형	재정지원사업과 연계해 폐지 유도			

(주) 상위 16개 대학: 건국대, 경희대, 고려대, 광운대, 동국대, 서강대, 서울시립대, 서울대, 서울여대, 성균관대, 숙명여대, 숭실대, 연세대, 중앙대, 한국외대, 한양대
자료: 교육부(2019.11).

3. G7 대입제도를 제대로 알고 배우자

G7(Group of Seven)은 국제 통화 기금(IMF)이 분류한 세계의 7대 주요 선진 경제국들이며 미국, 일본, 독일, 영국, 프랑스, 캐나다, 이탈리아가 속해 있다. OECD 38개 국가 중에서 시장경제와 민주주의를 안착시킨 선진 경제 대국을 의미한다. G7국가 대입제도를 중심으로 우리에게 주는 시사점을 살펴본다.

OECD는 각국의 고등교육 진학 방식을 크게 '개방적 허가제도'와 '선발적 허가제도'로 구분한다. OECD 국가 중에서 절반 이상이 일정 중등교육 이수자에 대해 선발 절차 없이 입학 허가를 부여하는 '개방적 허가제도'를 실시한다.[16] 독일, 프랑스와 캐나다 등이 이에 속한다. 물론 개방형 허가제를 취하는 나라도 엘리트 전문교육을 추구하는 특수 대학(예, 프랑스 그랑제콜)과 높은 학업능력이 요구되는 일부 전공(예, 독일의 의학, 법학 등)은 선발적 허가제를 채택한다. 개방형 입학제도에서 전국적인 표준화 시험은 대학입학(고교) 자격시험의 성격을 띠고 대학수학능력의 최저수준을 재는 정도에 그친다. 대표적으로 프랑스의 바칼로레아와 독일의 아비투어를 들 수 있다.

미국, 영국, 일본은 선발적 허가제이다. 미국의 명문 사립대학, 영국의 주요 대학, 일본의 최상위대학의 대입제도는 엄격한 선발기준에 따라 합격자를 가린다.

(1) 미국의 입학사정관제는 유대인 집중을 막고 동문자녀 우대 등 선발 재량권을 강화하기 위해 1920년대부터 도입

우리나라 학종(학교생활부종합)전형은 미국의 입학사정관제를 벤치마킹한 제도이다. 입학사정관제는 1920년대 도입 당시부터 학업성적으로 볼 수 없는 인성, 리더십, 발전가능성을 종합 평가하여 학생을 선발하고 있다. 입학사정관제 도입 배경은 캘리포니아대학 버클리 캠퍼스의 사회학 교수 제롬 카라벨(Jerome Karabel)의 "누가 선발되는가(The Chosen)"[17]에 잘 기술되어 있다. 입학사정관제가 하버드대학에 1926년 가을에 확정되기 전까지는 시험성적에 의해 입학자가 결정되었다. 시험은 객관적이고 학문적인 내용이었다. 이와 같은 실력중심의 입학전형을 확립한 것은 40년간 하버드대학 총장을 지내면서 하버드를 지역대학에서 유명한 연구중심 대학으로 발전시킨 찰스 앨리엇(Charles William Eliot) 총장이었다. 학업성적에 의하여 입학생을 선발하다 보니 유대인 학생 비율을 급속히 증가하였다. 하버드대학은 27%에 이르고 유대인이 많이 거주하는 뉴욕에 소재한 컬럼비아대학은 40%, 펜실바니아대학은 52%까지 치솟는다. 일류대학을 자기 자녀들의 안방이라고 생각하던 앵글로·색슨 출신의 기독교 백인(WASP)들은 위기감을 느낀다. 미국의 정치적 지도자뿐만 아니라 경제계, 과학계 등 사회 각 분야에서 지도자를 배출하는 빅스리(Big three: 하버드, 예일, 프리스턴 대학) 대학이 유대인 학생에게 점령당하는 것은 프로테스탄트 백인 상류층에게 크나큰 도전으로 받아들여진다. 1920년대 반이민법으로 추가 이민을 제한하고 유대인 하면 벼락부자나 탐욕스럽고 배타성이 큰 사람으로 혐오 대상이 되었던 시절이다. 유대인 학생은 교활한 공부벌레로 취급받았다. 반유대인 사회적 분위기에 보조를 맞추어 유대인 학생의 하버드 입학을 제한하는 입학기준을 만든 분이 로엘(Abbott Lawrence Lowell)총장이다. 그는 엘리엇의 자유주의적이고 민주적인 철학과 달리 프로테스탄트 상류층의 보수적이고 배제적인 이익을 대표하였다. 유대인 학생 수를 쿼터제를 통하여 제한하려고 하였으나 인종차별이라는 반대에 부딪쳐 무산되자, 입학허가 기준을 바꾼다. 입학관리처를 신설하고 입학기준에 품격과 지도력과 같은 주관적 기준을 적용한다. 유대인의 허약한 신체적 특성을 고려하여 스포츠 활동을 입학전형 요소로 추가한다. 유대인 사이에서는 부족하지만 상류층 프로테스탄트에게는 넉넉한 자질로 바꾸어 WASP에게 유리하게 입학기준을 변경한 것이다. 현재 미국의 입시 기준인 '품격 중시, 동문자녀와 체육특기가 우대, 면접의 광범위한 활용, 개인추천서 중시, 학업성적에만 강점을 가진 지원자에 대한 평가 절하 등'이 1920년대에 생겨난 것이다. 이처럼 유대인 학생 비중을 줄이기 위해서 도입된 제도이지만 학업성적(SAT) 이외에 과외활동의 강조, 체육특기자에 가산점, 동문자녀 우대(legacy 입학), 그리고 리더십 인성 등 주관적 특성을 고려하여 학생을 선발하는 관행이 현재까지 이어 내려오고 있는 것은 대학 선발의 자율성과 선발과정의 불투명성을 국가와 사회가 보장하고 있기 때문 이다. 대학이 성적위주로 학생을 선발하면 입시가 매우 편협하게 되고 대학의 결 정권을 심하게 제한받는다고 대학 경영진은 생각한다.

예컨대 2019년 3월 미국에서 유명 TV 스타, 할리우드 배우, 기업체 CEO 등 이 연루된 대형 대학 입시비리 사건이 터져 미국사회를 발칵 뒤집어 놓았다. 체육 특기생과 SAT 부정시험 방식으로 예일대, 스탠퍼드대 등 미국 명문대학에 부정입 학시켜 50여 명 부모와 코치들이 기소된 사건이다. 부정입학에 연루된 유명인, 입 시 컨설턴트 등은 처벌을 받았지만 유명대의 대학입시제도의 변화를 초래하지는 않았다.

제롬 카라벨은 미국 대학입시에서 입학허가 기준에 해당하는 실력(merit)은 지 배계층의 이익과 가치를 반영하고 정치적 요인에 의해 변했다고 분석하고 있다. 입학 허가기준에 해당하는 실력에 관한 정의는 시대에 따라 변화했고, 입학 결정 과정은 내부 이해집단(교수, 체육단)과 외부 후원자(동문 등)들이 참여하는 정치적 과정 으로 본다. 입학 기준의 척도인 실력이 시대상황에 따라 변모하여 소련이 스푸트 니크를 발사하여 인재경쟁력이 중요시될 때는 학업성적을 중시하는 교수단의 주 장에 힘이 실렸고, 학교의 재정이 궁핍해지면 기부금을 내는 동문들의 목소리가 커졌으며, 1960년대 인권운동으로 체제 위기감이 고조될 때는 흑인 등 소수민족 의 입학이 늘었다. 이 책에 따르면, 기부자와 동문 자제, 체육특기자, 소수민족 우 대자로 특혜를 받아 빅 스리(하버드, 예일, 프린스턴)에 입학하는 학생들이 약 40%에 이 른다.

입학사정관제가 학력 대물림을 하고 있다고 지적하는 책이 국내에 많이 소개 되고 있다. '월스트리트저널'의 교육 담당기자로 일해온 대니얼 골든(Daniel Golden)『왜 학벌은 세습되는가? The Price of Admission(2010)』[18]은 입학사정관제 로 함량 미달의 학생들이 '부모 찬스'로 아이비리그 명문대에 입학한 사례를 파헤 치고 있다. 알 고어 전직 부통령의 장남 앨 고어 3세는 성적이 좋지 않았음에도 하버드대학에 입학한 것은 동문이자 전임 재단 이사였던 앨고어 전 부통령에 대한 배려이다. 대니얼 골든은 미국 유명 사립대학은 상류층을 위해 입학정원의 일부를 할애하고 있는 반면에, 저소득층 자녀들의 입학은 낙타가 바늘구멍 통과하기보다 어렵다고 주장한다.

저널리스트 폴 터프 "인생의 특별한 관문, The Years That Matter Most"[19]에서 입학사정관들이 대학에 와서 뛰어난 학업 성과를 얻진 못하더라도 등록금 전액을 낼 수 있는 지원자를 선호한다고 밝히고 있다. 요즘 입학사정관들은 대학의 재정을 위해 이런 학생들을 최대한 많이 찾아낸다. 특히 아이비리그의 입학사정관들은 빈곤층에게 제공되는 펠 장학금 수여자들을 꺼리고 중산층 이상을 선호한다.

"정의란 무엇인가"로 한국 독자에게 널리 알려진 하버드대학 마이클 샌델 (Michael Sandel) 교수는 "공정하다는 착각, The Tyranny of Merit: What's Become of the Common Good?"에서 SAT는 하버드대 코넌트(James Bryant Conant) 총장이 학생의 가정·출신고교 등 출신배경보다는 학력에 의해서 선발하기 위해서 고안한 제도라고 설명한다. 로엘 총장의 뒤를 이어 1933년 하버드대학의 총장이 된 화학자, 제임스 브라이언트 코넌트는 대학의 이념을 "가장 재능 있는 학생을 배경불문하고 모집하여 공부시켜 사회지도자로 만든 것"이라고 생각했다. 당시 하버드 재학생은 뉴잉글런드 사립기숙학교 출신의 부유한 백인의 자제 일색으로 유색 인종이나 가난한 시골 출신은 '하버드에 간다'는 것을 감히 꿈도 꾸지 못했던 시절이다. 코넌트 총장은 시골 수재들을 선발하는 도구로 수능검사(SAT)를 시행했다. SAT는 프린스턴의 심리학과 교수였던 칼 브리검이 만들어 처음에는 군대에서 지능테스트용으로 쓰이던 시험이었다. 시골 수재들은 제대로 교육받을 기회가 적어 학과목별 성취도 시험보다는 타고난 능력, 즉 지능 시험으로 할 수밖에 없었다. 코넌트 총장이 처음 도입한 SAT시험은 1940년대 중반부터는 미국의 대표적 대학입학 수능 시험으로 널리 활용된다. 그동안 SAT I 회의론자들은 지적능력(적성검사) 대신 학과목별 성취도를 측정하는 시험이 타당하다고 주장했고, 학과목 공부보다는 수능 시험을 보는 기술을 익히는 데만 열중한다고 비판하였다.

학업능력 평가는 수준과 내용을 고려하여 3종류가 있다. 학업적성시험에 해당하는 비교적 쉬운 SAT I(Scholastic Assessment Test I), 교과목별 학력 고사에 해당하는 중간 정도의 SAT Ⅱ(Scholastic Assessment Test II), 매우 어려운 교과목별 학력 고사라 할 수 있는 AP(Advanced Placement) 시험이다. 2021년 6월부터 SAT 주관하는 칼리지보드에서 코로나로 인한 학생들의 부담을 덜어 준다는 이유로 SATⅡ 과목시험(subject test)을 전격 폐지하였다. 과목별 성취도를 측정하는 시험이 AP 시험 하나로 줄어들게 됨에 따라 AP 시험의 비중이 커질 것으로 예상하고 있다.[20]

SAT I(Scholastic Assessment Test I) 과목은 Evidence-Based Reading and Writing Section(영어 시험), Math Section(수학), Essay(2021년 폐지)로 구성되었다. 영어시험은 Reading Test(영어 독해-65분간 52문제), Writing and Language Test(영어 문법-35분간 44문제)로 총 800점(96문제, 100분)이다. 수학은 Math Test(계산기 사용 불가능 수학-25분간 20문제(주관식 5문제)), Math Test(계산기 사용 가능 수학-55분간 38문제(주관식 8문제))으로 총 800점(58문제)이다. 영어와 수학의 총점은 1,600점 만점(180분)이다. Essay는 선택시험(50분간 하나의 주제)으로 시행되다가 2021년 1월 19일의 발표로 폐지되었다.

SAT Ⅱ(Scholastic Assessment Test II, Subject Test)은 문학(Literature), 미국사(U.S. History), 세계사(World History), 수학 I (Mathematics Level 1), 수학 Ⅱ(Mathematics Level 2), 생물학(Biology E/M, Ecological/Molecular), 화학(Chemistry), 물리학(Physics), 프랑스어(French, 프랑스어 LC 포함(French with Listening), 독일어(German), 독일어 LC 포함(German with Listening), 스페인어(Spanish), 스페인어 LC 포함(Spanish with Listening), 현대 히브리어(Modern Hebrew), 이탈리아어(Italian), 라틴어(Latin), 중국어 LC 포함(Chinese with Listening), 일본어 LC 포함(Japanese with Listening), 한국어 LC 포함(Korean with Listening)이다. 이처럼 SAT는 대학에서 전공할 과목에 맞추어 시험과목을 선택하는 선택형 시험이었다.

AP 과목은 32개의 Academic Courses와 5개의 Arts, 2개의 Capstone 프로그램을 포함하고 있다. Academic Courses는 크게 English, History & Social Science, Math & Computer Science, Sciences, World Languages & Cultures 등

으로 구성되어 있다. AP 시험은 매년 5월 첫째 주부터 2주간 시행되는데, 과목당 3~4시간, 객관식과 주관식(단답형 주관식, 에세이)으로 구성되어 있다. AP 시험점수는 5점(Extremely well qualified), 4점(Well qualified), 3점(Qualified), 2점(Possibly qualified), 1점(No recommendation)으로 5단계로 평정된다. 시험 결과는 응시 학생, 소속 고등학교, 지원 대학에 통보되고, 성적이 우수한 학생에게는 각종 상과 장학금이 수여되며, AP 수업에 큰 공헌을 한 교사들과 학교에도 인센티브가 제공된다.

ACT(American College Testing)는 SAT와 쌍벽을 이루는 미국의 대입평가시험이다. 에벗 린퀴스트(Evertt Lindquist)가 SAT 대안으로 개발하여 1959년 가을에 처음 실시되었다. SAT I 과 달리 학생들의 고교과정 학업성취도를 평가한다. 미국 내의 모든 4년제 대학 및 전 세계 225개 이상의 대학 입학전형자료로 활용된다. SAT는 동부, 서부 학생들이 선호하는 데 비해 ACT는 중부쪽에서 주로 선호해 왔다. 그러나 이제는 모든 대학들이 둘 중 어느 성적이건 인정하고 있다. ACT는 영어, 수학, 독해, 그리고 과학 시험으로 이루어져 있어 SAT I 에 없는 과학 과목이 포함되어 있다. 과학(Science)은 생물학, 화학, 물리학, 지구과학 등에 관련된 문제들이 출제된다. 각 부분은 36점 만점으로, 4과목의 평균을 낸 후 총점(Composite Score)이 계산된다. 예를 들어, 어떤 학생이 영어 31점, 수학 28점, 독해 25점, 과학 29점을 받았으면 총점(Composite Score)은 $(31+28+25+29)/4=28.25=\rangle28$점이다.

(2) 영국은 고교졸업시험 이외에 대학 전공시험을 치러

영국에서 학생선발에 관한 최종 권한과 책임은 대학의 개별학과에 있다. 대학의 학과에 따라 시험과목과 전형요소가 다르다. 대학별 전공별로 요구하는 A레벨 과목, 에세이, 인터뷰, 추가적인 시험성적(예, 의/수의대 지원자는 BMAT(Biomedical Admission Test))이 다르다. 일반적으로 대학예비학교(Sixth form college) 2년 동안 취득한 A-level 3~4개 과목성적이 대학진학의 토대가 된다. 1학년 때는 AS레벨 시험과목 5개 정도 공부하고 2학년 때는 A2레벨 심화과목 3개 정도를 학습하고 시험을 치른다. A레벨 시험을 주관하는 기관은 민간법인으로 정부기관 QCA(qual-

144

ification and Curriculum Authoruty)이 제시한 성취기준에 따라 시험을 출제하고 채점을 한다. A레벨 시험은 1951년 기존의 고등학교 자격증이라는 시험제도를 대체하여 도입된 것으로 오늘날에 이르고 있다. A레벨 시험을 대체하는 시험은 IB시험점수, 케임브릿지 프리-유(U) 등이 있다. 국가는 대학입학지원청(UCAS, university and college admission service)을 통해서 수험생과 학부모 대학입학 정보제공과 대학선택을 지원하고, 대학입학기회 확대를 위해서 노력할 뿐 대학입시에 관여하지 않는다. 국가기관인 QCA에서는 입학시험의 내용과 난이도, 출제방향을 설정하고, A레벨 관리 민간기구에서 시험을 출제·채점을 하여서 대학전형 자료를 생산한다. 대학과 고등학교를 신뢰하지 못하여 국가가 직접 나서서 시험을 진행하고 그 결과를 보증해주어야 시험이 공정하다고 생각하는 우리나라의 문화와 차이가 많음을 알 수 있다.

(3) 일본은 예비고사와 본고사를 치러

일본은 근대식 대학이 설립된 1870년대(도쿄대학 1877년 설립)이래 입학시험을 통해 입학생을 선발하는 일관된 대학입시 제도를 1세기 이상 유지하고 있다. 이처럼 기본 골격이 변하지 않고 입시가 안정적으로 정착한 데는 입시제도 변혁을 꾀하면서도 항상 대학이 자율적으로 선택토록 한 데서 기인한다. 2차 세계대전 패전 후 미국의 점령하에서는 고교 내신성적과 진학적성검사(SAT)을 강조하였고, 1970년대에는 공통 제1차 학력시험인 대학입시센터 시험이 새롭게 생겼다. 이후에도 입시다양화 정책에 따라 학교장추천제와 AO(Admission office, 입학사정관제)제도가 제안되었다. 문부과학성은 매년 '대학입학 입학자 선발실시요강'을 마련하여 다양한 입학전형을 권장하고 있지만 구체적 전형방법은 대학에 일임하고 있다. 이에 대학생의 3/4이 다니는 사립대학은 대학 입시에서는 완전 자유를 누려 대학입시센터 시험 반영 여부도 자유이고, 자기 대학의 부속 고등학교(일명, 에스컬레이트 학교)학생들을 입학시험 없이 자동으로 입학시키도 한다. 일본 학생들이 대학에 입학하는 경로는 (1) 입학시험을 통한 진학, (2) 고교추천을 통한 입학, (3) 부속학교를 통

한 진학으로 구분된다. 어느 전형 방식을 택할 것인가는 전적으로 대학에 맡기고 있어 대학자체 시험을 통한 진학이 주류를 차지하고 다른 두 가지 방식이 이를 보충해주고 있다. 대학 서열의 정점에 있는 동경대 등 상위권 대학은 대학입시지원센터 시험 점수와 대학 독자적인 2차 시험 점수를 합산하여 합격자를 가리고 있다. 2016학년도부터는 추천입학제를 개교 이래 처음 도입하여 전국 각 고교로부터 1명씩 추천을 받아서 선발하는데 추천요건이 굉장히 높은 스펙(예, 수학올림피아드, 과학올림피아드 등에서 입상 등)을 요구하고 있다. 경쟁률이 낮은 대학들은 대학입시센터 시험만으로 선발하거나 학교장추천서로 선발하기도 한다. 대학입시센터시험(大学入試センター試験)은 2021년 1월부터 '대학입학공통테스트(大学入学共通テスト)'로 이름이 바뀌었다.

(4) 독일은 개방적 입학 제도 속에서 인기학과는 성적으로 선발

OECD는 각국의 고등교육 진학 방식을 크게 '개방적 허가제도'와 '선발적 허가제도'로 구분한다. OECD 국가 중에서 절반 이상이 일정 중등교육 이수자에 대해 선발 절차 없이 입학 허가를 부여하는 '개방적 허가제도'를 실시한다. 구체적으로 독일, 프랑스, 이탈리아, 룩셈부르크, 네덜란드, 노르웨이, 벨기에 등 대부분의 서유럽 국가와 캐나다, 뉴질랜드 등이 이에 속한다. 독일은 개방적 진학(Offener Zugang)을 대입전형의 기본으로 한다. 현재 연방정부에서 주관하는 전국적인 차원의 아비투어는 존재하지 않지만, 주 문교장관회의(KMK)는 각 주(州)별로 각 과목별 '아비투어 통일시험규정(Einheitliche Prüfungsanforderungen in der Abiturprüfung)'을 발표해서 전국적인 비교가능성을 높이고 있다.[21] 중등학교 마지막 학기에 실시하는 대학수학자격시험인 아비투어에 합격한 자는 희망하는 대학에 학생등록(Immatrikulation)을 할 수 있다. 독일의 아비투어는 시험과 자격의 두 가지 뜻을 지닌다. 의학, 치의학, 수의학, 약학, 생물학, 심리학, 경영학 등 입학정원이 있는 학과는 전체 40%에 이른다. 이들 학과는 시험성적으로 선발한다. 대학에 입학하기 위해서는 아비투어(Abitur)시험을 쳐서 대학에서의 학업이수능력이 있음을 입증해야 한다. 아비투어 성적에다 김나지움 상급과정 11, 12학년(9년제인 주의 경우 12, 13학년)의 내신성적을 합산한 전체평점제도를 통해 대학입학자격(allgemeine Hochschulreife)을 부여하고 있다. 저체 평점은 내신 성적 600점과 아비투어 300점, 총 900점으로 산출된다.

(5) 프랑스에서 바칼로레아 합격자를 일반대학에서 입학시키고 그랑제콜은 본고사를 치러

프랑스의 대학(université)은 개방 입학정책으로 지원자 전원을 수용한다. 즉 평준화되었다. 이에 반해 경쟁과 전형을 통해서 진학하는 대학으로 그랑제콜(Grandes Ecoles, 3년)이 있어 엘리트를 양성한다. 프랑스 대학은 평준화되었지만, '대학 위의 대학'이라고 불리는 엘리트 코스 '그랑제콜'이 있다. 평준화된 일반 대학과 구분돼 있는 프랑스 특유의 소수 정예 엘리트 교육기관이다. 국립행정학교(ENA), 국방기술대학(Ecole Polytenique), 고등사범학교(ENS: Ecole Nationale Superieur), 파리정치대학(Sciences Po)이 유명하다.

그랑제콜 입학을 희망하는 학생들은 그랑제콜 준비반인 '프레파(prépa)' 과정을 이수한 후 학교별 시험에 응시해 성적순으로 선발된다. 프레파는 프랑스 주요 명문고에 설치된 2~3년 과정의 입시 준비반으로 고등학교 내신 성적 상위 4% 이내 최우수 학생들을 선발한다. 바칼로레아는 고등학교 졸업자는 모두 응시해야 하는 국가시험으로 고등학교 졸업을 증명하고 고등교육을 이수하기 위해 요구되는 시험이다. 절대적 기준에 따라 합격 여부를 판정한다. 시험은 3종류로 일반계(1808, 나폴레옹), 기술계(1969), 직업계(1986)가 있다. 시험은 논술형으로 객관식이 존재하지 않는 걸로 유명하다. 바칼로레아에서 20점 만점에 10점 이상의 점수를 받는 모든 학생들에게 일반적인 국공립 대학 입학 자격이 주어지며 절대평가다. 최근에는 학격률이 계속 상승하여 2020년에는 95.7%까지 오르고 2019년 88.1%, 2018년 88.3%가 합격하였다.

(6) 핀란드는 국가시험으로 입학정원의 60%, 대학본고사로 40%을 선발

핀란드는 "교육의 dreamland(이상향)"으로 칭찬하는 교육계 인사들이 많지만 대학진학경쟁은 치열하다. 핀란드 대학진학경쟁이 치열하여 대입합격자 중에 재수생이 과반을 차지한다. 최근에 대입제도의 변화가 생겨 핀란드의 대학 선발 방법은 두 가지가 있다. 하나는 정원의 약 60%는 국가가 시행하는 '국가대학입학 자격시험' 성적으로 선발하고, 나머지 약 40%는 대학이 자체 시험을 보는 '대학본고사' 성적으로 선발한다. 국가대학입학자격시험은 논술형과 서술형 문제가 중심이고, 대학본고사 문제는 대부분 객관식 선다형이다. 학교내신성적은 철저하게 고등학교에서 학생의 학업성취도 향상을 위한 수단으로 활용되고 대학입시에 반영되지 않는다.22)

(7) 한국에 던지는 시사점

고등교육의 역사가 깊은 OECD 선진국가의 대학입시의 특징을 전국(또는 광역지역)단위 시험, 학교생활기록부(교과내신+비교고과활동), 대학 자체 시험(면접, 필기고사 등) 등 전형자료를 어떻게 활용하는지를 기준으로 정리하면 아래와 같다.

첫째, 대학에서 공부하고 싶어하는 지원자 모두를 받아들이는 개방형 허가제도를 택한 나라(또는 대학/학과)와 엄격한 선발 절차를 거쳐 선발형 허가제도를 취하는 나라 간 입시제도의 차이가 크다. 개방형 허가제 나라에서 전국 단위 시험은 고교졸업자격을 인정하여 대학수학능력이 기본적으로 갖추고 있다는 것을 입증해주는 데 중점을 둔다. 대표적으로 프랑스 바칼로레아로 이를 통과(20점 만점에 10점 이상) 하면 그랑제콜(grand ecole)을 제외하고 어느 지역, 어느 대학이나 지원할 수 있다.

이처럼 모든 학생이 대학에 갈 수 있어야 한다고 서구 국가에서 개방형 제도를 택하는 이유는 두 가지이다. 첫째 국가적으로 노동자의 학력을 높여 글로벌 경제환경에서 승리할 수 있는 인적자원을 기른다는 정책 목표에서 대학 진학을 장려한다. 둘째로 '더 많은 교육'이 학벌차이에서 발생하는 불평등을 줄이고 하위계층에서 상위계층으로 이동을 돕는다고 믿고 있다. 그러나 입학은 쉬우나 졸업이 어렵다. 프랑스 대학에서 의대와 공대처럼 인기 학과는 1학년 지난 뒤 절반이 탈락하는 등 진학 후 성적 경쟁이 치열하다. 독일도 프랑스처럼 자연과학과 공학계열의 중도탈락률은 40~50%에 육박한다.

둘째, 고등학교 내신(학교생활기록부)으로만 선발하는 나라는 전국 단위 시험이 없는 캐나다 정도이다. 고등학교 성적이 대학 진학 시 고려하는 전부이나 브리티시컬럼비아(British Columbia) 주의 경우는 주 단위 학력성취도평가 점수의 40%가 12학년 성적에 포함된다. 공교육을 살리려면 내신을 반영해야 한다는 주장은 해외 사례를 볼 때 설득력이 약하다.

셋째, 학교 내·외에서의 비교과활동을 중요 선발요소로 합격여부에 영향을 주는 나라는 미국이 유일하다. 미국에서도 상위 사립대에서 교과외 활동을 반영하지만 주립대는 표준 시험성적과 GPA 등 성적위주로 선발한다.[23] 대부분의 나라에서 봉사활동을 포함한 다양한 비교과활동이 고등학교 졸업요건이지만 대학입학 사정 과정에서는 철저히 배제된다. 비교과활동은 학교에서 모든 학생에게 평등한 기회를 제공하기 어려워서 부모의 영향력이 크게 작용하는 불공정한 것으로 보기 때문이다. 다만 미국은 전국 단위 시험(SAT, AP, ACT 등), 학교내신(GPA), 그리고 비교과활동을 종합적으로 고려한다. 비교과활동은 자기소개서에 기재되어 학생의 발전가능성과 고상한 품격을 입증하는 자료로 활용된다. 서로 다른 인종과 문화 배경 속에서 성장한 지원자 중에서 대학의 인재상에 맞추어 선발하기 위해서 성적 이외의 비교과활동을 사정 요소로 활용하는 것이다.

넷째, 미국을 제외하고는 전국 단위 사험문항이 서술·논술형 중심으로 구성되어 있다. 바칼로레아와 아비투어는 구술시험도 필기시험과 함께 치른다. 코로나 속에서 치러진 2021년 바칼로레아 일반 계열에서는 철학 논술 주제로 '토론은 폭력을 포기하는 것인가?', '무의식은 모든 형태의 의식에서 벗어난 것인가?', '우리는 미래를 책임져야 하는가?' 등이 출제됐다. 글쓰기(표현)를 모든 지적 활동의 출발점으로 보기 때문이다. 독일의 아비투어, 영국의 A레벨 시험, 프랑스의 대입시험인 바칼로레아와 영국의 고교 졸업자격시험 등이 서·논술형이다. 우리는 일제강점기에 학교시험이 객관식 중심으로 변질되고 미국 군정기에는 객관식 시험이 과학적 평가방법이라고 소개되어 객관식 공화국이 되었다.[24]

다섯째, 대학입학자 결정은 대학의 고유권한이자 책임이다. 대학의 의무적으로 대입입학자격자를 받도록 규정된 경우를 제외하고는 대입전형방법과 선발은 대학이 알아서 결정한다. 특히 사립대학에 대해서는 정부의 간섭이나 규제가 없다.

4. 실력주의와 자율화 원칙에 충실한 대입제도를 만들어야

(1) 늦어도 2024년에 대입개편방안 발표해야 해

2025학년도는 고등학교 교육과정 운영에 큰 변화가 예상된다. 2022년에 교육개정이 개편되어 2025학년도부터 고교 1학년이 새로운 교육과정에 따라 공부를 하게 된다. 2025년이면 모든 고등학교가 고교학점제를 전면 시행하기 때문에 2025년 신입생이 수능을 치르는 2028학년도 대입부터 개편해야 한다. '대입 전형 4년 사전예고제'에 따라 새로운 대입개편안은 2024년에 확정되어야 한다. 이처럼 2025년에 고교학점제가 전면 시행되고 2022 개정교육과정이 적용됨에 따라 수능개편이 불가피하다. 이에 따라 교육부는 늦어도 2024년에 수능개편을 비롯하여 2028학년도에 적용될 대입개편방안을 발표하여야 한다.

(2) 추첨제 등 다양한 방안이 제안되어

대입개편방향에 대해서는 다양한 의견들이 제시되고 있다. 소위 '진보·좌파 진형'에서는 수능중심 대입제도를 모든 사교육과 입시경쟁의 주요 원인으로 보고 수능을 절대평가하고 자격고사화를 주장한다. 대학별 논술도 폐지를 주장한다. 수능과 대학별 논술의 대안으로 학생부종합전형을 내세운다. 사교육걱정없는세상 등은 대입추첨제 전형을 도입하는 대학입학보장제를 제안하고 있다. 전국교직원노동조합(전교조)도 이와 동일한 주장을 한다. 고교학점제에 대한 논평에서 "수능은 폐지하거나 자격고사화하고 성취평가제를 전과목으로 확대하자"고 제안하였다.

마이클 샌델(Michael Sandel)은 "공정하다는 착각, Tyranny of Merit"[25]에서 미국 유명 대학의 학생선발에서 추첨제를 주장한다. SAT 비중을 줄이고 동문자녀, 체육 특기자, 기부금 입학자에 대한 특혜를 없애는 방법이다. "4만 명의 지원자들 가운데 하버드나 스탠퍼드에 다니기 힘들어 보이는 일부와, 동료 학생들과 잘 해나갈 수 없을 것 같은 일부만 솎아낸다. 그러면 아마 3만 명, 또는 2만 5,000명이나 2만 명의 지원자가 남으며 이들은 누가 합격하더라도 충분히 잘 해나갈 수 있을 것이다. 그러면 그들을 두고 극도로 어렵고 불확실한 선별 작업을 다시 할 것이 아니라 제비뽑기식으로 최종 합격자를 뽑는다. 달리 말해 그들의 지원 서류를 집어던져 버리고 아무나 2,000명을 골라잡는 것이다"(pp. 288-289) 많은 명문대들이 유자격지원자를 추첨제로 선발하면 고등학생들의 입시경쟁 스트레스는 완화될 것이다. 대학입학자를 추첨으로 뽑으면 합격자는 자기 재능과 노력에 대한 정당한 보상으로 여기는 능력주의자 오만을 걷어낼 수 있다. 자신이 보여준 재능과 이를 펼쳐서 노력의 대가를 받는 사회를 만난 것도 행운으로 볼 수 있기 때문이다. 그러나 이와 같은 주장은 마이클 샌델도 인정했듯이 경쟁입시보다 학업능력이 낮은 학생이 입학함에 따라 대학교육의 질적 저하를 가져올 것이다. 더욱이 세상의 성취를 재능과 노력의 결과라기보다는 행운의 결과로 환치하여 열심히 공부하려는 학습 동기를 꺾는다. "누가 선발되는가(The Chosen)"로 잘 알려진 캘리포니아대학 버클리 캠퍼스의 사회학 교수 제롬 카라벨(Jerome Karabel)도 비슷한 주장을 한다.

국내에서도 '범주형 입시'라는 명칭으로 일정한 수학능력을 갖춘 자 중에서 추첨으로 최종 입학자를 선별하자는 주장이 있다. 현행 수능의 가장 큰 문제점은 학생들의 젊음의 시간 낭비, 미래 살아가는 데 필요한 능력 개발 실패, 학생 학업 부담 등을 들고 이의 해결책으로 추첨으로 입학자를 가리는 범위형 대입제도이다.26) 심리학자 베리 슈워츠(Barry Schwartz)가 제안한 것으로 대학이 제시하는 수준의 수학능력 이상을 갖춘 지원자를 대상으로 추첨을 하는 전형방식이다. 마이클 샌델 주장과 일맥상통한다.

그러나 이 또한 추첨 대상이 되는 '대학에서 수학능력을 갖춘 자'를 측정하는 선발 절차가 요구된다. 본고사 시절에 예비고사를 실시하여 대학에 지원할 자격을 검증한 것처럼 수학능력 적격자를 거르는 대입 절차가 필요한 것이다. 본고사를 추첨으로 대체할 뿐 대입 문제는 여전히 남는다.

(3) 미래 대입의 개편방향

대입제도는 ▲대학·전공별 적격 역량에 대한 평가, ▲초·중등학교 교육을 통해 충분히 대비 가능, ▲지원자 간 공정한 평가를 보장하는 전형방식을 담보해야 한다. 이로써, ▲초·중등교육의 정상화 도모, ▲사교육부담 완화, ▲교육불평등과 사회불평등 방지, ▲대학교육의 경쟁력 향상 효과를 거둘 수 있다. 입시가 다양한 스펙을 요구하면 입시경쟁의 다양화로 거래비용 상승이 나타나 교육불평등을 심화시킨다. 더우기 현행 정부주도의 대입제도는 정권 성향에 따라 춤추어 지속가능하고 안정적인 제도 정착을 기대할 수 없다. 따라서 단계적으로 대학입시 자유화로 가서 정부의 역할은 국가수준의 표준시험(수능) 출제와 채점에 머물고 전형기준과 방법은 대학이 책임지고 결정토록 하여야 할 것이다.

첫째, 수능을 진로선택형으로 개편하여 수능 중심의 대입이 정착되도록 지원한다. 수능이 대학입학 전형 요소로서 가지는 장점27)은 (1) 공신력과 변별력을 갖춘 평가도구이고, (2) 학생들의 학력 수준을 전국단위에서 평가할 수 있고, (3) 평가결과가 객관적이고 사회적 신뢰도가 높을 뿐 아니라, (4) 대학의 선호도가 높다는 점이다. 수능이 다른 어떤 전형요소보다도 학생·학부모·대학의 신뢰도가 높은 대학입시 평가도구이다.

둘째, 정부는 대학입시에 손을 떼고 대학에 이양하는 "대학입시자율화" 일정(로 드맵)을 발표하고 법제화한다.

서울대 blue ribbon 경영진단 패널로 참여하고 "대학, 갈등과 선택" 책으로 우리나라 지성계에 잘 알려진 하버드대학의 헨리 로조프스키(Henry Rosovsky) 교수는 미국이 세계 유명대학의 2/3 내지 3/4을 보유한 핵심적 요인으로 '자율적 경쟁'을 들고 있다. 미국대학들은 훌륭한 교수, 우수한 학생, 많은 연구비와 사회적 관심을 얻기 위해서 치열하게 경쟁한다고 설명한다. 로조프스키 교수의 기준에서 보면 한국 대학들은 세계 명문대학으로 도약할 수 없다. 그 이유는 우수 학생선발과 우수한 교수 유치에 필요한 재원조달에서 경쟁의 자유를 정부가 억압하기 때문이다. 미국 이외에도 전 세계적으로 대학입시 골격을 국가에서 정하는 나라는 자유민주주의 국가에서는 찾을 수 없다. 민주주의를 표방하고 있는 나라 중에서 정부가 대학에 정시를 얼마 이상 뽑으라고 강요하는 곳은 없다.

이상 선진국 사례를 교훈 삼아서 50년 이상 국가주도 입시정책을 반성하고 실험을 끝낼 시점이다. 대입제도를 해결하면 모든 교육문제가 풀린다는 환상과 정치적 발상으로 역대 정부는 잦은 입시제도 변경으로 대표적인 조삼모사 정책으로 국민의 원성을 샀다. 교육자, 지식인, 정치인, 그리고 시민단체가 생각할 수 있는 모든 형태의 입시제도가 제안되고 채택되어 실시되고, 수정되고, 폐기되고 또 새로운 제도가 등장하여 변경 폐기되는 악순환이 되풀이되고 있다. 현 정부도 실험을 멈추지 않고 있다. 이는 새 정부는 전(前) 정부의 입시 정책을 부정에 따른 결과이기도 하다. 박근혜 정부는 이명박 정부의 수준별 수능(2014학년도 시행)을 백지화, 이명박 정부는 노무현 정부의 '수능등급제'(2008학년도 시행) 폐지하였다. 현 정부에서 지난 정부의 수능제도뿐만 아니라 수시와 정시비율을 2번이나 손대었다. 역대 정부는 대입제도 개편의 명분으로 고교교육 정상화, 학생 학습부담 완화, 사교육비 부담경감을 제시하였으나 경쟁의 내용만 달리할 뿐 정책성과는 미미하다. 따라서 대입제도의 주된 가치를 대입 준비과정에서 미래사회가 요구하는 역량을 키워주고 대학 수학능력 적격자를 가리는 기능에 초점을 두어야 할 것이다. 타당하고 신뢰로운 전형방법의 모색은 대학의 책임이다. 지성인의 집합체인 대학사회의 학생선발 능력과 양심을 불신하고 정치가·관료가 이끄는 국가권력에 의존하는 국가의 미래는 어둡다.

5. 진로형 수능으로 타당성 높여야

(1) 수능에 대한 논란

1994학년도에 도입된 이래 수능은 완성도와 신뢰도가 매우 높고 대입전형자료로서의 역할을 충실하게 수행하고 있다. 하지만 수능은 근본적으로 필기시험이고 선다형이라는 점에서 몇 가지 비판이 제기되고 있다.

첫째는 진정한 학력은 수능 등 필기시험으로만 측정할 수 없고, 다양한 방식으로 능력을 평가해야 한다는 관점이다. 본질적으로는 "시험성적으로 표현되는 학력"이 높다고 해서 우수학생이라고 볼 수 없다는 문제의식에 바탕을 두고 있다. 학생의 우수성을 나타내는 지표는 성적 이외에도 다양한 측면이 있다고 보기 때문이다. 국어·영어·수학 등 교과목 성취도로 평가하는 지식위주 학력을 넘어서 인성, 시민성, 발전가능성등을 포괄하는 학력을 갖춘 사람을 우수인재로 판단한다. 이처럼 성적중심에서 벗어나 다양한 측면에서의 개인의 우수성을 강조하고, 이처럼 다양한 특성을 학업성취도와 동등한 가치로 본다면 대입 전형에서 수능 성적이 높은 비중을 차지하는 것은 불합리한 것이다.[28]

이런 관점에서는 대입 전형에서 수능 시험 성적의 의미와 비중을 축소시키고 다른 전형요소를 반영비중을 높인다. '수능 과목 축소', '쉬운 수능', '수능의 변별력 약화', '수능등급제와 수능 절대평가의 도입' 등은 이를 실천하는 방안으로 추진된 것으로 볼 수 있다. 즉 새로운 학력관에 의해 추동된 대입 전형은 무시험전형(추천제) → 입학사정관 전형 → 학생부종합전형으로 발전해 왔다.

그러나 수능이 교육과정의 다양한 측면을 측정하기에는 한계가 있지만 다른 어떤 전형 자료보다 학생·학부모·대학의 신뢰도가 높은 대학입시 평가도구임은 분명하다.

둘째, 수능의 성격에 관한 논쟁이다. 수능 창시자로 불리는 박도순 고려대 명예교수는 현재 수능은 과거 학력고사 동일해져서 폐지해야 한다고 주장한다. 박교수는 "수능은 시험을 본 후 잊어버릴 단편적인 지식이 아니라 전공 공부에 필요한 기초 지식과 문제 해결력을 살피는 '교과 통합형 시험'으로 구상했다. 교수 등과 의사소통이 중요하니 언어 능력을, 논리적 사고가 필요하니 수리 역량을 측정하려 했는데 교과 이기주의로 과목이 늘면서 꼬이기 시작했다"고 수능 무용론을 주장한다. 그러나 수능도입 때부터 수능의 성격이 애매모호하다는 비판이 있었다. 도입 당시 수능을 성격을 "대학 수학에 필요한 학업 적성을 측정하기 위하여 통합교과적으로 고등학교 교육과정의 수준과 내용에 맞추어 고차원적인 사고력을 측정하는 발전된 학력고사"로 규정하였다. 통합교과적인 소재와 사고력 중심의 평가를 강조하고 있는 수능은 고등학교에서 직접 가르치고 배운 교과목에 대한 학력고사 (achievement test, 현재의 성취수준을 재는 검사)도 아니고 대학 교육에 적성이 있는지를 파악하기 위한 학업적성검사도(scholastic aptitude test, 미래의 성취기대수준을 재는 검사)로 도 볼 수 없는 성격이 불분명한 시험이라는 비판을 받았다.29) 그동안 교육과정 개정 등으로 수능성격이 고교 교과목의 성취도평가 성격으로 바뀌었지만 아직 대학 수학에 필요한 적성 검사로서의 성격도 포함하고 있다. 국가교육과정 운영체제로 운영하는 우리나라에서는 고등학교에서 배우는 내용과 일치도를 높이기 위해서 교과별 학력고사로 하는 것이 바람직하다.

셋째, 과목 성취도를 재는 수능 시험에 대한 비판은 수험생들 수준을 고려하지 않은 한 종류의 시험뿐이고, 문제 형태가 선다형이라는 점이다. 수험생들이 자신의 수준이나 특성에 따라 취사선택할 수 있는 여지가 거의 없으며, 수험생들은 거의 모든 영역에 대해 시험 준비를 해야 한다. 또한 선다형 문항에 대한 비판도 크다. 김도현 전 포스텍 총장은 "수능은 창의력을 없애는 최악의 평가다. 객관식 수능은 접어야 한다." 객관식 수능으로 인해 고등학교 수업이 지식 중심의 암기식, 문제풀이식으로 이루어지고, 선다형 문항으로는 논리적·창의적 사고력, 문제해결력을 제대로 평가할 수 없다"는 지적이다. 선택형 평가는 미국에서 피험자들을 효율적으로 선발·분류하기 위해 개발된 것이다. 1차 세계대전(1914~1918년) 중에 군입대자의 지능 수준을 신속하게 파악하는 데 사용되었고, 교육심리측정검사의 발달로 집단용 지능검사의 문제 유형으로 널리 보급되었다. 우리나라는 미군정 시절 1948년 중학교입학시험에 선택형문항이 사용되고 군인용 집단지능검사, 학생의 지능검사 문항으로 선택형이 사용되었다. 그 이후 선택형에 의한 표준화된 학력검사, 인적성검사가 널리 퍼졌다.[30] 객관적이고 과학적인 평가는 선택형 검사에 의해서만 가능하다는 미신이 생겼다. 선택형 검사는 단순한 지식 습득 여부에 대한 평가에는 적합하지만, 창의성, 문제해결력, 바판력 등 고등사고력은 측정할 수 없다. 선택형 문항을 자주 사용할 경우 학생들을 단순 지식에 대한 암기위주의 학습을 조장할 수 있다. 따라서 선택형 문항이 가지는 한계점을 극복하는 차원에서 서·논술식 시험의 도입이 필요하다.

넷째, 2022학년도부터 도입된 통합수능은 문과생이 불리하다는 주장이다.

문정부에 들어와 2018년 8월 발표된 「2022학년도 대학입학제도 개편방안」에 따라 국어·수학·직업탐구과목은 통합수능으로 개편되고, 제2외국어/한문 영역은 절대평가로 전환되었다. 2022학년도 수능은 2015 개정교육과정의 문이과 통합에 따라 국어, 수학, 직업탐구 영역에 '공통＋선택'과목 구조가 도입되었다. 또한 문·이과 구분을 폐지하여 사회탐구 및 과학탐구 영역 구분 없이 17개 선택과목 중에서 최대 2개를 선택할 수 있다. 문과 학생이 수능 시험과 대학 지원에서 이중으로 불리함을 겪을 것으로 우려한다. 문과 학생은 고등학교 3년 동안 20단위을 공부하는 반면에 이과 학생들은 30단위를 이수한다. 그럼에도 수학을 문과와 이과 통합하여 모든 학생을 동일 집단으로 하여 표준점수와 등급을 산출한다. 원점수가 같아도 어떤 선택과목을 선택하였느냐에 따라 등급이 달리 나온다. 수학 선택과목 "미적분"을 응시한 학생과 "확률과 통계"를 응시한 학생이 동시에 원점수 만점을

| 표 5-2 | 수험생의 선택과목에 따른 등급차이(A 고교 사례) | | | | | | | |

학생	선택	공통점수 (74)	선택점수 (26)	전체점수	표점	석차	백분위	등급
A	확률과 통계	52	22	74	122	65	81.19	3
B	미적분	59	15	74	126	30	88.04	2
C	확률과 통계	59	15	74	122	65	81.19	3

받았을 경우 "확률과 통계"를 응시한 학생의 표준점수가 낮다. "확률과 통계"를 응시한 집단의 수학 공통과목 평균이 낮으므로 "확률과 통계"를 응시한 학생의 조정 원점수도 낮게 나오기 때문이다(〈표 5-2〉 참조). A고의 경우 수능모의고사에서 3학년 문과 학생의 수학 1등급 비율이 작년에 비하여 약 1/4로 감소하였다. 둘째로 자연계를 공부한 학생들이 인문사회계열로 교차지원이 가능하여 문과 학생들보다 좋은 수학등급을 받은 학생들이 경영/경제학과 등 문과생 선호 전공으로 대거 교차 지원할 경우 문과생의 선택할 전공은 좁아진다. 아무런 제한 없이 교차 지원이 가

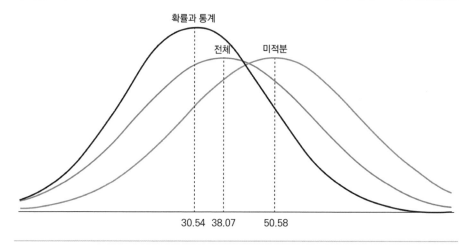

그림 5-3 정규분포 곡선으로 비교

능하고 수학 성적에서 유리하므로 이과 학생들은 한 단계 높여 대학진학이 가능해진다.

통합 수능에서 나타나는 문제점을 해소하는 방안은 세 가지를 상정할 수 있다, 첫째 방안으로 인문/사회 대학에서 문과 학생에 대한 보호 장치를 둔다. 예컨대, 인문/사회 대학에 지원하려는 학생은 사회탐구 과목을 응시하도록 요구한다. 서울대의 경우 인문/사회대에는 "제2외국어/한문"을 응시한 학생만 지원 가능하다. 둘째 방안으로 수능 등급을 없애고 원점수를 공개한다. "미적분"에 응시하여 받은 원점수 만점과 "확률과 통계"에 응시하여 받은 원점수 만점이 동일한 성적으로 취급된다. 셋째 방안으로 국어, 수학은 공통과목과 각 선택과목을 각각 별도의 과목으로 취급하여 별도로 표준점수와 백분위, 등급을 산출한다(30문항, 공통 22문항+

표 5-3 현행 수능성적표

영역	한국사	국어	수학	영어	탐구		제2외국어/한문
선택과목		화법과 작문	확률과 통계		물리 l	지구과학 l	한문
표준점수		131	137		53	64	
백분위		93	95		75	93	
등급	2	2	2	1	4	2	2

표 5-4 개선 수능성적표

영역	한국사	국어		수학		영어	탐구		제2외국어/한문
선택과목		공통	화법과 작문	공통	확률과 통계		물리 l	지구과학 l	한문
표준점수		128	131	133	137		53	64	
백분위		90	93	97	95		75	93	
등급	2	2	2	1	2	1	4	2	2

선택 8문항). 그리고 수험생 진학 지도를 위해 선택과목별로 따로 등급 구분 표준점
수 및 도수분포자료도 공개한다.

　　다섯째, 수능이 학생들의 진로와 학업수준과 연계가 약하다는 점이다.

　　수능 과목선택에 있어서 좋은 등급을 받을 수 있는 과목에 몰리는 현상을 보
이고 있다. 대학에 들어가서 공부할 전공에 바탕이 되는 수능 과목을 선택하기보
다는 등급에 더 치중하는 것이다. 수능에서 좋은 등급 받기 어려운 과목에 대한
기피가 심해져 과학Ⅱ 선택비율이 1% 미만이고, 경제는 2% 수준에 불과하다. 학
습을 왜곡하고 대학준비로서 바탕학습이 안 되어 대학에서 낮은 수준의 교양과 기
초과목만 배우다 졸업하거나 중도탈락을 하는 학생도 적지 않은 것이다.

　　여섯째, 수능 난이도 조정 실패로 변별력 상실의 문제이다. 학생부담을 줄여주
고 사교육비를 잡는다는 이유로 수능은 연도가 지나면서 쉬워지는 경향을 띠고 선택
할 수 있는 과목 수도 줄었다. 수능 난이도는 응시자의 평균점수와 만점자 수로
측정할 수 있다. 수능 초창기에는 평균점수가 50~60점을 유지하고 만점자가 거의
없었다. 그러나 2001년 수능에는 평균이 80점에 이르고 만점자도 응시자의 1%까
지 나올 정도로 쉬워서 소위 '물수능 논란'을 빚기도 한다. 쉬운 수능에서 4%의
1등급 변별력을 확보하기 위해서 정답률이 1% 미만의 고난도 문항을 출제할 수밖
에 없게 된다. 이는 문제를 억지로 꼬는 소위 킬러(killer)문항을 출제하는 과정에서
출제오류와 복수정답이 발생하기도 한다. 또한 선택할 수 있는 탐구과목의 수도
이명박 정부에서 2과목으로 준다. 대학은 과목 수가 적고 쉬워서 변별력이 없는
수능으로 학생을 선발하는 데 한계를 느끼고 논술이나 면접 같은 자체 선발도구를
개발하게 된다.

(2) 진로형 수능

　　한 종류의 시험뿐이고, 문제 형태가 선다형이라서 나타나는 문제점을 극복하
여 4차 산업혁명 시대에 걸맞는 인재 선발도구로 거듭나기 위한 방안은 아래와 같
다. 초중등교육을 바꾸는 넛지(Nudge)역할을 할 것이다.

첫째, 수능Ⅰ과 수능Ⅱ의 분리형 수능 도입하여 진로에 맞추어 수능 과목을 선택한다. 수능 시험을 이원화[31]하여 학생들의 진로와 학업수준에 따라 수능과목을 선택할 수 있는 기회를 준다. 학생들이 공통적으로 응시하는 수능Ⅰ과 학생의 진로와 적성에 따라 응시하는 수능Ⅱ로 분리한다. 수능Ⅰ(기초수학능력검사)은 통합교과적인 소재를 활용하여 고등학교 교육과정의 공통필수교과의 내용과 수준에 알맞게 출제되는 사고력 중심의 시험으로 한다. 국어, 영어, 수학 등 언어능력과 수리능력 중심으로 시험을 본다. 수능Ⅱ(교과목별 학업성취도검사)은 고교교육과정에 있는 주요교과목의 학업성취도를 측정한다. 이러한 교과목별 학업성취도검사는 각 대학 학업에 필요한 교과목들에 한하여 실시하며, 수험생들은 자신이 지망하는 대학이나 전공분야에서 요구하는 검사를 선택해서 본다. 예컨대, 경상계열은 경제, 미적분(경제수학), 세계사, 정치와 법 등 과목 성적을 요구할 것이다. 그리고, 주요대학을 제외한 대다수 대학들이 수능Ⅰ만 요구하고 수능Ⅱ는 요구하지 않을 것이다.

수능Ⅱ(교과목별 학업성취도검사)의 과목에 어떤 과목을 포함시킬 것인가 하는 논쟁이 있을 수 있다. 2018년에 2022년 수능개편 논의에서 진로선택과목으로 분류된 수학의 '기하'과목을 수능과목에 포함시킬 것인가를 놓고 과학계와 시민단체 간의 논쟁이 벌어진 적이 있다. 사교육걱정없는세상은 "진로 선택 과목은 학생 각자의 적성과 진로에 따라 맞춤형으로 교육받고 학생의 진로에 따른 선택권을 확대하기 위해 모든 과목에서 수십 개를 개설한 것인데, 이 중 기하와 과학Ⅱ만 수능에 포함시키는 것은 나머지 진로 선택 과목과 형평성이 어긋나며 사실상 기본 과목인 일반 선택마저도 공부하지 못하는 현상이 발생한다"고 반대하였다.[32] 수학 및 과학기술계 단체 13곳이 기하와 과학Ⅱ가 제외된 2022학년도 수능 출제범위 개편안에 대한 반대 기자회견을 연 데 이어 아예 수능 출제범위에 기하와 과학Ⅱ 과목을 포함할 것을 제안하는 서명운동에 나서기도 하였다. 기하는 AI역량을 키우는 핵심이므로 이를 빼면 4차 산업혁명 시대 인재를 키울 수 없다는 과학계 주장이 받아들여져 수능과목으로 선택되었다. 이처럼 수능에 어떤 과목을 포함시키냐는 매우 중요한 문제이다. 2022학년도 통합 수능 과목을 보면 사회 및 과학탐구

17개 과목과 직업탐구 6개, 제2외국어/한문 9개 과목, 그리고 국어에서 공통으로 독서, 문학으로 하고 선택으로 화법과 작문, 언어와 매체이며, 수학은 공통으로 수학 I, 수학 II 이고 선택으로 확률과 통계, 미적분, 기하이다. 2022학년도 사회탐구는 생활과 윤리, 윤리와 사상, 한국지리, 세계지리, 동아시아사, 세계사, 경제, 정치와 법, 사회·문화이고, 과학탐구 과목은, 물리학 I, 화학 I, 생명과학 I, 지구과학 I, 물리학 II, 화학 II, 생명과학 II, 지구과학 II 이다. 직업탐구의 선택과목은 성공적인 직업생활, 농업 기초 기술, 공업 일반, 상업 경제, 수산·해운 산업 기초, 인간발달이다. 제2외국어/한문은 독일어 I, 프랑스어 I, 스페인어 I, 중국어 I, 일본어 I, 러시아어 I, 아랍어 I, 베트남어 I, 한문 I 이다.

2022년 고등학교 교과편제를 일반선택과 진로선택·융합선택으로 구분한다고 가정하더라도 일반선택으로 분류된 과목만 수능 과목으로 한정하지 말고 진로선택·융합선택까지 과목까지 폭넓게 포함시킬 필요가 있다. 이는 고교학점이수제가 학생의 진로에 맞추어 다양한 과목선택권을 보장하는 취지에 부합된다.

현재 학생들의 사탐·과탐 수능과목 선택을 보면 점수 따기 쉬운 과목에 쏠리고 정작 대학 진학하여 필요한 과목을 멀리한다. 이는 사탐과 과탐에서 선택 과목 수를 2개로 제한한 것이 잘못된 정책이다. 고교 이과생들의 과학 공부가 쉬운 과목 중심으로 치우쳐있다. 대학이 입시흥행을 위해 교차지원을 허용하고, 학생들은 진로에 관계없이 점수 잘 나오는 쉬운 과목만 선택한 결과이다. 진로별로 꼭 필요한 바탕학습을 확인해주는 타당한 입시가 되어야 하는데, 그렇지 못하여 교육이 시험도구로 왜곡되었다. 자의적 선택을 방임하는 것은 학력저하를 가져온다. 진로에 필요한 공부를 시키는 방향으로 대학입시가 타당화되어야 한다.

둘째, 수능 II 는 논·서술형으로 출제하여 비판력과 문제해결력 등 고등사고력을 측정한다. 수능을 수능 I 는 현행처럼 객관식 시험유형을 유지하되, 수능 II (교과목 학력검사)는 서논술형 중심으로 출제한다.[33] 논술(essay), 구조화된 문항(structural problems), 단답형(short answer question), 자료나 텍스트 반응문항(response to data or text), 사례연구 문항 등이 있다. 선다형 문항(multiple choice)은 과목에 따라 비중이 다르지만 최소화한다. 선다형 문항은 객관적 사실에 기반한 지식과 개념을 알고 있는지 측정하는 데 유용한 문항유형이다. IBDP에서 Language B, 생물, 화학, 물리 등의 과목에서 선택형 문제를 출제하고 있다. 선택지가 주어지는 선다형 문항에서는 학생의 비판적 사고와 답에 도달하는 과정까지를 평가할 수 없는 한계를 지닌다. 지식을 암기나 확인 위주의 학습 방식을 고착화시켜 학생의 탐구적인 학습을 제한할 수 있다. 4차 산업시대를 살아가는 데 필수적인 역량인 창의성과 문제해결력을 길러줄 수 있는 평가방법으로 서·논술형이 대안으로 제시된다. 서·논술형 평가의 근본 취지는 학생들의 고등 사고력을 측정하고 지식 위주의 주입식 교육에서 벗어나 학생 중심의 탐구 수업을 이끌어 낼 수 있다는 데 있다.[34] 따라서 정답이 없고 다양한 관점이 존중되어야 할 영역까지 선다형이 활용되어 사고의 범위를 축소하는 데 문제가 있는 것이므로 교과 특성과 평가내용에 맞추어 서논술형을 대폭 늘린다. 서술형은 서술해야 할 분량이 많지 않고 채점은 답안 내용의 깊이와 넓이에 초점을 맞춘다. 반면 논술형은 학생이 서술해야 할 분량이 상대적으로 많고 채점은 답안 내용의 넓이와 깊이뿐만 아니라 글을 조직하고 구성하는 표현능력과 논리적 일관성도 본다. 실무적으로 구분이 어려워 서·논술형으로 묶어서 사용한다. 답변할 내용을 제한하는 정도에 따라 응답 제한형과 자유형으로 구분한다. 고교학점제에서 학생 진로와 적성에 맞추어 선택한 교과목을 대학입시 과목으로 연계되기 때문에 고교 학점제 정착에도 기여할 것이다. 선택과목 수는 현재 탐구과목 2개로 제한하고 있으나 대학이 전공영역에 따라 자율적으로 정하도록 한다.

고등학교 과목에서 경제와 동아시아사 서·논술형 문제를 예시적으로 살펴본다. 경제는 국제공통대학입학자격 프로그램(IBDP: International Baccalaureate Diploma Programme) 문제와 교육부와 한국교육과정평가원이 공동으로 펴낸 '서·논술형 평가도구 자료집'에서 나오는 문제이다. 동아시아사 서·논술형 문항은 '서·논술형 평가도구 자료집'에서 나오는 문제이다. '서·논술형 평가도구 자료집'에서는 채점기준과 부분 점수를 부여하는 구체적인 기준을 제시하고 있어서 현장 교사들이 실제로 학교수업에서 문제를 내고 채점하는 데 좋은 참고자료가 된다. 동아시아의 근대

화 운동과 반제국주의 민족운동에 관련된 서·논술형 시험문항을 살펴본다.[35]

IBDP 경제학 표준과정(S/L) 시험문제(2016년 11월 실시) 예시

1. 아래 지문을 보고 다음 질문에 답하시오

<지문> 뉴질랜드 신문(The New Zealand Herald)의 3개 기사를 발췌하여 지문으로 제시하고 있다. 기사의 주된 내용은 고환율 문제, 금리인상, 무역수지에 관한 것이다. (지문 내용 생략)

(a) (ⅰ) 평가절하(depreciation) 용어를 정의하세요. (2점)

　　(ⅱ) 통화정책 용어를 정의하세요. (2점)

(b) 환율 다이어그램을 사용하여 공식이자율을 3.5%로 인상하면 뉴질랜드 화폐가치(환율)에 미칠 영향을 설명하세요. (4점)

(c) AD/AS 다이어그램을 사용하여 긴축통화정책이 물가에 어떤 영향을 미칠지 설명하세요. (4점)

(d) 지문과 수험생의 경제지식을 이용해서 뉴질랜드 화폐의 고평가가 뉴질랜드 경제에 미치는 영향에 대하여 토론(discuss)하세요. (8점)

<고등학교 경제 시험문제 예시>

(가) 애덤 스미스의 절대 우위론에서 한 발 더 나아간 비교 우위론을 주장한 리카르도

애덤 스미스는 두 국가 중 한 국가가 어떤 상품에 대한 생산비용이 상대 국가에 비해 절대적으로 적다면 그 상품에 절대 우위가 있다고 보았다. 그리고 각 국가가 이러한 절대 우위를 가진 상품에 특화하여 생산한 후 교역하면 양국 모두 이득을 볼 수 있다고 주장하였다. 이러한 애덤 스미스의 절대 우위론에 의하면 한 국가가 모든 분야에 절대 우위가 있는 경우에는 무역이 발생하지 않는다. 그러나 리카르도는 한 국가가 두 상품에 모두 절대 우위를 가진 상황에서도 양국이 비교 우위를 가진 상품의 생산에 각각 특화하면 양국 모두 무역을 통한 이익을 얻을 수 있다고 보았다.

리카르도는 비교 우위를 설명하기 위해 영국과 포르투갈 두 나라를 예로 들었다. 양국은 옷감과 와인 두 상품만을 생산하는데 포르투갈은 두 상품 모두를 영국보다 낮은 비용으로 생산할 수 있다. 따라서 포르투갈은 영국과 교역을 하지 않는 것이 유리하다고 생각할 수도 있다.

그러나 리카르도는 기회비용에 주목하였다. 기회비용을 따져보면 와인 생산에서는 포르투갈이 영국보다 기회비용이 더 적고, 옷감 생산에서는 영국이 포르투갈보다 기회비용이 더 적다. 따라서 양국이 교역을 하지 않는 것보다는 각 나라가 상대적으로 더 적은 기회비용으로 생산할 수 있는 상품에 특화해 교환하면 양국이 모두 더 많은 상품을 소비할 수 있다고 보았다. 이를 통해 리카르도는 절대 우위 산업이 하나도 없는 국가라도 비교 우위 산업이 있게 마련이므로 자유 무역을 통해 모두가 이득을 볼 수 있음을 비교 우위론을 통해 설명하였다.

출처: KDI 경제정보센터, 멀티미디어자료 5.데이비드 리카도 내용 재구성.

(나) A국과 B국의 상품 1단위 생산의 노동 투입량 비교

[표 1] 각 상품 1단위를 생산의 노동 투입량 비교

	A국	B국
쌀 1자루	노동 5시간	노동 2시간
자동차 1대	노동 10시간	노동 5시간

[표 2] 각 상품 1단위 생산의 기회비용 비교

	A국	B국
쌀 1자루	㉠	㉡
자동차 1대	쌀 2자루	㉢

2-1. (가)를 참고하여 애덤 스미스와 리카르도는 (나)의 양국의 교역 가능성에 대해 각각 어떻게 판단할지 그 이유와 함께 서술하시오. (4점)

2-2. (나)의 [표 1]을 바탕으로 [표 2]의 ㉠~㉢에 알맞은 내용을 쓰시오. (3점)

2-3. (나)의 [표 2]를 바탕으로 각 국가가 특화할 상품이 무엇인지 설명하시오. (단, 각 상품 1단위 생산에 대한 A국과 B국의 기회비용 비교 내용을 근거로 드시오.) (4점)

서술형 2-3문항의 예시 답안과 채점을 다음과 같이 상세히 제시하고 있다. 이를 보면 채점관이 만점 4점을 주기 위한 기준이 명확하여 채점관 간의 점수 편차는 거의 없을 것이다.

4점	A국은 자동차를 특화하여 생산할 것이며(1점) 그 이유로 자동차 1대 생산의 기회비용이 A 국이 B국에 비해 적음을 서술하고(1점), B국이 쌀을 특화하여 생산할 것이며(1점) 그 이유를 쌀 1자루 생산의 기회비용이 B국이 A국보다 적음을 서술하여(1점) 정확히 추론한 경우
	예시 답안 A국은 자동차를 특화하여 생산할 것이다. 왜냐하면 자동차 1대 생산의 기회비용은 A국은 쌀 2자루, B국은 쌀 5/2자루로 A국이 더 기회비용이 적기 때문이다. 한편 B국은 쌀을 특화하여 생산할 것이다. 왜냐하면 쌀 1자루 생산의 기회비용은 A국은 자동차 1/2대, B국은 자동차 2/5대로 B국의 기회비용이 더 적기 때문이다.

<고등학교 동아시아사 시험문제 예시>

(가)

서구 문물의 수용에 적극적인 모습을 보였던 세력이 있었던 반면, 서양에 대한 강한 거부감을 드러내 이를 거부하는 세력도 있었다. 이에 따라 저항을 완화하면서 선택적으로 수용하기 위한 정당화 논리가 등장하였다. ㉠ 중국의 중체서용(中體西用), 조선의 동도서기(東道西器), 일본의 화혼양재(和魂洋才)가 그 예로, 이 세 논리는 '전통문화를 기본으로 삼아 제한적으로 서구 문물을 수용하여 보완한다.'는 공통적인 의미를 가지고 있다. 동아시아 각국은 이와 같은 절충론을 바탕으로 서구 문물을 수용하기 시작하였으며, 점차 그 속도와 범위를 확대하였으나 수용의 폭과 속도는 나라 간 차이가 있었다.

출처: 2009 개정 교육과정 고등 동아시아사(비상교육) 교과서, p.173.

(나)

신이 애써 밝히고자 하는 것은 서구식 기계는 농사나 직포, 인쇄, 도자기 제조 등에 필요한 물건을 모두 만들 수 있고, 백성의 생계와 일상용품(民生日用)에 도움이 되는 것이기도 하며 …… 중국의 문물 제도는 바다 건너 야만의 풍속과는 전혀 다르고, 나라를 잘 다스리고, 제업(帝業:제왕의 업적)의 튼튼한 기초를 굳히고자 하는 방법은 당연히 원래부터 존재하고 있습니다. …… 지금 이 철공소를 완공한 것은 …… 서구의 장점을 취하여 중국의 장점으로 삼으면서도 서로 비교해 보아도 뒤처지지 않을 것입니다. 이것이 바로 유비무환이며, 신이 어리석게도 행운을 기대하는 바입니다.

- 이홍장, 동치 4년(1865) 8월 1일 -

출처: 2015 개정 교육과정 고등 동아시아사(금성출판사) 교과서, p.133.

(다)

지금 나라의 문명화를 꾀함에 있어서 모조리 유럽을 목표로 하는 것은 적합하지 않고, 또 모름지기 유럽의 문명을 채택함에 우리의 인심과 풍속을 살펴 국체에 따라 유럽의 정치를 준수하고 우리에게 적합한 것을 골라 취사선택해야 적절한 조화를 얻게 될 것이다. 그러나 문명에는 밖으로 드러나는 사물과 그 안에 담겨 있는 정신의 구별이 있는데, 밖으로 드러나는 문명은 취하기가 쉽고, 그 안에 담겨 있는 문명은 찾아내기 어렵다. 나라의 문명화를 꾀함에 있어서는 어려운 쪽을 먼저 하고 쉬운 쪽을 나중에 해야 한다.

– 후쿠자와 유키치, 「문명론의 개략」 1875 –
출처: 2015 EBS 수능 완성 동아시아사 p. 94.

근대식 섬유 공장(일본 가나가와현립역사박물관) 메이지 유신 이후 일본은 정부 주도의 산업 진흥 정책을 추진하여 산업을 발전시켰다.

그림 출처: 2015 개정 교육과정 고등 동아시아사(천재교육) 교과서, p. 133.

(라)

오늘날의 급선무는 반드시 인재를 등용하여 국가 재정을 절약하고 사치를 억제하며, 문호를 개방하고 이웃 나라들과 친선을 도모하는 데 있다고 한다. …… 일본은 법을 변경한 이후 모든 것을 경장(개혁)했다고 들었다.

– 김옥균, 「치도약론」–
출처: 2015 개정 교육과정 고등 한국사(씨마스) 교과서, p. 113.

(마)

서양에서 유행하고 있는 천주교가 우리나라에 유포되는 것은 금지해야 합니다. 우리가 부족한 것은 기술뿐이기 때문에 그 기술만을 받아들이면 됩니다. 과학 기술 문명은 인간의 도리에 해롭지 않고 백성들이 살아가는 데 도움이 되기 때문에 이를 배워야 합니다.

– 김윤식의 상소문 –
출처: 2015 개정 교육과정 고등 한국사(씨마스) 교과서, p. 113.

(1) (가)에서 밑줄 친 ㉠의 한자어를 풀어서 설명하시오. (3점)

한자어	의미
중체서용(中體西用)	
동도서기(東道西器)	
화혼양재(和魂洋才)	

(2) (나)~(마)의 글을 〈조건〉에 맞게 정리하시오. (3점)

> ┌─〈조건〉─────────────────────────
> - 근대화 방식이 유사한 주장끼리 분류하는 내용을 포함하시오.
> - 각 주장이 의미하는 바를 요약하여 서술하시오.
> - 300자 이내의 분량으로 서술하시오.

(3) (가)에서 동아시아 각국의 근대화 속도와 범위가 달랐던 사실을 〈조건〉에 맞게 설명하시오. (4점)

> ┌─〈조건〉─────────────────────────
> - (나)~(라)와 관련된 근대화 운동을 사례로 제시하시오.
> - 중국, 일본, 조선의 근대화를 비교하는 내용을 포함하시오.
> - 500자 이내의 분량으로 서술하시오.

(4) 온라인 게시판을 활용하여 다음 인물의 주장에 대해 근거를 제시하여 반박하거나 지지하는 글을 쓰시오. (3점)

윤선학의 주장

군신·부자·붕우·장유의 윤리는 인간의 본성에 부여된 것입니다. 그러므로 천지를 통하는 만고불변의 이치이고, 위에 존재하는 것으로서 도(道)가 됩니다. 반면 배·수레·군사·농사·기계의 편민이국(便民利國)하는 것은 외형적인 것으로서, 기(器)가 됩니다. 내가 변혁을 꾀하고자 하는 것은 기(器)이지, 도(道)가 아닙니다.

출처: 2015 개정 교육과정 고등 한국사(금성) 교과서, p. 105 중 윤선학의 상소를 일부 수정.

셋째, 주관식 문제는 2인 이상 교차 채점하고, AI 기반 논술채점 알고리즘을 개발하여 채점의 신뢰성을 높인다. 교사·교수를 선발·연수하여 검증된 채점단 풀을 만들고, 문항당 2명의 채점 전문가가 루브릭(상세채점기준)에 의해 채점하고 허용편차를 벗어나면 제3자가 보정토록 하여 채점의 공정성을 높인다. AI채점 프로그램을 개발하여 성적 평가의 신뢰성을 제고(예, 1단계는 AI채점하고 2단계에 전문가가 점수매기는 방식)하는 방안도 추진한다. 한국교육과정평가원은 2017년 '한국어 서답형(주관식) 문항 자동채점 프로그램'을 개발해, 동채점 프로그램은 단어나 구 수준 답안을 100% 가까운 정확도로 채점할 수 있는 수준까지 와있다. 최근 학교에서 서논술형 시험이 확대됨에 따라 채점자간 신뢰도 확인할 수 있는 서·논술형 평가 채점 지원 프로그램을 개발하여 일선 학교에 지원하고 있다. 채점자 간 신뢰도 산출을 위해 '채점자간 일치도', '상관계수' 등을 제공하고 채점자 간 불일치 정도를 확인해 준다.

IBDP(International Baccalaureate Diploma Programme) 학업성취도 평가방식은 서·논술형 채점의 공정성을 높이는 데 좋은 참고가 될 것이다.36) 채점자 간 신뢰도(inter-rater reliability)검증으로 모든 채점관의 채점성적은 선임 채점관에 의해서 점검되고 수정되는 조정과정을 거친다. 채점 경험이 많은 선임 채점관은 채점관 10여 명을 지도하는데, 각 채점관이 성적부여한 채점표 전체의 15% 정도(10개에서 20개 채점표)를 무작위로 제출받아 점검한다. 채점관의 채점은 아래와 같은 통계분석을 통하여 채택, 일부 수정, 재채점 판정을 받는다.

첫째, 상관관계 분석이다. 선임 채점자와 평가결과의 신뢰도는 상관관계에 의해서 판단된다. 상관관계가 0.9 이상이면 허용범위로 인정하나 상관계수가 0.9 이하이면 다른 채점관이 다시 채점한다.

둘째, 선임 채점관의 채점성적과 채점관의 성적을 선형 회귀법을 활용하여 선임 채점관이 같은 학생에게 주었을 점수로 환산하는 데 사용된다.

셋째, 선형회귀선 기울기를 분석하여 채점자의 채점성적 폭이 적정한지 판단한다. 회귀선 기울기는 0.5와 1.5 사이에 있어야 한다. 이는 표준의 오류(error of standard)를 시정하는 방법이다. 만약 회귀선 기울기가 0.5보다 낮다면 빈약한 답안에 대해서는 매우 낮은 점수를 주고, 우수한 답안에 대해서는 너무 높은 점수를 준 것이기에 상하 점수의 차이 폭을 좁힌다. 반대로 회귀선 기울기가 1.5보다 가파르면 채점자가 우수한 답안과 빈약한 답안에 대하여 점수 차를 제대로 주지 않았기에 선임 채점관은 상하 성적 차이를 확대한다.

넷째, 선임 채점관의 채점성적 평균과 채점관의 성적평균을 비교할 때 그 차이가 총점의 10% 이내로 작아야 한다. 예컨대, 답안 총점이 30점이면 채점자의 점수는 선임 채점관 간의 평균 점수 차이는 3점 범위 내에 있어야 한다.

이상의 점수조정 기준에 충족하지 않으면 다른 조정 기법을 사용하거나 더 많은 샘플을 분석하기도 하며, 당초 채점을 부분 수정하거나 다시 채점을 한다.

AI기술이 발전하고 있어서 AI 기반 논술 채점 알고리즘을 개발하여 이를 활용하여 채점하면 신뢰성을 높일 수 있다. 미국의 경우, SAT 주관기관인 ETS는 E-rater는 TOEFL, GRE 등의 영어 글쓰기를 채점하는 평가 엔진으로 논술시험 자동 채점하고 있다. 미국 경영대학원 입학시험(graduate management admissions test' GMAT)은 구글이 개발한 AI 기반 논술채점 알고리즘을 활용하여 논술을 채점하고 있다.

넷째, 성적은 원점수, 백분위, 평균, 표준편차, 표준점수 등 산출하여 응시생에게 알려준다. 등급제 절대평가 기록도 병기(예, 90이상 7점, 80점~89점은 6점 등)하는 방법도 검토한다. 2022년 수능에서 영어, 한국사, 제2외국어/한문은 원점수 분할방식에 따라 1~9등급으로 표기되어 절대평가이다. 상대평가에서 나타나는 부작용, 즉 학생 진로와 관계없이 좋은 등급을 받을 수 있는 과목에 쏠림현상을 막을 수 있다. 1980년대 학력고사는 원점수 절대평가였고, 수능도 2004년까지 과목별 원점수를 알려주었다. 수능성적은 학생이 취득한 원점수와 같은 과목을 본 학생들의 득점분포를 표기하여 응시생의 상대적 위치를 파악토록 한다. 서로 다른 과목을 치른 학생들 간의 학업성취도 비교를 위하여 과목 난이도를 고려한 표준점수를 제공하여 서로 다른 과목을 본 학생들 간의 비교를 용이하게 한다. 등급을 구분하는 절대평가를 할 경우, 절대평가 기준선은 90점/80점/70점과 같은 고정 점수로 하면 문제 난이도 차이로 인해서 등급 비율의 변동이 커질 수 있다. 등급 비율의 급격한 변동은 입시에서 큰 혼란을 초래하므로 고정점수 방식이 아닌 측정학적으로 타당한 기준을 수능 주관기관에서 마련하여 적용한다.[37]

다섯째, 학생들과 교사들이 서·논술형 평가에 적응할 수 있도록 연수와 시험문항을 개발하여 지원한다. 교사들의 서·논술형 평가에 익숙히 않아 사교육에 의존할 가능성이 있으므로, 한국교육과정평가원이 현행 수능 모의고사처럼 정기적으로 "과목별 논술형 본고사 모의고사"를 실시하여 교사들의 서·논술형 평가를 지원하고 학생들의 새로운 수능 문제 유형에 적응토록 한다.

현재 일선학교 시험과 국가 시험에서 서·논술형 시험이 확대되고 있어서 학생들 적응과 교사들의 채점숙련도에는 큰 문제는 없다. 전국 수준 학업성취도 평가에서 서답형 문제를 출제하고 있다. 간단한 단답형에 풀이과정을 요구하는 서술형까지 출제하고 답안 수준에 따라 부분점수를 주고 있다. 시도교육청에서 서·논술형 평가를 늘리라고 일선 학교에 장학지도하고 있다. 예컨대 서울시교육청은 학기 단위 성적의 20% 이상을 서·논술형 평가로 실시하도록 학교에 권장하고 있다. 전체 평가의 40% 이상을 문제 해결 과정을 평가하는 수행평가로 실시하고, 지필고사의 20% 이상을 서술·논술형 문제로 내라는 게 핵심이다. 이전에는 '서술·논술형 평가와 수행평가 합산 비율 50% 이상'을 권장했는데, 올해는 교육청이 비율까지 정했다.

여섯째, 중장기적으로 전국 단위의 고교내신시험(가칭)을 개발하여 수능을 대체한다. 고교학점제가 2025년에 도입되어 고교에 정착되면, 고2, 고3 시기에 각각 전국 단위시험(현재의 모의고사와 같은 종류의 시험)을 실시하고, 대학에서 자율적으로 이 성적을 활용하여 선발한다. 전국 시험으로 내신점수를 산출하는 것은 고교 간 격차에 따른 학생의 피해 유발 방지를 위해서이다. 고교별 내신성적은 과목에 따라 전국 단위시험(외부평가)과 학교 자체의 평가(내부평가)을 합산하여 산출한다. IBDP처럼 과목에 따라 내부평가와 외부평가 반영비율을 정한다(예, 경제는 외부평가 80%, 내부평가 20%).

(3) 모집인원 20% 정도 사회통합전형으로 선발

수능이 수능Ⅰ(기초수학능력검사)와 수능Ⅱ(교과목별 학업성취도검사)로 나누어 타당도와 변별력을 띠게 되면 수능중심으로 대학입학전형은 이루어질 것이다. 학생부 중심 전형은 고른기회균등·지역인재 특별전형 선발에서 주로 이루어질 것이다. 2021년 고른기회 특별전형(농어촌, 저소득층 자녀 등)의 93%을 교과내신과 학종으로 선발하였다. 고등교육을 받을 기회를 균등하게 제공하기 위하여 대학은 고른기회 특별전형을 반드시 실시하도록 2022학년도 대학입학전형 기본사항에 명시하였다. 모든

표 5-5) 고른기회 특별전형 모집인원

(단위: 명)

구분	정원내	정원외	합계
2022학년도	29,103(8.4%)	24,443(7.1%)	53,546(15.5%)
2021학년도	23,344(6.7%)	24,262(7.0%)	47,606(13.7%)
2020학년도	22,442(6.5%)	23,885(6.9%)	46,327(13.3%)

출처: 한국대학교육협의회(2020.4.30) '2022학년도 대학입시 시행계획'.

대학이 모두 고른기회 특별전형을 운영하고 있으며 매년 선발 비율이 증가하는 추세이다. 〈표 5-5〉에서 보듯이 2022학년도 경우 정원내 8.4%, 정원외 7.1%로 고른기회전형 비율은 15.5%에 이른다. 모든 대학이 고른기회 특별전형을 운영하고 있으며 매년 선발 비율 증가하고 있다. 또한 지방대육성법 개정에 따른 지역인재 특별전형 선발인원이 증가하여 92개 대학에서 2022학년도에 20,783명을 모집하여 전체 선발인원의 6%에 해당한다.

2021년 8월 고등교육법이 개정되어 사회적 배려대상자 등 차등적인 교육기회 보상이 필요한 사람을 선발하도록 하는 사회통합전형의 운영 근거가 마련되었다. 2022년 3월부터 시행되는 개정안에 따르면 기회균형선발이 의무화되고, 수도권 대학 지역균형선발을 교육부장관은 권고토록 하고 있다. 차등적인 교육기회 보상이 필요한 사람을 대상으로 하는 입학전형("기회균형선발")이 전체 모집인원의 100분의 15가 되도록 정부는 대학에 강제할 수 있다. 수도권 대학의 경우, 지역균형발전을 위한 전형("지역균형선발")을 일정 비율 이상 운영하도록 교육부장관은 권고할 수 있어서 사실상 강제라고 할 수 있다. 그 모집비율과 선발방식은 대통령령으로 정하도록 하여 정부정책에 따라 지역균형선발 인원은 결정된다. 이에 교육부는 2022년 1월에 교육부 고등교육법 시행령을 개정하여 기회균등 선발 의무 모집비율을 10%로 정했다. 대학은 모집인원의 10%을 기회균등선별 전형을 통해서 시행령에서 정한 사회적배려대상 학생으로 충원해야 한다. 지방대학은 기회균형선발

의무비율 절반 5%까지 지역인재전형으로 갈음할 수 있다. 수도권대학은 지방출신 고교생을 10%이상 모집토록 권고하고 있다. 해당 전형은 학교장 추천을 받은 자를 지원 자격으로 하고 교과 성적을 위주로 선발하도록 권고한다. 이와 같은 지역균형선발과 고른기회전형 인원의 확대는 2024학년부터 적용된다. 경제·사회적 취약계층 등 배려대상자에게 형평성 있는 고등교육의 기회를 제공하고, 대학의 공공적 기능과 사회적 책무성이 강화하기 위해서 기회균등선발을 의무화하고 수도권대학 지역균형선발을 권고하고 있지만, 모집비율과 전형방식까지 규제하는 것은 대학의 학생모집의 자율성을 침해하는 내용이다.

6. 대학입시는 선발 자유제로 가야

가. 대입을 국가가 결정하는 것은 대학 자치 정신에 어긋나

'대학입시 결정권을 국가와 대학 중 누가 주도할 것인가'라는 주도권 경쟁에서 보면 세 가지 방식이 있다. 첫째는 대입결정을 대학이 독자적으로 하는 대학 관리체제다. 정부 수립 후 20년간 대학에 학생선발권이 있었다. 둘째 대학입시를 국가가 주도하는 국가 관리체제이다. 제5공화국 시절 1982학년부터 1994년까지 '대입학력고사'와 고교 내신성적으로 선발했다. 셋째, 국가와 대학이 대입관리를 분담하는 혼용 체제이다. 국가는 선발의 공정성을 위해 예비고사, 학력고사, 수능 등 국가고사를 운영하고, 대학은 자율성, 적격자 선발의 관점에서 대학별고사를 보는 경우이다. 겉 모습은 혼용체제이지만 국가가 통제와 간섭한다는 점에서 국가 관리체제라 할 수 있다.[38] 제3공화국 시절 1969년부터 도입된 대학입학예비고사 제도부터 대입관리에 국가가 개입한다.

대학에서 학생선발은 대학 자치의 내용에 해당한다. 대학의 자치는 교육과 연구의 본질적 임무를 수행하는 데 있어서 필요한 사항은 가능한 대학의 자율적

결정에 맡겨야 한다는 의미이다. 헌법재판소는 대학자치를 헌법 제21조 제1항의 학문의 자유와 헌법 제31조 4항에 근거한 헌법상 기본권으로 보고 있다.[39) 대학 자치의 내용으로 인사에 관한 자치, 관리·운영의 자치, 학사에 관한 자치, 교수의 신분보장 등이 포함된다. 학생의 선발에 관한 자주적결정권은 학점 인정, 학위수 여 등과 함께 학사에 관한 자치의 구성 요소이다. 헌법에서 대학의 자율성을 규정 하고 헌법재판소가 학생의 선발, 전형방법이 대학의 자율성에 포함된다고 하고 있 다. 학생선발권은 '각 대학이 건학이념과 교육목적에 맞는 인간상을 정립하고 그 에 따라 학생선발기준을 정하여 적격자를 선발할 수 있는 권리'로 개념을 정의할 수 있다.[40) 대법원도 학생선발에서 대학의 폭넓은 재량권을 인정하고 있다.[41) 그 러나 대학의 자율성이 헌법에 규정되고 헌법재판소가 학생의 선발방법이 대학의 자율성에 포함된다고 하였음에도 우리나라 대학의 학생선발권은 정부에 의해서 침해받고 있는 현실이다. 교육부의 '대학입학전형 기본사항'에 따라 대학은 입시안 을 마련하여 심사를 받아야 하며, 입시가 끝난 뒤에는 가이드라인을 잘 지켰는지 평가를 받는다. 사립대도 국립대와 똑같이 규제를 받아 사학의 자치는 인정되지 않는다.

나. 대입을 정치 도구화하지 말아야

대학입시가 정권에 따라 춤추고 안정을 찾지 못하는 이유는 정부, 대학, 고 교, 시민단체 들이 자기 가치와 이익을 반영하려는 정치적 투쟁을 벌이기 때문이 다. 우선 정부는 정책 만능주의 사고에 빠져 실험을 멈추지 않는다. 대입제도를 해 결하면 모든 교육문제가 풀린다는 환상과 정치적 발상을 갖고 이상적인 형태의 입 시제도를 도입한다. 다음 정부에서는 또 새로운 제도가 등장하여 변경 폐기되는 악순환이 되풀이된다. 그동안 고교교육 정상화와 사교육비 절감을 대입제도를 바 꾸는 이유로 내세웠지만 어느 하나 성공하지 못했다.

둘째, 진보단체·인사들은 대입을 대학의 평준화 수단으로 삼으려고 한다. 성적 등 실력으로 뽑게 되면 상위권 대학에 우수학생이 몰리는 것을 막을 수 없다는 판단에 전형자료의 변별력을 낮추려고 한다. 수능을 절대평가하고 자격고사화, 대입추첨제 전형, 국립대공동학위제, 대학통합네트워크 등이 이런 맥락에서 제안되고 있다.

셋째, 공교육의 정상화를 들어 대학의 자율적 전형을 반대하고 고교에서 생산한 전형자료로 합격자를 선발할 것을 주장한다. 고교에서 만든 전형자료, 즉 학교 내신과 비교과활동은 교사들에 의해서 평가되기에 교사의 평가권이 강화된다. 이는 교사의 학생 장악력 강화를 거친 표현으로 '교사는 갑이고 학생은 볼모'라고 할 수 있다. 대학입시가 고교의 정상적 운영과도 직결된다는 이유로 자율성보다도 학교교육 정상화에 더 큰 가치를 두어야 한다고 주장한다. 이는 대입자율화를 하면 '학교교육의 정상화' 가치가 소홀히 다뤄짐으로써 대학입시로 인한 학교교육이 황폐화된다고 믿는다. 여기서 '학교교육 정상화'는 대학의 식민지였던 고등학교를 대입에 차별화된 자율적 교육과정으로 독립시키는 동시에 입시위주의 주입·암기식 교육을 창의적, 자기주도적 교육으로 전환하는 것으로 정의한다.[42] 이와 같은 주장은 자기모순적이다. 인문계고교는 대입을 준비하는 대학예비학교 성격을 지니는데 대입준비를 나쁘다고 하는 것은 자기 부정이다. 대학 진학이 외의 다른 교육목적, 즉 취업을 위한 직업학교나 인성 교육을 위한 대안학교 등에 어울리는 논리이다. 암기는 학습의 기본이라는 점에서 암기·주입교육을 부정하는 것은 오류이다. 암기된 지식은 창의적 사고의 토대가 된다.

이상에서 살펴본 것처럼 지금까지 대입제도 변경 악순환이 우리에게 주는 교훈은 대입제도를 교육문제로 보지 않고 정치문제로 변질시켜 교육 외적 세력의 논리가 확대 반영되었기 때문이다. 이제는 대입제도의 주된 가치를 인재를 키워내고 대학 수학능력자를 가리는 기능에 두고 그 밖의 중등교육의 정상화, 사교육비 경감, 대학서열체제 완화, 학생의 학습부담 경감 등은 부차적인 정책목표로 두는 발상의 전환이 절실하다.

다. 대학이 학생선발권을 행사해야 대입의 안정성과 대학의 특성화를 이룰 수 있어

미국 심리학회장과 와이오밍대학교 총장을 지낸 로버트 스턴버그(Robert J. Sternberg)는 통일된 대입 전형이 없고 각양각색인 선발방식이 미국의 위대한 장점이라고 평가한다.[43] 동일한 능력을 가진 지원자를 두고 다르게 평가하는 것이 미국 대학의 다양성을 이루는 데 기여하였다고 본다. 대학마다 추구하는 인재상과 교육목표에 적합한 학생을 선발할 수 있도록 대학에 자율성을 부여해야 특성화된 대학의 모습을 기대할 수 있다. 정치적 이유로 대학의 자율성을 막는 것은 대학을 특성화시키고 창의인재를 양성하는 것과 거리가 멀다. 더욱이 정부가 대입에 간섭하는 것은 국제 규범에도 어긋나고 대학의 학생선발권을 침해하는 것이 된다. 대학마다 추구하는 인재상과 교육목표에 적합한 학생을 선발할 수 있도록 대학에 자율성을 부여해야 특성화된 대학의 모습을 기대할 수 있다. 수능 창시자로 불리는 박도순 교수는 "대학들이 보다 자율적이고 다양한 방식으로 학생을 선별할 수 있는 기회가 주어져야 한다. 하나의 방식이 아니라 대학들이 여러 가지, 다양한 유형의 평가를 통해 학생들을 뽑으면 지금과 같은 일률적인 줄 세우기 서열 문화도 완화될 것이다"[44]라고 주장한다. 설득력 있는 주장이다.

대입의 자유화가 성사되더라도 대입에서 정부와 고교의 임무가 없어지는 것은 아니다. 대입적격자를 선정하는 데 있어 타당하고 객관적인 전형자료를 만드는 데 경쟁하여야 할 것이다. 정부는 타당하고 신뢰로운 대입전형자료를 생성하는 데 노력한다. 수능을 진로선택형으로 개편하여 수능 I(기초수학능력검사)와 수능 II(교과목별 학업성취도검사)로 하면 대다수의 대학들이 수능으로만 학생을 선발하는 수능중심의 전형이 확립될 것이다. 고등학교는 학생의 교과 성적뿐만 아니라 비교과 활동을 충실히 기재하여 대학에서 학생의 학업능력과 인성을 파악할 수 있도록 한다. 이는 수능으로 포착되지 않는 학생의 인성과 발전가능성들을 파악하는 데 소중한 자료로 쓰일 것이다. 대학은 필요하면 전공분야 학업 수행 능력을 평가하기 위한 면접시험(구두 논술 등)를 쳐서 학습 수행능력을 가린다. 이는 그동안 '대입 3불(不) 원칙' 중에서 기여입학제를 제외하고 대학 본고사와 고교 차이 인정(소위 고교등급제)을 허용하는 것을 의미한다. 이들 전형자료-수능Ⅰ, 수능Ⅱ, 대학 자체 고사, 학교생활기록부 등-를 어떻게 활용할지는 대학에서 결정토록 한다. 그러면 대입은 크게 4가지 유형으로 정착될 것이다. 첫째 유형은 수능성적 위주로 뽑는 방식(수능Ⅰ만 반영, 또는 수능Ⅰ과 수능Ⅱ), 둘째는 학생부 기록을 토대로 선발하는 방식, 셋째는 수능과 학생부를 일정 비율로 합산하여 선발하는 방식, 넷째는 수능과 대학자체 시험으로 뽑는 방식이다. 이와 같은 입시제도의 자율화가 이루어지면 내신 절대평가제와 수능 성취평가제(절대평가)로 전환할 수 있는 여건이 마련될 것이다.

대학은 자율화에 부응하여 입시 선발에서 공정성과 투명성을 높이는 노력을 기울일 책임을 진다. 나아가 저소득층 자녀, 낙후지역 학생 등 소외계층에 대한 특별한 배려함으로써 기회 격차를 줄이는 것도 필요하다. 지성인의 집합체인 대학 사회의 학생 선발 능력과 양심을 믿어야 할 것이다. 대학을 믿지 못하고 국가가 대입을 좌지우지하면 대입은 정치 논리에 따라 춤출 것이다. 교육자의 자율적인 판단과 결정을 최대한 존중하고 학생 선발의 최종 책임은 대학에 있음을 선언할 때 우리 교육의 미래가 있다.

[부록 2] 수능 시험영역 및 성적표기방법의 변천

학년도	시험영역	성적표기	비고
1994	언어, 수리탐구, 외국어(영어)	원점수, 백분위	연 2회 실시 3개 영역 공통시험
1994~1998	언어, 수리탐구(Ⅰ), 수리탐구(Ⅱ), 외국어(영어)		복수 시행 폐지 (연1회 실시) 수리탐구 일부문항 계열별 출제
1999~2000		원점수, 표준점수, 변환표준점수, 백분위	수리탐구(Ⅱ) 출제 범위에 인문계, 자연계 선택과목 도입
2001	언어, 수리탐구(Ⅰ), 수리탐구(Ⅱ), 외국어(영어), 제2외국어		제2외국어 영역은 선택과목으로 도입
2002~2004	언어, 수리, 사회탐구, 과학탐구, 외국어(영어), 제2외국어	원점수, 표준점수, 변환표준점수, 백분위, 등급(영역/종합)	총점제 폐지, 등급제 도입
2005~2007	언어, 수리탐구(가형/나형), 사회탐구, 과학탐구, 직업탐구, 외국어(영어), 제2외국어/한문	영역/선택과목별 표준점수, 백분위, 등급	계열구분에 따른 응시 폐지 사회·과학탐구 4과목 선택 직업탐구 신설
2008		등급만 제공	
2009~2010		영역/선택과목별 표준점수, 백분위, 등급	
2011			EBS-수능 70% 연계 실시
2012~2013			사회·과학탐구 3과목 선택
2014	수준별 시험(국어, 수학, 영어 A/B형), 사회탐구, 과학탐구, 직업탐구, 제2외국어/한문		국어, 수학, 영어 수준별 시험 실시 사회·과학탐구 2과목 선택
2015~2016	수준별 시험(국어, 수학 A/ B형), 사회탐구, 과학탐구, 직업탐구, 영어, 제2외국어/한문		영어 수준별 시험 폐지

2017	국어, 수학(가형/나형), 영어, 한국사, 사회탐구, 과학탐구, 직업탐구, 제2외국어/한문	영역/선택과목별 표준점수, 백분위, 등급(한국사는 등급만 제공)	한국사 필수과목 국어, 수학 수준별 시험 폐지
2018		영역/선택과목별 표준점수, 백분위, 등급(한국사와 영어는 등급만 제공)	영어 절대평가 실시
2019			
2020			
2021			영어 절대평가 실시 국어 출제범위 중 언어와 매체 중 언어만 적용 수학 출제범위 조정
2022	국어, 수학, 영어, 한국사, 탐구(사회/과학), 직업탐구, 제2외국어/한문	표준점수, 백분위, 등급(영어·한국사·제2외국어/한문은 등급만 제공)	국어·수학·직업탐구에 공통+선택 구조, 사회·과학탐구는 계역 구분 없이 최대 2과목 선택 국어·수학·탐구는 상대평가, 영어·한국사·제2외국어/한문은 절대평가 수능 EBS 연계 50%로 축소하고 과목 특성에 따라 간접연계로 전환

출처: 김경범(2017), 학생 성장 중심의 중장기 대입 제도 개선 방안 연구, 교육부정책연구보고서, pp. 60~61.

사학에 자유를 주어
교육다양성 이루어야

" 자유 · 공정 · 다양성
4.0시대 교육정책 어젠다 "

1. 사학 경영자를 부도덕하게 인식해
2. 공공성을 내세워 규제를 늘려
3. 사립학교 교사 채용권까지 빼앗아
4. 사학에 자유를 주어 경쟁토록 해야
5. 설립자 기여도 인정해서 자발적 퇴로 열어야

제6장 | 사학에 자유를 주어 교육다양성 이루어야

1. 사학 경영자를 부도덕하게 인식해

文정부와 진보−좌파 교육감들은 사학경영자를 부도적한 존재로 본다. 사학의 비리와 분규가 지속해서 발생하고 유형이 반복적이며 구조적인 경우가 많아 규제를 강화해야 한다는 입장이다. 사학혁신방안을 성안하고, 사립학교법과 시행령 개정을 통해서 공립학교에 준하는 공적규제를 쏟아내고 있다. 반면에, 전 재산을 교육에 바친 사학경영자들은 일부 사학의 비리문제를 확대하여 모든 사학을 마치 범죄 집단처럼 취급한다고 반발한다.[1] 이처럼 상반된 입장에 대한 언론의 평가는 엇갈린다. 보수성향의 언론은 사학에 대한 옥죄기로 혹평한다. 동아일보는 "사학 옥죄는 정부… 대학들, 손발 다 묶으면 경쟁력 어떻게 키우나"[2]로 평가가 냉혹하다. 반면에 진보성향의 언론들은 오히려 사학의 공공성 강화에는 부족한 것으로 논평하고 있다. 경향신문은 "'사학혁신' 고삐 죄었지만 뭔가 부족했다"[3]로 더 강력한 규제책을 주문했다. 이처럼 사학규제에 대하여 가치를 같이하는 사람들이 집단 간 연합하여 집합적 논쟁의 형태를 띠어 대립적인 담론 구조를 형성하고 있다. 진보 성향의 교육감들은 사립학교의 공공성을 내세워 사립학교에 대한 지도·감독을

국·공립에 준하여 강화함으로써 사학의 운영의 자율성의 폭을 줄이려고 한다. 더불어민주당은 사학비리 척결과 족벌경영 해소를 들어서 사학의 인사·재정권을 제한하는 법률을 만들려 한다. 이에 사학과 보수 진영에서는 사립학교의 '공영화' 시도로 간주하고, 사학의 자율성을 침해하는 과잉입법이라고 반발하고 있다.

  이와 같은 대립 양상은 2005년에 열린우리당이 추진했던 사립학교법 개정을 둘러싸고 당시 야당인 한나라당뿐만 아니라 사학과 종교계의 거센 반발에 부딪혔던 상황과 유사하다.[4] 당시 여당인 열린우리당이 민주노동당과 손을 잡고 야당의 반대에도 무릅쓰고 개방이사 제도 도입 등을 골자로 하는 사립학교법 개정안을 일방처리했지만, 1년 6개월 만에 규제를 완화해서 2007년에 사립학교법을 다시 개정함으로써 혼란을 빚은 바 있다. 사학규제의 대표적인 정책은 2019년 12월에 교육부가 발표한 사학혁신방안과 2021년 8월에 통과시킨 사립학교법 개정이다. 이들 내용은 2005년 사학개혁으로 추진되었으나 당시 야당과 사학의 반대로 담지 못한 과제를 대부분 포함하고 있어 논란은 증폭되고 있다. 사학 측에서 일부 사학의 문제점을 침소봉대하여 사학을 적폐 세력으로 낙인찍어 본격적인 손보기에 나서고 사학의 공영화를 추진하는 것으로 해석한다.

  참여정부에서 사학법 개정을 사학법인 속에 공공성을 내장하려는 시도로 해석하는 견해가 있지만, 반면에 사학의 자유를 박탈하는 의도로 해석하기도 한다. 제철웅 교수[5]는 당시 열린우리당이 사학비리 척결과 학교 구성원들의 학교 운영의 참여를 통한 민주화를 내세워 추진한 사립학교법 개정안의 특징을 세 가지로 정리하였다. 학교법인의 경영 권한 축소, 학교장의 권한 축소, 교직원 등에게 학교 운영 자치 권한 부여로 특징지었다. 이와 같은 개혁안은 세계적인 추세에 어긋나는 것으로 사학의 다양성과 자율성을 억압하고 사학의 하향 평준화를 고착시켜 교육의 경쟁력 약화를 초래할 것이라고 비판하였다.

2. 공공성을 내세워 규제를 늘려[6]

가. 문재인 정부는 사학의 공공성 강화를 역점과제로 추진

19대 대통령선거에서 문재인 대통령 후보는 사학정책에 관련하여 '공영형 사립대 전환 및 육성'과 '사학비리 척결'을 공약하였다.[7] 문재인 정부 출범 직후에 마련된 새 정부의 국정운영 기조를 담고 있는 "100대 국정과제"에는 공영형 사립대 단계적 육성·확대가 포함되어 있다. 공영형 사립대에 대한 정부의 정책은 발표되지 않았지만, 그동안 논의내용을 보면, 이사의 과반수를 공익형 이사로 선임하고 재정위원회를 설치하여 지배구조를 개선하면 중앙정부와 지방자치단체에서 운영경비의 20~25%를 지원하는 준공립 대학모델이다.[8] 사학 측은 재정지원을 빌미로 사립학교 운영권을 국가에서 탈취하는 것으로 사학재산권 침해로 보고 있는 제도이다.[9]

문재인 대통령은 사학을 보는 인식도 우호적이고 않고 사학 부조리 문제에 대하여 강한 문제의식을 갖고 있다. 2019년 6월 반부패 정책협의회에서 "교육부 감사 결과 일부 사학법인의 횡령과 회계부정이 드러났습니다. 교육부총리를 중심으로 관계기관과 부처가 힘을 모아 신속한 대응과 함께 근본적인 대책을 제시해 주기 바랍니다"라고 지시한 것이 이를 반영한다.[10]

2017년 12월 '사학혁신위원회'를 발족하면서 그 배경을 '사학의 위법·불법행위 및 도덕 해이 심각'을 들고 있는 점을 볼 때 현 정부의 사학에 대한 인식은 매우 부정적임을 알 수 있다. 김상곤 전 부총리는 사학혁신위 출범식에서 "문재인 정부에서는 사학비리 근절을 통한 교육민주주의 회복을 주요 국정과제로 선정하였고 세부 정책들을 마련하고 있다"고 하면서 사학비리 근절을 강조하였다. 유은혜 부총리도 2020년 신년사에서 "유아교육 공공성 강화 방안, 민주시민교육 활성화 방안, 고교 서열화 해소 방안, 일반고 역량 강화 방안, 고교학점제 추진, 학교공간 혁신, 대입 공정성 강화 방안, 사학혁신 방안, 대학·전문대학 혁신 지원 방안,

고졸 취업 활성화 방안의 10가지 정책은 각별히 챙기겠습니다"라고 천명하였다. 이처럼 사학의 공공성 강화 정책은 현 정부의 역점과제임을 확인해 주고 있다.[11]

나. 사학혁신방안은 규제 투성이

교육부가 2019.12.18. '사학혁신방안'을 발표하여 정부개입 확대를 통해서 규제를 확대하였다. 공공성을 강화한 이유를 살펴본다. 첫째, 한국의 사학 비중이 지나치게 높아 공공성이 강화되어야 한다는 논리에 근거한다.[12] 사립학교 비중이 높아진 이유는 정부의 학교설립 재원조달 부족을 민간 자본을 통해서 사립학교로 보충한 역사적 맥락을 고려치 않고 단순히 사립학교가 공교육에서 차지하는 비율을 들어서 공립학교에 준하는 정부 규제를 강조하는 것은 정당성이 부족하다. OECD 회원국과 비교하면 초등학교와 중학교는 비중이 작거나 비슷한 수준이고 다만 고등학교가 비중이 높다. 초등학교는 한국이 2%인데 OECD 평균은 15%이어서 오히려 비중이 적고, 중학교는 한국이 18%이고 OECD 평균이 14%이어서 비슷한 수준이며, 고등학교는 우리나라가 44%로 OECD 평균 19%보다는 상당히 높은 편이다. 이처럼 초등학교와 중학교에 대한 언급 없이 단순히 고등학교를 기준으로 매우 높다고 하는 것은 사실관계를 호도하는 것이다.[13] 사립학교 비중이 높다고 단순히 공공성을 강화해야 한다는 논리는 사학의 비중이 높지만 사학의 자율성을 보장하는 영국, 벨기에, 일본의 사례를 보아도 정합성이 떨어진다.

둘째, 사립학교에 대한 국가재정 지원 규모가 증가하고 대부분의 사립중·고는 정부의 재정결함보조에 의해서 운영되는 재정구조의 취약성을 공공성 강화 논리로 제시되고 있다. 사립초등학교와 자율형사립고·사립 외국어고등학교 등 자립적으로 운영하는 학교를 제외하고는 사립 중·고등학교 재정세입의 대부분을 국고보조에 의존하는 것이 사실이다. 이는 역사적으로 평준화 제도를 도입하면서 사립학교의 등록금을 공립학교로 수준으로 동결하고 이에 따른 재정부족액을 국가에서 보충해 주면서 사립의 국고 의존도는 심화되었다. 특히 2019년 2학기부터 고등학교 무상교육이 단계적으로 시행됨에 따라 사립고교의 세입구조는 공립고등학교와 유사해지고 있다. 이처럼 사립학교의 재정구조의 정부 의존도 심화는 정부 정책이 따른 결과이므로 국고에 의존하지 않고 재정 독립을 원하는 사립학교에 대한 등록금 책정 등 재정운영의 자율성을 보장해야 할 것이다. 2025년 자사고·외고·국제고의 일반고로 일괄전환이 대표적으로 사학의 재정 독립을 침해하는 정책이다. 42개 자사고와 16개 사립외고는 교육청의 보조금을 지원받지 않고 수업료와 재단 전입금으로 운영하여 학교당 약 40억~60억 원 정도 국민의 세금을 절약해준다. 자사고·외고·국제고 79개가 일반 사립고로 전환하면 5년간 1조 원에서 1조 5천억 원의 국고지원이 필요함에도 이를 폐지하여서 그동안 학부모와 사학법인이 부담해왔던 것을 정부가 국민 세금으로 대납하겠다는 것이다.[14] 또한, 사립대학에 대한 등록금 규제를 지난 12년간 지속하여 교육의 질적 수준 저하와 더불어 사립대학의 국가재정 의존도를 높이고 있다. 국가 스스로 사립학교에 대한 국고 의존도를 높이는 정책을 펼치면서 국가에서 지원하는 재정 규모 증가를 공공성 강화 이유로 드는 것은 자기모순이다.

셋째, 사학의 부정과 비리의 원천적인 차단을 이유로 사학에 대한 공적 규제를 강화하고 있으나, 사학비리는 해당 사학에 대한 감독권 강화와 처벌의 실효성을 제고함으로써 예방하고 재발을 차단하여야 하지, 그것을 사학의 자주성을 억제하는 근거로 활용하면 과잉규제라 할 수 있다. 이는 기본권의 주체가 자신의 기본권을 남용한다고 기본권 자체를 박탈할 수 없는 것과 같은 이치이다.[15] 일부 사학의 비리를 빌미로 사학에 대한 새로운 규제와 통제의 강화로 연결되는 것은 부적절하다.

사학혁신방안으로 강화된 규제를 따져 본다. 첫째, 현재 자문기구인 학교운영위원회를 심의 기구로 격상시켜 이사회의 기능과 권한과 충돌이 예상된다. 초중등교육법 제32조, 사립학교법 제29조(회계의 구분 등), 제31조(예산 및 결산의 제출)를 개정하여 사립학교 학교운영위원회의 법적 성격을 자문기구에서 심의기구로 격상하고 있다. 학운위의 심의기구화는 학교운영에 관한 의사결정구조에서 국·공립과 사립

학교의 구별을 없애려고 한다. 지방자치단체가 설립·운영해 지역주민이 학교운영
위원회와 같은 기구를 통해 관여할 수 있다고 보는 공립학교와 달리 사립학교는
그 설립의 주체는 물론 운영의 권리주체가 학교법인이고 운영에 따른 일체의 의무
와 책임도 학교법인에 귀속된다. 많은 시도에서 학운위에 정치·노조활동가가 위
원으로 참여할 수 있도록 하면서 이념이나 이익에 따라 학교 운영이 좌지우지되고
있어 학교장의 자율적 학교운영이 어렵게 되어 그 피해가 학생들에게 고스란히 전
가되고 있는 상황임을 감안할 때 심의기구가 될 경우 더 큰 혼란을 초래할 우려가
있다. 또한 대학에서 초중등학교의 학교운영위원회 기능을 담당하는 '대학평의원
회'의 심의사항에 사학법인 이사회 권한과 충돌을 피하기 위하여 예·결산, 교직원
인사에 관한 사항은 제외 있는 입법례(고등교육법 제19조의2)를 고려할 때, 학교운영위
원회에 학교법인 고유사무까지 심의토록 하는 것은 부적절하다. 이와 같은 입법례
는 선진국의 사학 전례에도 없는 것으로 이사회을 무력화시키는 법률 개정안이다.
학운위의 심의기구화는 2005년 노무현 정부의 사학법 파동 시 법률 개정을 추진
하다 무산된 사항이였다.

둘째, 시정요구 없이 임원 취소 요건에 배임죄 추가하고 기준을 낮추어 관할
청이 쉽게 임원승인취소의 길을 열었다. 사립학교법시행령 제9조의2를 개정하여
▲1천만 원 이상 배임·횡령 임원은 시정요구 없이 임원취임 승인취소하도록 하
고, ▲시정요구 없이 임원취임 승인취소할 수 있는 회계부정 기준을 수익용 기본
재산 30%(고등학교 이하는 50%)에서 수익용 기본재산 10%(고등학교 이하는 20%)로 낮추
었다. 사립학교법에 임원취소 사유로 명기되지 않은 배임죄를 추가하는 것은 법률
유보원칙에 위배되고, 1천만 원 이상 횡령을 시정요구 없이 이사 승인 취소 요건
으로 시행령에 규정하는 것은 사립학교법의 "비리정도가 중대한 경우"로 보기 어
려워서 법취지와 합치되지 않는다. 더욱이 배임죄는 처벌범위 불명확성으로 인하
여 학계에서도 폐지논란이 있는 형벌인 것을 감안할 때 시정요구 없이 임원승인취
소 요건에 배임죄를 추가하면 관할청의 남용 소지가 크다. 더욱이 법원판결로 법

죄가 확정되기 전에 관할청의 감사로도 시정요구 없이 임원승인을 취소하도록 할 수 있어 관할청의 재량권 남용을 막기가 어려워졌다.

셋째, 사립학교 직원을 반드시 공개채용하고 관할청의 징계요구를 따르도록 강제화하여 사학의 인사권을 제한하고 있다(사립학교법 제70조의3 내지 제70조의7). 친인척의 사립학교 직원으로 채용을 막는 수단으로 공개채용 의무화를 들고 있다. 사무직원도 교원과 같이 채용공고를 통해 공개 채용하도록 사립학교법을 개정하였다. 사립학교 사무직원은 본질적으로 사법상의 고용계약관계이므로 사무직원의 임면에 관한 사항을 정하는 것은 임면권자의 재량 행위에 해당한다. 사무직원의 공개채용 채용 여부를 포함하여 채용의 형식과 방법, 절차 등은 학교법인의 자율적으로 결정할 사항이다. 일본의 사립학교법에서는 교직원의 인사에 관련된 조항이 없다. 이는 사립학교 교직원은 노동계약에 의해서 체결된 피고용주이기에 일반 노동관계법의 적용을 받는다. 관할청은 제70조의2 제1항에도 불구하고 제48조 또는 제70조에 따른 검사·조사 결과 사무직원이 직무를 수행함에 있어 이 법이나 교육관계 법령 또는 해당 정관이나 규칙을 위반한 때에는 임용권자에게 제1항에 따른 관할 징계위원회에 해당 사무직원의 징계의결을 요구하도록 할 수 있다. 이 경우 요구받은 임용권자는 특별한 사유가 없으면 이에 따라야 한다. 관할청 요구대로 사학이 징계하지 않을 경우, 다시 징계를 요구할 수 있다.

3. 사립학교 교사 채용권까지 빼앗아[16)]

더불어민주당은 야당, 사학, 종교계의 극렬한 반대에도 불구하고 사립학교법 개정안을 2021년 8월 강행 처리하였다. 교육감이 사학의 교사 채용에 간섭하고 사학 통제가 한층 강화되어 사학의 생명줄인 자율성이 크게 위협받게 되었다. 사립학교는 자율성이 있어야 기독교·카톨릭 정신·불교정신을 토대로 한 교육, 그리고 수월성(엘리트)교육 등 국·공립학교에서 하기 어려운 특색 있는 교육을 구현할 수 있다. 그리고 자율성을 바탕으로 경쟁력을 길러 국가권력의 품속에서 획일화되고 안주하는 공립학교를 보완하고 이끄는 역할을 한다. 교육입국을 꿈꾸는 사람들은 자신의 독자적인 교육비전을 실현하기 위해 사립학교에 막대한 재산을 출연하는 것이다. 사학의 자율성은 학생선발, 교육과정 운영, 교직원 인사에서 나타난다. 1970년대 평준화로 학생선발권을 잃은 지 오래 되었고, 교육과정도 국가가 정한 틀 속에서만 짤 수 있으며 재정운용도 국가통제로 재량이 없다.

그동안 유일하게 유지하던 교사 인사권도 이번 사립학교법 개정으로 빼앗기게 되었다. 교사채용에서 핵심적 과정인 필기시험을 교육청에서 거머쥐기 때문이다. 필기시험은 한국교육과정평가원이 출제한 임용고사성적 순서이기에 설립이념인 종교적 믿음이나 교육관을 파악할 수 없는 것이다. 그래서 사학 측은 사실상 사립학교 교사 채용권을 박탈하려는 첫 단추라고 믿고 있다. 실제로 이재정 경기교육감은 신규 채용의 전 과정을 위탁하는 학교에만 교원 인건비 보조금을 지원하겠다고 밝혔다. 재정난 등으로 인건비 지원에 목매는 사립학교를 압박하여 인사권을 장악하려는 의도로 볼 수 있다.

민주당과 전교조·교사노동연맹은 채용비리를 막기 위해, 그리고 대부분의 사립학교 교사의 인건비를 국고에서 부담하기에 교사채용에 교육청이 간섭하는 것이 정당하다고 주장한다. 그러나 극소수 사학의 채용 비리를 내세워 사립학교의 인사권까지 뺏는 것은 권력 남용이다. 중학교 의무교육과 고교 평준화로 등록금을 제대로 받을 수 없어서 사학의 교육경비를 오래전부터 국가가 담당하였는데, 새삼 이를 이유로 드는 것도 설득력이 떨어진다. 더욱이 국민세금을 지원받지 않고 자립적으로 운영하는 사립초·자사고·외고·예술고 등 서울에서는 전체 사립학교의 10%가 넘는데 이들 사학도 교육청에 필기시험을 강제 위탁토록 하고 있어 법개정의 의도가 의심받는 것이다. 그래서 전국 17개 교육청 중에서 14개를 장악한 親전교조 교육감들이 건학 이념과는 동떨어진 좌편향 교사들을 보내 사학을 장악하려는 의도라는 주장이 대두되기도 한다. 좀 더 상세히 개정안이 지니는 문제점을 살

퍼본다.

첫째, 사립학교 신규교원 채용을 교육청에 위탁 강제하는 개정(사립학교법 제53조의2)은 사학의 혁신적 채용을 부정하고, 학교법인의 교원임용권을 크게 침해한다. 사립학교의 인사권은 학교법인의 고유권한이며, 학생모집권, 교육과정 편성권, 수업료 징수권이 정부에 있고 법인구성권에서도 개방이사 등 일부 권한이 정부에 있음에도 인사권마저 정부에서 행사하려는 것은 자유민주주의 원칙과 자유시장경제, 그리고 사적 영역에 대한 말살이다. 현실적으로도 종교학교나 예술학교 경우는 필기시험 없이 면접 등을 통해서 유능하고 건학이념에 합당한 자를 교원으로 채용하고 있다. 대입에서도 필답고사 없이 학교생활기록부 기록으로만 학생을 뽑듯이 사학에서 교원 채용에 필기시험을 강제하는 것은 적격자 선발을 저해한다. 더욱이 필기시험을 치를 경우 반드시 교육청에 위탁하도록 강제하고 있어 위탁자(학교법인)의 의사와 관계없이 수탁자(교육감)가 채용예정자를 사전에 거르는 역할을 하여 사실상 학교법인의 인사권을 박탈하는 것이다. 굳이 법령에 교육청에 공개채용 위탁이 필요하다면, 위탁 근거만 두어서 사학이 위탁 여부를 자율적으로 결정할 수 있도록 하고, 위탁할 경우 학교법인이 교육감에게 필기시험 합격자의 기본적 요건(예, 채용예정자수의 배수, 자격증 요구 등)을 제시하여 건학이념에 적합한 자를 선발할 수 있도록 한다.

둘째, 이번 개정 사립학교법에는 사립학교 교사 이외에 직원의 징계권까지 교육청에서 간섭하고, 공무원이 아닌 사무직원의 징계에 관해서 일일이 교육청은 간섭할 수 있다. 교육청의 말을 듣지 않으면 관선이사를 보낼 수 있는 무소불위의 권한까지 갖게 되었다. 관할청이 임원취임 승인을 취소하는 것은 사학의 자유와 권리를 중대하게 제한하는 것으로, 헌법 제37조 제2항에 따라 필요한 최소한의 범위 내에서만 행해져야 한다. 학교장에 비하여 학교의 경영에 관여하는 것이 거의 없는 교직원에 대하여, 그것도 징계 요구의 원인을 불문하고 징계요구에 불응할 경우 무조건 임원취임의 승인취소를 할 수 있도록 하는 것은 사립학교 징계위원회 존재 의의를 무력화하는 것으로, 위헌적인 법률 개정안이다. 또한 개정안은 사무직원의 특정한 중요 위반사항이 아닌 모든 위반사항에 관할청이 개입하는 것으로, 사학의 자주성·자율성을 심각하게 침해하는 것이다. 사무직원의 근무 관계는 본 질적으로 사법상의 고용계약관계이므로, 임면에 관한 사항을 정하는 데에는 임면권자의 고도의 재량권 행사가 허용된다고 할 것이기 때문에 현행과 같이 학교법인의 정관에서 정하는 것이 타당하다. 대법원도 사립학교 교직원은 기본적으로 학교법인과 근로계약에 의해 고용된 피고용자로 보고 있다.

이번 법개정은 국제적 규범과 배치되는 역주행이기에 공교육의 부실을 초래할 것이다. 이번 인사권 박탈과 규제 강화는 사학의 투자동기를 꺾고 교육혁신노력을 좌절시킬 것이다. 중학생 17%, 고등학생 42%(서울은 66%)가 다니는 사립학교의 쇠퇴는 우리 초중등교육의 부실로 이어지고 사교육 의존도를 높일 것이다. 국가가 사립학교 교사를 뽑아주는 나라는 자유민주주의 선진국에 없다. 미국과 영국에서는 정부가 사립학교 운영에 관여하지 않는다. 주식회사에 상장한 영리 학교까지 인정하고 있다. 우리 사립학교법의 모델이 된 일본은 사립학교에 학생모집, 회계운영, 교사채용에 재량권을 주어 공립학교와 경쟁토록 한다. 우리도 사립학교가 자율에 기반해서 국공립과 다른 교육혁신 모델을 창출하여 4차 산업혁명을 이끌 인재를 양성하는 선진국 대열에 합류하여야 할 것이다.

이제 다수결을 앞세운 '의회독재'와 맞서는 길은 헌법소원을 통해 위헌결정을 얻어내는 방법이 첫째이다. 헌법재판소는 '학교법인은 설립 취지에 따라 사립학교를 자주적·자율적으로 운영할 수 있는 자유를 가진다'고 판시하여 사학의 자유를 헌법상의 기본권으로 인정하고 있다.

4. 사학에 자유를 주어 경쟁토록 해야

국제적 평균보다 높은 공적 규제를 받는 우리나라 사학에 대하여 추가적인 규제는 사학의 자주성과 공공성의 불균형을 더 심화시킬 것이다. 관할청의 임원승인 취소·교비회계와 법인회계 구분 등 한국의 사학은 선진국과 비교하여 매우 큰 공적 규제를 받고 있다. 이에 더하여 인사권과 재정 운용에서 공적 규제를 강화하는 사학혁신방안과 사립학교법개정은 사학의 자유로운 경쟁을 통해서 교육혁신의 단초를 찾고자 하는 선진국의 노력과 정반대이다. 사립학교가 국공립과 다른 자율과 위험부담을 통해서 교육혁신 모델을 창출하여 4차 산업혁명을 이끌 인재양성과 지식창출을 선도하고 있는 국제적 흐름과도 배치된다. 사학 부조리 척결에 몰두하여 우리 교육을 지탱하고 있는 건전 사학을 육성하는 정책을 찾아볼 수 없어 안타깝다. 국제규범을 고려하고 시대 변화에 맞추어 사학의 경쟁력을 높일 수 있는 제도개선 과제를 다음과 같이 제시한다.

첫째, 학생 수 절벽에 대한 대책으로 사립학교의 해산을 지원하는 제도 마련이다. 우리나라는 OECD 회원국 중에서 지난 30년간 출산율 감소폭이 0.48명으로 제일 크고, 합계출산율도 1미만(0.84)인 유일한 나라이다. 연간 태어나는 아동 수도 1970년대 100만 명에서 2020년에는 27만 명으로 급격히 줄었다. 10년 뒤에는 학생이 지금보다 25% 더 준다. 학령아동절벽으로 지방대학을 중심으로 학생미달사태가 이어지고 있다. 2021년 전국 대학 신입생 미충원 규모는 4만여 명이고 2024년까지 미충원 규모가 지속 확대되어 미충원 인원이 10만 명에 이를 것이다. 그동안 사립대학 구조조정을 촉진하고 폐교대학 구성원들의 사회적 지원을 담고 있는 법안들이 18대 국회에서부터 20대 국회까지 11개 법률안이 발의되었으나, 폐교대학의 잔여재산 처리문제를 둘러싸고 국회의원들 간의 대립으로 입법이 이루어지지 못하고 있다. 사립대학이 학생부족과 재정난으로 정상적인 학교운영이 어려워 문을 닫는 경우에 잔여재산은 설립자 또는 정관이 지정하는 자에게 귀속토록 한다. 나아가 대학운영 위기에 처한 한계대학이 자진하여 폐교를 유도하는 차원에서 증여세의 감면 등 유인책도 고려해볼 만하다.

둘째, 법인회계와 학교회계의 통합이다. 학교에 속하는 회계(학교회계)와 법인의 업무에 속하는 회계(법인회계)로 구분하는 국가는 한국이 유일하다. 우리나라 사립학교법의 제정의 참조가 되었던 일본의 사립학교법에서는 학교경영회계와 수익사업회계로 구분한다. 우리나라의 학교회계는 교비회계와 부속병원회계, 법인회계는 일반업무회계와 수익사업회계로 구분, 교비회계는 등록금회계와 비등록금회계로 구분하여 회계 간의 전용을 엄격히 금지하고 있다. 국가가 설치한 서울대학교 법인에 법인회계와 교비회계를 구분치 않고 회계 단일화를 법률로 보장한 것처럼 회계 통합을 허용해야 할 것이다. 법인회계와 학교회계가 통합되면 법정전입금 부담문제도 자연스럽게 해결되고 학교업무에 관련된 법적 다툼 소송비를 교비로 지출하여 횡령죄로 처벌받는 문제도 해소될 것이다.

셋째, 관할청의 임원취임 승인취소 권한을 폐지하고 임원해임권고로 완화한다. 임원취임 승인취소 요건은 광범위하고 모호하여 관할청의 재량권 남용 일탈소지가 크다. 임원승인취소는 헌법상 보장되는 사학경영자의 학교운영권을 비록한시적·임시적이지만 박탈하는 것이므로 매우 신중하게 결정되어야 한다. 그러나 사학혁신방안에서 이사승인취소요건을 대폭 완화하여 관할청의 재량권을 확대하고 있다. 차제에 우리나라에만 존재하는 임원승인취소제도를 일본이나 대만의 입법례를 참조하여 관할청의 임원해임 권고로 변경해야 할 것을 제안한다. 일본은 관할청에서 사립학교심의회 의견을 들어서 임원해임을 권고할 수 있을 뿐이다.

넷째, 사학 정책형성 과정에 사학 대표자 참여를 법적으로 보장토록 한다. 사립학교법에 사립학교와 관련된 중요 정책이나 제도 등을 심의하기 위한 기구 설치가 명문화되어 있지 않아 정부 일방으로 사립학교 규제 정책을 생산하고 있다. 사립학교법에 가칭 "사학제도심의회"를 설치하여 사학 대표자의 참여를 보장토록 하여야 할 것이다. 일본의 경우, 문부성과 도도부현(시도)에 사학관계자 포함된 교육계 인사로 '사학심의회'를 설치하여 사립학교 설치·폐지 및 변경 등을 사전 심의토록 하여 사학행정권한의 남용을 통제하고 있다.

다섯째, 사립대학에 재정지원 기준을 법률로 정해서 안정적으로 지원받도록 한다. 시·도교육청의 풍족한 예산 사정에 비해 대학의 살림살이는 형편없다. 사립대학의 74%가 재정적자 상태이고, 정부 부담 GDP 대비 대학교육비 비율도 0.6%

에 불과해 OECD 회원국 평균인 1%에 비해 한참 부족하다. 그 결과 대학생 1인당 교육비가 초등학생의 90% 수준이다. 초중고교는 OECD 평균의 1.3배인데 고등교육은 66%밖에 안 된다. 대학교육비가 초·중등학교 교육비보다 적은 선진국은 없다. 사립학교에 대한 재정지원이 행정부의 재량에 맡겨져 정권에 따라 지원기준이 바뀌고 전 정부에서 만든 사업이 없어지는 일이 반복되고 있다. 더욱이 재정지원 사업을 무기로 등록금을 동결시키거나 입시정책과 연계시키며 구조조정을 강요하기도 한다. 이처럼 재정지원사업이 사학의 자유를 억압하는 수단으로 활용되는 것을 막기 위해서는 법률로 지원대상과 지원기준을 일본의 '사립학교진흥조성법'처럼 명확히 할 필요가 있다. 사립대학은 지원받을 수 있는 규모를 예측할 수 있어 보조금액을 고려하여 중장기 대학발전계획을 수립할 수 있는 것이다. 국세 교육세의 고등교육세로 개편을 통해 재원을 확보하거나, 현행 제도가 유지된다면 지방교육재정 교부금과 고등교육 관련 예산을 합산해 교육재정 교부금으로 일원화한다. 칸막이를 없애서 초·중등교육 재원과 대학교육 재원을 상호 융통하는 방안이다.

5. 설립자 기여도 인정해서 자발적 퇴로 열어야[17]

가. 학령인구 격감과 코로나로 폐교 위기에 몰리는 사립대학 증가하고 있어

고등교육 학령인구의 격감으로 학생 미충원 사태가 심각해져 문 닫는 대학이 현실로 다가왔다. 2021학년도에 대학지원자가 4만 명이 모자라고, 2024학년도에는 정원 부족이 10만 명으로 대폭 늘어난다. 대학의 모집정원을 2010년 57만 2천 명에서 2021년 47만 4천 명으로 줄였지만 학령아동 감소를 따라가지 못하고 있다. 미충원은 지방대학 및 전문대학을 중심으로 발생하고 있어, 지방 전문대학부터 재정난으로 폐교 위기로 몰리는 대학이 무더기로 나올 전망이다. 설상가상으로 코로나(covid19) 팬데믹은 대학의 폐교를 앞당기는 촉매제 역할을 하고 있다. 국내 학생의 부족을 메꾸던 외국인 유학생 수도 줄고, 평생교육강좌의 폐쇄로 단기 수강료 수입은 감소하는 반면에 방역 및 온라인 수업에 추가적인 지출이 늘어서 재정난을 악화시키고 있다. 지방대학의 폐교는 지역 인구 감소 및 지역 경제 위축으로 이어지고, 이는 다시 지역 내 다른 대학의 위기로 연결되는 악순환이 이어진다. 사립대가 고등교육에서 차지하는 비중이 절대적(전문대 98%, 대학 77%)이므로 사립대에 초점을 두고 이야기를 전개한다. 구조조정은 피할 수 없는 시대적인 과제이다. 과잉 투자된 자원을 감축(downsizing)하는 진통은 불가피한 것이다. '경쟁력 없는', '중복성 있는' 대학과 학과의 자연스러운 퇴출 및 구조조정을 지원하는 것이 최상의 방책이다.

그림 6-1 대학 입학정원 및 입학인원(추계)

(단위: 만 명)

자료: 교육부.

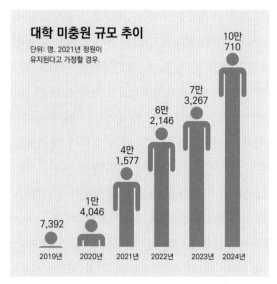

출처: 동아일보(2021.5.21.).

나. 18개 폐교대학 처리 과정에서 많은 문제 발생하고 있지만, 정부 와 국회는 손 놓고 있어

현재 폐교된 대학은 총 18개교에 이른다. 정부의 행정명령에 의해서 강제 폐쇄된 대학은 13개교(대학교가 8개교, 전문대학 4개교, 각종학교 1개교)이고, 자진 폐지한 대학이 5개교에 이른다. 강제 폐교되는 대학은 설립자의 교비횡령과 학사비리가 주원인이 되고 있지만, 자진 폐교한 대학은 학생 수 부족으로 경영위기에 처한 경우가 대부분이다. 학생 등록금 수입 의존도가 높은 사립학교에서는 등록 학생 수의 급감으로 재정수입 감소와 비용증가로 인한 수익성 악화가 자진 폐교의 주된 이유이다.

이들 폐교대학의 처리과정에서 여러 가지 문제를 발생시키고 있다. 폐교대학 재산처리 지연으로 채무처리 장기화, 교직원 임금체불과 고용안정 문제, 기존학생의 편입학과 관련된 학습권 보장 문제, 그리고 청산과정에서 소요되는 비용 조달문제 등이다. 첫째, 대부분 폐교대학들이 지방도시의 외각에 위치하고 있어서 접근성이 낮고, 근린시설과 지역상권이 없는 지역에 소재하여 교육용 용지에서 도시계획변경(용도변경 등)을 통해서 다른 용도로 변경하지 않으면 활용가치가 매우 낮아 재산매각이 이루어지지 않고 있다. 둘째, 재정악화나 비리로 폐교하는 대학에서는 교직원 재취업을 위한 교육, 타 교육기관으로 고용승계 등의 조치를 할 여력이 없는 경우가 대부분이다. 폐교대학의 자산 매각이 지연됨에 따라 교직원 임금 등 채무관계 정리가 늦어지고 있다. 셋째, 폐교되는 대학의 재적생들은 인근대학에 편입학하는 특례조치가 이루어진다. 그러나 편입학이 이루어지는 과정에서 학업을 포기하는 학생이 발생하고 학력차를 이유로 학생들의 편입학 희망이 거부되는 경우도 있다. 넷째, 폐교가 예고되면 등록 학생 수가 급감하고 이에 학교운영자금이 고갈되어 전기, 상하수도 요금 등 학교운영비와 직원 인건비 지급을 못 하는 경우가 발생한다. 이처럼 이들 폐교대학도 재산처리 지연으로 채무처리가 장기화되고 교직원 임금체불로 교직원이 고통을 받고 있다. 더욱이 폐교대학 인근의 상권은 무너진다. 학생과 교직원이 애용하던 식당, 카페, 원룸 등이 줄줄이 문을 닫아 지역경제가 타격을 입는다.

　　문제는 앞으로 학생 부족으로 대학이 문 닫고자 하여도 잔여재산을 대학경영자 의지대로 처분할 수 없어 폐교처리가 원만히 이루어질 수 없다는 점이다. 법적 미비와 정부의 무대책이 폐교처리 문제를 악화시키고 있다. 대학의 자발적 구조조정노력을 정책적으로 뒷받침하려는 노력이 없었던 것은 아니다. 사립대학의 자발적인 구조개혁을 촉진하기 위한 법적 근거를 만들기 위한 노력은 참여정부부터 시작되어 이명박 정부와 박근혜 정부를 거치면서 11개의 법안이 발의되었다. 번번이 현재 여당인 더불어민주당의 반대로 입법화되지 못했다. 학교의 경영자는 학교법인이며 누구도 학교법인과 학교에 대해서 사적 소유권을 법적으로 행사할 수 없으므로 학교법인이 해산하면 잔여재산은 국가에 귀속되어야 한다는 주장이다. 학교 자산 증가에 대한 학교법인의 기여도가 낮은 상황에서 잔여재산 처분권을 확대하는 것은 '특혜'로 주장한다.

　　문재인 정부는 박근혜 정부의 강제적 정원 감축보다는 정원 조정을 대학 자율에 맡기고 있다. 이는 시장의 자율조정기능에 맡긴다는 점에서 행정명령으로 강제로 대학 정원을 줄이고 재정지원을 제한하는 정책보다는 진일보된 것이다. 그러나 학생 수 감소와 재정난으로 문 닫는 사립대학에 대한 퇴로 마련이 빠져서 자율적인 구조조정 대책이라 볼 수 없다.

다. 폐교재산 처분의 재량권을 보장하여 자발적인 구조조정 촉진해야

현행 사립학교법은 사학 법인이 해산할 때 남은 재산은 다른 교육기관에 이전하든지 아니면 국고(한국사학진흥재단)나 지방자치단체에 귀속시키도록 규정해 대학 경영자의 재산 처분권을 제한하고 있다. 2021년 8월 사립학교법 개정으로 대학을 운영하는 학교법인 재산은 한국사학진흥재단의 청산지원계정에 귀속된다. 귀속기관이 국가에서 한국사학진흥재단으로 변경되었지만 사익은 보호되지 않는다. 재정난을 겪고 있는 사립대학이 스스로 문 닫는 걸 꺼리게 하는 규제 조항이다. 사법부는 기본적으로 학교법인을 재단법인으로 보고 학교법인 재산의 사유성을 인정하고 있다. 대법원은 "학교법인은 민법상 재단법인의 일종으로서 재단법인법의 영역에서 사적 자치의 자유를 누리고, 또한 국가에 대한 관계에서 기본권을 주장할 수 있는 사법인으로서의 성격을 갖고 있으며, 구체적으로 사학의 설립 및 운영의 자유, 재산권 등이 인정된다"고 판시하고 있다(대법원 2007.5.17. 선고 2006다19054). 쟁점은 사학의 자유 보장과 공공성 요청 간의 관계에서 사립학교 재산권을 어느 정도 제한하느냐 하는 것이다. 헌법재판소는 시대적 배경과 국가정책에 따라 상당한 입법재량을 인정하고 있다. 따라서 입법을 통해서 폐교대학의 잔여재산처리에서 학교법인에게 부과하는 제한은 최소화하고 처분의 재량을 부여할 필요가 있다. 사립대학이 학생부족과 재정난으로 정상적인 학교운영이 어려워 문을 닫는 경우에까지 학교법인의 의사에 의해서 처리되것을 막는 것은 재산권에 대한 과도한 제한으로 볼 수 있다. 즉 학생들을 교육하는 물적인 토대로 사용될 수 있도록 대학의 재산권을 제한하고 있으므로 사립대학이 더 이상 교육적 기능을 하지 않을 경우는 공교육보호라는 공익보다는 출연자의 재산에 대한 사익을 보호할 필요성이 커진다.

　대학운영 위기에 처한 한계대학이 자진하여 폐교를 유도하는 차원에서도 잔여재산을 출연자나 출연자가 지정하는 자에게 귀속시키도록 하고 증여세 감면 등 유인책도 고려해볼 만하다. 사립대학의 스스로 퇴출을 위해서는 사립대학 출연자가 경영권을 포기할 만한 유인을 제공해줄 필요가 있고, 폐교로 인한 교직원 체불임금 해결 및 청산에 소요되는 비용을 마련하기 용이한 방법이기 때문이다. 이와 같은 조치는 학교법인 재산에 대한 사적 소유권을 인정하는 것으로 비영리법인 본질에 반하여 설립자에게 특혜를 준다는 주장이 있으나, 원만한 자진 폐교가 요구되는 현실적 필요성과 설립자에 의해 형성된 학교재산이 더 이상 필요가 없어져서 설립자 의사에 따라 처분하는 것이 학교재산의 사유성을 인정하는 헌법정신에 부합하다고 할 것이다.

　잔여재산 처분한도를 정하여 설립자에게 돌아가는 재산한도를 정하자는 주장이 있다. 예컨대 2014년 발의된 김의정 의원 「대학 평가 및 구조개혁에 관한 법률안」에서는 잔여재산 순자산가액에서 등록금 환불액, 명예퇴직수당 또는 보상액, 폐교대학의 소속 교직원이 면직하는 경우 생계안정·재취업 및 직업훈련 등의 비용, 그리고 폐지되는 대학에서 국가예산으로 구입한 재산을 공제한 금액을 하고 있다. 또는 설립자 등에 대해서는 귀속되는 금액이 설립자 기본금을 초과하지 않도록 제한하고 있다. 그러나 귀속재산의 한도를 정하는 것은 실효성이 떨어질 수 있다. 1997년부터 2006년까지 한시적으로 적용되었던 소규모 중고 사립학교 폐교 촉진 사업 사례는 좋은 시사점을 둔다. 초기에는 국고(지방비) 지원 금액을 잔여재산에서 공제하였으나 현실적으로 보조금액을 산출하기 곤란할 뿐만 아니라 유인책 부족으로 폐교사업에 학교법인의 호응도가 낮아서 국고보조금액 공제를 철회하고 오히려 해산 장려금을 주어서 31개 법인, 36개 학교(유치원 1개, 중학교 24개, 고등학교 8개, 고등기술학교 3개)를 원만하게 폐교처리한 사례를 교훈으로 삼아야 할 것이다.

참고로 잔여재산 귀속 특례에 관한 입장차이는 아래와 같이 정리된다.

첫째는 학교법인 잔여재산의 전부 또는 일부를 귀속주체의 제한 없이 잔여재산처분계획서에서 정한 자에게 귀속시키도록 하자는 주장이다. 나아가 자발적인 퇴출을 촉진하는 차원에서 국가는 해산인가 신청 당시 학교법인이 보유하고 있는 기본재산 감정평가액의 100분의 30 이내의 범위에서 해산장려금의 지급하거나 해산인가 신청 당시 학교법인이 보유하고 있는 기본재산 중 학교교육에 직접 사용되었던 재산의 매입을 주장하기도 한다. 이는 소규모 초·중·고를 운영하는 사학법인에 1997년부터 2006년까지 한시적으로 부여했던 잔여재산 환원에 관한 특례조항을 사립대학의 폐교에도 적용하자는 논리이다.

둘째는 해산법인의 잔여재산의 처분범위를 현행 학교법인이나 교육사업을 경영하는 자에서 공익법인, 사회복지법인, 직업능력개발훈련법인, 평생교육시설 등으로 확대하는 방안이다. 18대와 19대 국회에 발의된 법률안들이 잔여재산 귀속주체 범위는 다소 차이가 있으나 공동적으로 제안하고 있는 사항이다.

셋째, 잔여재산의 귀속주체를 현행처럼 제한하고 학교법인의 임원 등이 횡령 또는 배임의 죄를 범하고 사립학교의 운영에 중대한 장애를 야기하여 해산하는 경우에는 그 잔여재산 중에 국가 또는 지방자치단체로부터 받은 보조금 등을 환수하도록 하자는 주장이다. 이는 서남학원(서남대) 이사장의 횡령 사건으로 해당 학교가 폐교 위기에 처해진 사례에서 보듯이 해당 학교의 폐교가 확정될 경우, 정관에 따라 그 가족이 세운 다른 학교법인에 그 잔여재산이 귀속되는 것을 막겠다는 취지이다. 그러나 재단과 학교의 회계가 분리돼 있는 제도에서 학교 회계에 대한 부정을 이유로 학교법인 재산을 국가 귀속하는 것은 과잉금지 원칙에 위배된다는 주장이 제기된다.

넷째, 학교의 경영자는 학교법인이며 누구도 학교법인과 학교에 대해서 사적 소유권을 법적으로 행사할 수 없으므로 학교법인이 해산하면 잔여재산은 국가에 귀속되어야 한다는 주장이다. 즉 설립자와 학교법인 간의 지위독립성을 가지므로 설립자가 재산을 출연하여 학교법인이 설립되는 시간부터 학교경영자는 학교법인이 되고, 설립자는 사립대학과의 관계가 단절된다. 잔여재산의 귀속에 대한 특례는 공공목적을 위해 무상 기증된 재산에 대해서 소유권자를 창설해 주는 것으로 간주한다. 더욱이 학교자산 증가에 대한 학교법인의 기여도가 낮은 상황에서 잔여재산 처분권을 확대하는 것은 '특혜'로 주장한다.

라. 폐교대학 교직원에 대한 사회적 안전망과 학생의 학습권보호 강화해야

폐교대학의 교직원에 대한 사회안전망은 다음과 같이 구축할 수 있다. 첫째는 체불임금 지급할 수 있는 재원마련이다. 임금채권 우선변제권을 보장키 위해서 학교자산을 담보로 소요자금을 대여받을 수 있도록 공적기관이 지급보증을 하거나, 또는 기금을 조성하여 이 기금으로부터 선 지급하고 학교자산을 매각하여 변제받는 방식을 상정할 수 있다. 이와 같은 기능을 하는 기관이 지정되면(예컨대, 한국사학진흥재단) 법률개정을 통해서 선지급 및 우선변제권 승계를 위한 조항 신설이 필요하다.

둘째는 일자리 상실에 대한 해고위로금으로서 면직보상금 제도의 도입이다. 폐교대학의 교직원은 사립학교교직원연금법에 따라 퇴직연금 또는 퇴직일시금과 퇴직수당을 수령한다. 사립대학에 10년 이상 재직한 경우는 폐교되면 사립학교연금법에 따라 연금개시연령(65세)과 관계없이 연금을 수령하게 된다. 이는 공무원연금법 43조에 규정된 직제와 정원의 폐지 등으로 직위가 없어지거나 정원을 초과하는 인원이 생겨 퇴직한 때부터 5년이 경과하면 퇴직연금을 받을 수 있도록 하는 규정을 준용하기 때문이다. 그러나 사립대학 교직원은 고용보험법상 실업급여 제도가 적용되지 않고 유사직종에 재취업도 어려운 것이 현실임을 감안하여 학교법인이 부담하는 면직보상금 도입이 필요하다. 이는 학교경영진의 비위나 경영실책으로 폐교에 이른 데 대한 학교법인이 고용주로서의 도의적 내지 경영상 책임을 해고 위로금형태로 지급하는 것이다. 해고위로금으로서 면직보상금은 학교법인과 교직원 단체 간의 합의에 기초한 단체협약 또는 취업규칙으로 정하도록 한다. 학교법인의 자산으로 면직보상금을 지급할 여력이 없는 경우에는 국가가 조성한 기금에서 선 지급 후 학교자산 매각을 통해서 사후 환수토록 한다.

셋째, 폐교대학의 직원에 대한 전직훈련 지원을 위한 고용보험법 확대 적용이다. 폐교가 예정된 대학 직원들의 고용보험료를 학교법인이 납부토록 하여 고용보험법상 고용안정·직업능력개발사업의 지원대상이 되도록 하기 위한 고용보험법을 개정하여야 할 것이다. 폐교대학 직원은 전직준비에 필요한 IT교육 등 기타 직업능력개발 관련 각종 서비스 이용권을 확보할 수 있는 것이다.

넷째, 폐교대학의 교원은 고학력이고 고령자가 다수여서 다른 직종으로 전직이 용이치 않은 점을 고려하여 기존제도를 활용하고 특별채용제도를 활용하는 국가정책적인 배려가 필요하다. 고학력자의 고급두뇌 활용시스템을 구축한다는 차원에서 폐교대학 교수에 대한 지원책이 마련되어야 할 것이다.

폐교되는 대학에 재학중인 학생들에 대한 학습권보장을 강화하는 조치가 요구된다. 2014년 4월에 고등교육법시행령 제29조를 개정하여 특별편입학에 대한 근거를 만들고 편입학 학생은 정원 외로 처리토록 하여서 편입학을 받아들이는 대학에 인센티브를 주고 있다. 특별편입생은 졸업 시까지 한시적으로 별도정원으로 인정되는 것이다. 그리하여 2018학년도 폐쇄된 3개 대학의 특별편입학 비율은 82.9%의 높은 수준을 보이고 있다. 그러나 폐교학생에게 편입할 대학의 선택폭을 넓혀주고 사전 적응 프로그램을 제공하여 학습권을 최대한 보장할 필요가 있다. 특별편입할 수 있는 학과를 인근대학의 동일 유사학과로 한정하지 말고 전국의 대학으로 확대하고 전공 제한도 폐지하여 선택폭을 확대한다.

마. 입법을 서둘러야

현행 사립학교법 등 사립대학을 규율하고 있는 법령은 고등교육 양적 성장기에 틀이 형성된 법제도이다. 이제 학령인구의 급감과 재정 축소에 따른 구조 조정기에 조응하여 사립대학 폐교 처리를 위한 법규정비가 시급한 실정이다. 그동안 사립대학 구조조정을 촉진하고 폐교대학 구성원들의 사회적 지원을 담고 있는 법안들이 18대 국회에서부터 20대 국회까지 11개 법률안이 발의된 점이 이를 반증하고 있다. 그러나 폐교대학의 잔여재산 처리문제를 둘러싸고 국회의원들 간의 대립된 입장 차이를 좁히지 못하고 있어 폐교처리 관련 입법이 이루어지지 못하고 있다. 폐교대학 처리 사항에 대한 입법 미비 상태에서 관할청 행정명령으로 사립대학 폐교가 이루어져 교직원 임금체불, 학생의 학업 중단 등 폐교대학의 구성원들의 피해는 늘어나고 있다. 또한 대학구조개혁 관련 법이 제정되지 않은 상태에서 행정명령식으로 대학을 평가하고 정원감축을 유도하고 재정지원을 제한하는 것은 사립대학의 자율성을 침해한다는 법적 시비가 제기되고 있다. 이제는 국회가 나설 차례이다. 자진폐교대학에 재산처분에 자유를 주고 교직원에 대한 사회 안정망을 구축하는 동시에 학생들의 학습권을 보호를 강화하는 법률이 조속히 입법화되길 기대한다.

교직사회 공정한 경쟁으로 활력 넘쳐야

" 자유 · 공정 · 다양성
4.0시대 교육정책 어젠다 "

1. 평준화 교원인사제도로 선생님들 열정을 이끌어 내지 못해
2. 직무중심으로 교사의 임금체계 개편해야
3. 순환전보와 폐쇄성에서 벗어나야
4. 교원평가 제대로 해야

교직사회 공정한 경쟁으로 활력 넘쳐야

1. 평준화 교원인사제도로 선생님들 열정을 이끌어 내지 못해

가. 우수한 교사들의 열정을 이끌어 내지 못해

"교육의 질은 교사의 질을 넘어설 수 없다"는 말을 자주한다. 교육의 성과는 교사의 역량과 열정에 좌우된다는 의미이다. 교원정책은 우수한 교사를 채용하여 이들의 교사의 역량을 키우고 열정을 이끌어 내는 작업이라 할 수 있다. 국가나 학교법인 입장에서는 우수한 교사를 채용하여 이들의 능력을 향상시키고 사기를 북돋아 열심히 학생지도에 매진토록 하는 것이다. 교사입장에서는 생계수단을 넘어서 교직에서 보람을 느껴야 한다. 우리나라는 무엇보다도 스승을 존중하고 교권을 중시해온 문화가 있었고, 이는 열악한 근무조건을 교육자들이 감내하는 데 큰 동인이 되었다. 2, 3부제 수업, 6.25 한국전쟁 중에 천막 수업, '섬마을 선생님'으로 회자되는 도서벽지 교육 등 사명감과 헌신으로 임한 많은 선생님들의 노력이 오늘의 한국교육의 성장의 원동력이 되었다고 볼 수 있다. 우리나라는 1990년 이전에는 우수한 교사확보에 급급했던 시절을 보냈다. 70년대에는 급속한 성장으로 사범대졸업생이 교사로 근무보다는 일반기업이나 은행으로 취직을 선호하였다. 교직보다 처우가 좋은 기업으로 교사의 이직율도 10% 가까이 되어 교원의 처우와 사기가 주요 정책현안이었다. 교직은 잠시 들렸다가 떠나가는 정류직업(stationary job)이라는 자조적인 표현이 회자되기도 하였다. 1979년 대한교육연합회의 "교원정책의 당면과제" 보고서에 따르면 초등학교 교사의 사회적 서열은 조사대상 작업 32개 직업 중 25위였고, 중등교사는 21위에 머물었다.[1] 세상이 변하여 교사는 인기직업이 되었다. 교육부와 한국직업능력개발원의 '2020년 초·중등 진로교육 현황조사'에 따르면 교사는 부동의 1위를 차지하고 있어 70년대의 일은 격세지감이 느껴지는 옛날 이야기라고 할 수 있다. 2020년 고등학생이 꿈꾸는 직업 1위는 교사, 2위 간호사, 3위 생명·자연과학자 및 연구원이었다. 중학생의 경우, 희망하는 직업은 2020년과 2019년 모두 1위 교사, 2위 의사, 3위 경찰관이었다. 초등학생이 꿈꾸는 희망직업 1위는 운동선수, 2위는 의사, 3위는 교사였다.

이처럼 교사가 학생들에게 인기 직업으로 계속 선택되는 것은 선생님을 자주 접해서 직업의 친근성도 있지만 그동안 정부의 교권존중 정책의 영향도 컸다. 물론 정부 통제 속에서 억압되거나 다른 공무원같이 고통을 분담한 사례도 있었다. 1989년 교육민주화를 외치며 교원노조 설립을 주도한 교사 천오백여 명이 파면되었다가 김영삼 정부 출범과 함께 복직되는 아픈 역사도 있었다. IMF 금융위기 이후에는 교원정년이 세 살 줄어 62세로 하향되었고, 교원성과급제도가 다른 공무원과 함께 도입되었다. 2005년에는 교직단체의 반발 속에서 학생·학부모가 선생님을 평가하는 교원능력개발평가제도가 도입된다. 그러나 이는 다른 직종에 비해 경쟁이나 구조조정이 상대적으로 크지 않고 안정적으로 운영되고 있음을 말한다. 예컨대, 한국직업능력개발원이 발표한 '일반 취업자와 교사의 직무수행 태도 비교'(2020년 10월)에서 '열정'은 일반 취업자보다 낮게 나타났다. 이에 대해 연구진은 '고용이 안정돼 있고 매년 반복적인 직무를 수행하는 직무특성이 반영된 것으로 보인다'고 분석했다.

최근에는 교사가 되기 위해 치열한 경쟁을 한다. 중등은 과목에 따라 편차가 있지만 10 대 1의 경쟁률을 보이고 있다. 사범대를 졸업하고 2~3년을 더 공부해야 임용고사에 합격할 수 있을 정도로 어려워 고시(考試)에 빗대어 '임용고시'라고 부른다. 더욱이 교직에 대한 여학생들의 선호도는 매우 높아 교대·사대에 입학하는 학생들의 학력수준이 상위 10% 이내에 들어서 우수한 예비교사를 양성하고 있는 것이다. 이는 유능한 인재를 교사로 확보(people challenge)하는 데는 성공하였다는 의미이다. 반면, 우수인력이 기피하던 시절의 인사시스템, 즉 연공과 형평 중시하여 설계된 교원봉급여와 인사체제를 유지하고 있어서 능력과 성과에 대한 유인보상체제가 미흡하다. 경쟁시스템이 부재한 교직문화(workplace challenge)로 인해서 사교육기관에 뒤지는 현상이 발생하고 있다. 즉 학교가 무기력해진 것은 교원의 무능이나 나태에서 기인하는 것이 아니라 승진·전보 등 인사제도와 봉급체계가 잘못 설계되어 있기 때문이라 할 수 있다.

나. 국민들의 교사 신뢰도는 고등학교로 올라갈수록 떨어져

한국교육개발원은 전국 성인남녀(19-75세) 5,000명을 대상으로 1999년부터 교육여론조사를 실시하고 있다. 2020년 실시한 교육여론조사(2020 8.31-9.25)에 의하면 교사에 대한 신뢰도는 낮고 고등학교로 갈수록 떨어지고 있다. 초·중·고등학교 교사들의 능력과 자질에 대한 신뢰 정도를 묻는 질문에 전체 응답자는 신뢰한다(매우 신뢰한다+신뢰한다) 22.2%, 보통이다 53.7%, 신뢰하지 못한다(신뢰하지 못한다+전혀 신뢰하지 못한다) 24.1%(평균 2.95/5점 만점)에 이른다. 이를 점수로 환산하면 5점 만점에 2.95로 겨우 보통 수준에 머물고 있다. 학교급으로 보면 학교평가와 같이 학교급이 올라갈수록 교사의 신뢰도는 떨어지고 있다(2.95(전체): 3.05(초)-2.90(중)-2.77(고)). 특히 고등학생 학부모의 경우 신뢰한다 19.6%, 보통이다 42.1%, 신뢰하지 못한다 38.3%로 응답하여(평균 2.73) 불신이 크다.

다. 정부는 근본적인 교원정책에 손 떼

문재인 정부는 정권 말기에 국가교육회의를 통해서 예비교사 수를 줄이는 "초중등 교원양성체제 개편"을 추진하고 있다. 그러나 골치 아픈 구조조정은 다음 정부로 떠넘기고 있다. 그 내용을 보면 학령인구 감소에 맞추어 교원양성 규모를 줄이는 것이 핵심이다. 일반대 교직과정을 없애고 교육대학원을 교사 재교육기관으로 개편하여 사범대를 나와야 교사자격을 취득할 수 있도록 할 계획이다. 사범대는 국어, 수학, 영어 등 공통과목 중심으로 교원을 양성하고 일반대학의 교직과정은 전문교과, 제2외국어, 선택·신규분야 등으로 제한하는 것이다. 즉, 앞으로 중·고교 공통과목 교사가 되려면 사범대를 졸업해야만 한다는 말이다. 교육실습을 강화해 '실습학기제'를 도입한다. 실습학기로 재학 기간이 4년 1학기가 될 수 있어 시범운영을 거쳐 6주기 교원양성기관평가에 따른 정원조정이 이루어지는 2026학년도 입학생부터 적용할 예정이다.

이는 교원정책의 우선순위가 뒤바뀐 것이다. 평준화 인사제도로 유능한 교사들이 능력을 발휘 못 하고 있으므로 현직교원에 관한 보수, 평가, 승진 등 인사제도를 재설계하여야 한다.

2. 직무중심으로 교사의 임금체계 개편해야

가. 초봉은 적지만 15년 차는 OECD 평균보다 1,000만 원 많아[2)]

우리나라 교원 보수제도는 2001년 성과상여금 제도를 도입한 것 이외에는 큰 변화 없이 기본급 인상과 수당 단가를 인상하는 정도에서 1987년에 설계된 단일호봉제(single salary schedule)의 연공급 보수체계를 유지하고 있다. 단일호봉제는 교원의 직무특성상 직위별로 직무 곤란도나 책임도가 크게 다르지 않고, 교원의 근무연수와 공헌도와의 정(正)의 관계를 전제하고 있다. 또한 교원 수당 종류는 15종 12류(수당 외 가산금)로서 다른 공무원에 비하여 수당의 종류가 다소 많아, 봉급(기본급)과 수당이 1:1로 구성되어 있다. 그러나 근속연수, 학력 등 속인적인 요소에 따라 봉급이 결정되는 연공서열적 봉급체계는 직무수행 노력이나 성과를 반영하지 못하기에 교사의 직무동기를 고취시키는 데 한계가 있다는 비판이 지속적으로 제기되고 있다.

　"OECD 교육지표 2021"을 보면, 우리나라 초·중등 교원들의 2020년 보수수준은 구매력 지수(PPP)로 환산하면 아래 〈표 7-1〉에서 보듯이 초임교사의 봉급은 OECD 평균보다 낮지만, 15년 경력교사와 최고호봉 교사의 급여수준은 OECD 평균보다 상당히 높다. 또 다른 특징은 초임교사와 최고 호봉 교사와의 임금차이가 OECD 국가 중에서 가장 큰데, 이는 대부분 국가들이 그 격차가 1.7배 정도인데 한국은 2.8배에 이르고 있기 때문이다.

표 7-1

(단위: $)

기준 연도	구분	초등학교			중학교			고등학교		
		초임	15년차	최고 호봉자	초임	15년차	최고 호봉자	초임	15년차	최고 호봉자
'20년	한국	33,477	59,103	94,108	33,539	59,165	94,170	32,800	58,426	93,431
	(변화)	▲1,367	▲2,516	▲4,085	▲1,367	▲2,517	▲4,086	▲1,356	▲2,506	▲4,075
	OECD 평균	34,942	48,025	58,072	36,116	49,701	60,478	37,811	51,917	63,028
'19년	한국	32,111	56,587	90,023	32,172	56,648	90,084	31,444	55,920	89,356
	OECD 평균	33,914	46,801	56,513	35,073	48,562	59,161	36,772	50,701	61,722

주 1) 연간 급여(1인 기준)＝{봉급＋수당(정근수당, 교직수당, 교원보전수당 등 포함, 단 추가수당 제외)＋복리후생비(명절휴가비, 급식교통비), 교원연구비(고등학교 미포함)}/PPP
　 2) 사적소비에 대한 PPP: 989.66원/$('19.1월 기준), 974.22원/$('20.1월 기준)
　 3) 최고 호봉까지의 소요 기간(중학교 기준): 한국 37년, OECD 평균 26년
　 4) 한국의 최고 호봉은 일반적인 퇴직 연령인 62세를 기준으로 근가7 설정

나. 교원성과급은 뜨거운 감자

한국교총, 전교조뿐만 아니라 교육감협의회도 교육공무원 성과상여금 제도를 폐지하고 균등지급을 요구하고 있다. 성과상여금제도는 일반공무원과 같이 '업무성과에 따른 공정한 보상을 통해 공직의 경쟁력과 생산성을 높이기 위하여 2001년 김대중 정부에서 도입된 제도'이다. 교직사회는 '교원 본연의 직무에 충실하면서도, 힘들고 기피하는 업무를 담당하는 교원을 성과급에서 우대하여 교직사회의 사기 진작 도모'하는 데 목적이 있다. 2001년 교원성과급제 시행 이후 2011년부터는 학교 단위 성과급과 개인성과급으로 이원화하여 지급되다가 학교성과급제는 2016년부터 폐지되고 개인성과급으로 일원화되었다.[3] 성과급 기준은 2002년부터는 90% 균등지급, 10%는 차등지급으로 전환되어 2005년까지 지급되었다가 2006년~2007년은 20%, 2008년은 30%, 2009년은 30%~50%, 2010년은 50%~70%, 2011년~2016년까지는 50%~100%, 2016년~2017년은 70%~100%로 차등지급 폭이 지속적으로 확대됐다. 문재인 정부에 들어와 2018년에는 차등지급 폭이 50%로 축소되었고 2021년에는 그 차이가 20%로 대폭 줄었다. S·A·B등급을 종전 30:40:30에서 30:50:20(A등급 10% 늘리고 B등급 10% 줄임)으로 조정하였다. 2021년 평교사의 성과급 지급단가를 보면 S등급 476만 원(30%), A등급 399만 원(50%), B등급 341만 원(20%)으로 135만 원 정도 차이가 난다.

교직단체는 ▲투입과 산출이 불투명한 교직의 특수성 무시 ▲장기간에 걸쳐 나타나는 교육성과를 단기평가로 왜곡 ▲교사의 능력과 교육의 성과를 객관적으로 평가할 방법이 없음 등을 이유로 성과급 폐지를 주장한다. 문재인 대통령은 후보 시절 '성과연봉제 폐지'를 공약했으나, 차등 폭 100%인 여타 공무원과의 형평성과 국민의 비판을 고려해 이행하지 못하는 것이다.

성과급을 담당하는 인사혁신처는 '교육활동의 성과는 결과적 측면과 아울러 과정적 노력을 포함하는 개념이므로 평가할 수 있다'라는 입장이다. '교육활동의 성과'는 학력신장과 인성발달 등 장기적인 성과을 의미하기보다는 학교의 교육력을 높이기 위한 교원의 모든 과정적 노력 평가로 충분히 측정가능하다는 이야기이다. 그러나 교직단체는 이런 정부방침을 수용하지 않고 있다. 차등성과급이 도입되자 전교조의 8만 1천 명 교원들이 298억 원 성과급 반납과 연가투쟁을 전개했다. 이후 조합원을 중심으로 성과급 균등분배 활동을 계속하고 있다. 한편 일반직 공무원에게 적용되는 성과연봉제를 교장·교감에게도 적용하려 하자, 교총은 강력 반대하여 이를 좌절시켰다. 성과연봉제는 전년도 성과에 따라 연봉인상률이 결정되고, 당해 연도 연봉인상액은 차년도 연봉결정 시 누적되기 때문에, 시간이 경과됨에 따라 임금격차는 커져, 단순히 당해 연도 상여금에 성과를 반영하여 차등 지급하는 성과상여금제도보다 보수 차등 폭이 크다. 성과연봉제는 공무원의 보수를 직무와 실적 중심으로 개편한다는 정신에 부합되는 제도이다. 이처럼 교총과 전교조는 교육이념은 달라도 교원성과급에 대해서는 보조를 같이한다. 매년 교원 설문조사를 통해 성과급제에 대한 교직사회의 반대여론을 확인하고 폐지를 주도하고 있다. 전교조는 균등분배 운동을 벌이고 있다. 2021년 전국 3,427개 학교에서 7만 6,632명이 성과급 균등분배에 참여했다고 밝혔다.[4] 등급에 따라 차등 지급된 수당을 모아서 같은 액수로 나누는 균등 분배는 공무원의 법령준수의무와 성실의무를 위반한 행위로 볼 수 있다.

다. 직무중심으로 교원보수체계를 개편해야

그동안 교육부는 수차례 교원보수를 능력과 실적 중심으로 개편하겠다고 밝혔으나 1987년에 설계된 단일호봉제(single salary schedule)의 연공급 보수체계를 유지하고 있다. 2001년 성과상여금제도가 도입된 것 이외에는 기본급 인상과 각종 수당의 단가를 상향 조정하는 정도에서 교원보수제도는 변함없이 유지되어 왔다. 이는 그동안 정부의 교원인사정책이 제대로 실행되지 않았음을 보여준다. 1995년 5.31 교육개혁방안에서 직무의 양과 곤란도에 따른 차등 보수지급방안을 제시하였고, 2002년 2월 교직종합발전방안에서도 교육활동이 활발하고 생계비가 많이

드는 시기에 보다 많은 보수를 받도록 보수체계를 바꾸겠다고 하였으며, 2004년 사교육비 경감대책의 일환으로 교원보수체계의 개선을 약속하였다. 교사의 봉급은 경력보다는 능력에 따라 결정되어야 한다고 생각하고 있는 초중고 학부모들의 압도적(74.5%)인 여론을 반영하려는 정책 의지를 엿볼 수 있지만(한국교육개발원 교육여론조사, 2013), 한편으로는 교직사회의 반발을 의식하여 추진이 미진하다고 할 수 있다.

교원보수의 개편방향은 아래와 같이 정리할 수 있다. 교원의 보수를 손대는 것은 국가공무원의 보수체계와 보조를 맞추어야 하기에 고려하여야 할 사항이 많지만, 교직의 특수성을 감안하여 몇 가지 대안을 제시한다.

제1방안: 직위별 호봉제

단일호봉제는 교원의 직무특성상 직위별로 직무 곤란도나 책임도가 크게 다르지 않고, 교원의 근무연수와 공헌도와의 정(正)의 관계를 전제하고 있다. 그러나 교사의 재직연한이 30년 이상인 점을 감안하면 교사들의 자격을 세분화하고 이를 보수 체계 개선과 연계할 필요가 있다. 즉 현재의 2급 정교사, 1급 정교사 2단계 자격을 수석교사(또는 선임교사)를 신설하고 3단계로 자격을 세분화한다. 그리고 보수는 상위자격 취득 시에 새로운 보수 산정 기준을 적용한다. 자격 세분화를 통해 자격에 상응하는 적절한 보수를 제공함으로써 교사들에게 상급 자격 취득에 따른 동기를 부여할 수 있으며 생애 주기에 따른 꾸준한 자기 연찬의 기회를 부여할 수 있다.

교사의 직위를 2급 정교사→1급 정교사→선임교사로 3단계로 세분화하고 상급 직위로 승진하기 위해서 연수이수를 의무화한다. 한 단계 승진에 소요기간을 대략 7년 정도로 하며 소정 연수과정에서 탈락한 교사는 현 직위에서 승진을 보류함으로써 교원들의 자기개발 노력을 촉진시킬 수 있다. 이는 일본에서 도입하여 10년 주기로 교원연수를 통하여 교원자격을 갱신하고 무자격 교사를 걸러내는 기능을 하는 각 교원자격갱신제도 효과를 거둘 수 있다. 상위 직위로 승진할 경우

봉급을 재책정함으로써 직무 곤란도를 반영하고 승진에 따른 동기를 부여한다. 아울러 수석교사, 교감, 교장에 각각 다른 보수체계를 적용한다. 이는 일반직 공무원들이 승진하면 호봉을 다시 책정하는 방식과 유사하다.

제2방안: 곡선형 봉급체계

현행 연공 유초중등 단일호봉제는 1987년에 장기근속을 유도하기 위해 도입된 제도로 교사의 노력과 실적을 반영할 수 없어 직무관련 전문성 신장 노력을 장려하기 힘든 제도이다(〈그림 7-1〉). 특히 2010년 공무원 연금법 개정으로 연금산정 기초가 보수월액에서 과세소득인 기준소득 월액으로 바뀌고 보수산정 재직기간이 전 재직기간으로 변경됨에 따라 연공서열형 봉급구조를 유지할 필요성이 감소되었다. 따라서 교직에서 일의 양과 곤란도(생산성)와 자녀양육부담을 고려하여 50대 중반에 최고액을 지급하고 이후에는 지급액을 줄여나가는 곡선형 봉급구조로 변경을 검토할 필요가 있다.

전체 62세 정년까지 전체 봉급액은 일정하게 유지하되 연령에 따른 급여액을 현행 직선형에서 55세 전후에서 최고임금을 받는 곡선형 봉급표로 개정하면 몇

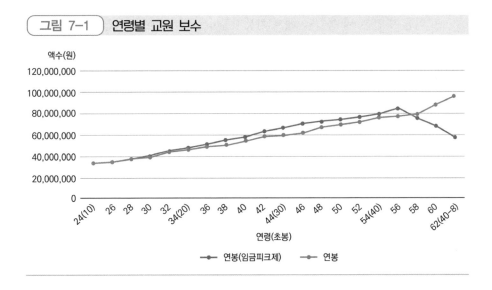

그림 7-1 **연령별 교원 보수**

가지 긍정적인 효과를 기대할 수 있다. 첫째로 교원의 업무량(생산성)과 봉급이 연계됨으로 교원들의 동기부여에 기여할 것이다. 둘째, 생계비지출 수요와 봉급수준의 연계로 생활안정성을 기할 수 있다. 셋째로 원로교사들이 학교 현장에서 수업부담을 줄여주는 것이 관행인데, 이런 관행을 봉급수준에 맞추어 제도화할 수 있는 것이다. 시행방안은 경력 10년 이하 교원들에게 우선 적용하고, 그 이상 경력 교원들에게는 선택권을 부여하여 경력직 교원이 불이익 없도록 한다.

제3방안: 성과연봉제 개편방안

교원성과급은 교사들이 기피업무를 받는 데 대한 보상 성격이 강하다. 따라서 교사들이 기피하는 담임, 보직에 주는 수당을 현실화하는 방안이다. 교원성과금 예산을 교사들 기피업무에 대한 수당을 올려주는 데 우선 쓰고 나머지는 교직수당 등 다 같이 받는 수당(예. 교직수당)에 할애하는 것이다. 담임수당은 2016년 2만 원 인상된 것을 빼면 18년간 동결되어 13만 원이다. 최근 교권 추락, 학교폭력 심화 등으로 학급 담임 기피 현상이 심화되고 있어 담임수당의 연차적 인상이 필요하다. 학교조직과 교육활동에서 중추적 역할을 하는 보직교사에 대한 수당도 18년간 동결되었다. 현재 7만 원에서 대폭 인상이 요구된다.

또 다른 방안은 세 등급을 매겨 차등지급하는 성과상여금 지급방식에서 벗어나 일본처럼 특별 호봉승급으로 보상하는 것이다. 예컨대 교사평가 상위 10%는 정기승급 이외에 특별승급을 시키는 것이다. 성과보상제도에 대한 교원들의 정책 순응성을 높일 수 있을 것이다. 이는 교원의 근무성적평가를 교원보수에 반영할 수 있고 교원의 전문성을 개발하기 위한 기제로 활용할 수 있다.

3. 순환전보와 폐쇄성에서 벗어나야

가. 순환전보제에서 교장추천제로 변경

교사는 5년 주기로 실적과 관계없이 거주지를 중심으로 순환전보되고 있어 주인 없는 학교를 양산하는 결과를 초래하고 교장의 지도력 발휘를 제약하는 요인으로 작용하고 있다. 순환전보제는 일제강점기에 일본이 황국신민교육을 위하여 일본인 교사를 배치함에 있어 형평성을 고려하여 도입한 제도이다. 근무환경이 열악한 도서벽지 등의 학교에 발령받는 교사와 도시에 배치되는 교사 간의 순환전보를 통하여 열악한 지역에 근무하는 교사의 사기를 높이기 위해서 운영하던 제도이다. 순환전보제도는 잦은 교사의 전근으로 인하여 교사의 소속 학교에 대한 주인의식이 함양되지 않고 책무성을 담보할 수 없는 부작용이 심화되고 있다. 교사 전입희망이 초과하는 경합학교의 경우 반드시 학교장의 추천 순위에 따라 전입자를 선정토록 하여 교장의 인사권을 강화해야 한다. 전보 유예 대상자 비율을 현행 10%에서 점진적으로 확대하고, 아울러 조기 전출 요청 권한도 확대하여 학교장의 책임경영 체제를 마련한다.

나. 교사자격증 없어도 교단에 설 수 있는 개방형 충원 제도

교직의 입직을 교원자격증 소지자에게만 한정하여 교사부족으로 새로운 교과 신설을 하지 못하는 폐쇄적 인사시스템을 개선할 필요가 있다. 교원자격증 주의 원칙을 지키되 예외적으로 교사(교장)자격증 없는 우수한 지식과 경험을 지닌 인력이 교직에 들어올 수 있도록 교직 문호를 개방한다. 교육과정 변경과 고교학점제 도입에 따라 새롭게 수요가 증가하는 분야(예컨대 소프트웨어 SW)의 교원수급에 크게 기여할 것이다. 특별자격증제도을 도입하여 특수한 영역(예, 코딩, 예술교육 등)에 우수한 사회인(박사, 경력자 등)을 교육청이 면접과 연수를 거쳐서 한시적(예, 10년)으로 교

215

원자격증을 발급하여 교직에 설 수 있도록 한다.

일본의 특별면허증 제도

특별면허증은 교원면허증을 갖고 있지 않지만, 학교교육의 다양화를 확대하고, 활성화하기 위해 우수한 지식경험을 갖고 있는 사회인을 교원으로 임용하기 위해 도입된 제도이다. 도도부현 교육위원회가 실시하는 교원검정제도에 의해 학교별 또는 교과목별로 수여한다. 담당하는 교과목은 초, 중, 고의 모든 교과목과 특별지원학교의 독립과목(이용, 자립 활동 등)이다. 임용절차는 임용하려는 자(교육위원회, 학교법인 등)의 추천을 거쳐 교육위원회의 교원검정(인물, 학력, 실무, 신체)에서 합격해야 한다. 면허증은 10년간 유효하다.

반면 임시면허증은 보조교원 면허증이다. 보통면허증을 갖고 있는 사람을 채용하지 못할 경우에 한해 교원검정을 거쳐서 수여한다. 기간은 3년이다.

자료: 일본 문부과학성(http://www.mext.go.jp)

다. 초·중등 연계 교사자격증 신설

학령아동이 급격히 줄기에 농어촌 지역을 중심으로 소규모 학교가 늘어나고 초·중 통합학교도 많아지고 있다. 현행 교사자격증 체제는 초등과 중등으로 엄격히 구분하여 중학교 교사가 초등학교에서 가르칠 수 없다. 초·중등 연계 교사자격증 신설해서 초등학교 선생님이 중학교에서 가르칠 수 있고 중학교 선생님이 초등학교 교담을 할 수 있도록 해야 한다. 연계자격증을 만들고 기존교사는 연수를 통해 연계자격증을 취득토록 한다.

4. 교원평가 제대로 해야

교원평가는 성과급와 더불어 교직단체가 극렬히 거부하는 이슈이다. 교원평가는 김대중 정부 시절 2000년 교직종합발전방안에서 제안되었다. OECD 한국교원정책 평가단의 교원평가 강화 권고를 받아들인 것이다. 자질 부족 교사들로부터 학생의 권익을 보호하고 교사의 전문성을 향상시키기 위해서 교원 평가가 강화되어야 한다고 OECD 연구진은 권고하였다. 2005년 11월 7일에 48개교의 교원평가 시범학교를 거쳐 2006년 19개교, 2007년 506개교, 2009년 1학기 1,570개교와 2학기 1,551개교 추가 지정하였고, 2010년부터는 전국의 모든 초·중등학교에 교원능력개발평가를 전면적으로 시행하게 되었다. 특히 2001년부터는 교원성과급제가 도입되어 교원평가제도와 함께 교단의 뜨거운 이슈가 되었다. 학부모·학생 평가를 통해 교단에 경쟁원리를 도입, 교단의 질과 경쟁력을 높이자는 취지로 시작한 교원평가제에 대하여 교총·전교조·한교조 등 교원단체는 반대하였다. 교단의 반대 분위기 속에서 기독교사들의 모임인 '좋은교사운동'이 "교육부의 교원평가제도는 미흡하지만 학생평가중심의 다면평가제를 도입해 국민 여망을 수용한 측면이 있어 찬성한다"라고 밝혀 신선한 충격을 주었다(2005.5.6.). 교원평가 도입 과정에서 정부는 "교단 구조조정"이라며 거세게 반발하는 전교조 등 교원단체에 의해 당초 의도가 많이 희석되었다. 부적격 교원을 퇴출시키는 평가를 하겠다던 당초 목표를 접고 단순 능력개발평가제도로 약화시켰다.

박근혜 정부에서는 '평가 부담감 해소와 결과의 신뢰성 제고, 수업과 생활지도를 잘하는 교원을 우대'하겠다는 이유를 들어 기존의 근무성적평정과 성과상여금평가를 교원업적평가(성과평가)로 통합하고 교원능력개발평가(전문성평가)는 현 제도를 수정해 이원화했다.

문재인 정부에서는 교원평가가 약해지고 있다. 2021년에는 코로나로 등교수업을 제대로 하지 못했다는 이유로 한국교총과 전교조는 교원평가 폐지를 주장했다. 이에 학부모들이 "학습격차 커지는데 되레 수업평가 제대로 해야"한다고 반발하자 교육부는 교원평가를 대폭 축소했다. 교원동료평가를 삭제하고, 학생·학부모 만족도 조사대상도 종전의 교장, 담임교사 외 1인(총 3인)에서 학부모가 희망하는 1인으로 축소하였다. 교원의 평가부담을 줄인다는 이유로 교사평가 결과를 보고 작성하던 능력계발계획서도 제외하고, 평가결과점수가 나쁜 교사를 대상으로 실시하던 특별연수도 없앴다. 이는 전교조 등 교직단체가 주장하는 교원평가의 폐지요구를 상당부분 반영하여 사실상 교원평가를 무력화한 것으로 볼 수 있다.

더불어민주당의 한 대선 후보가 "교원평가제를 실효적으로 운영해 부적격 교사 퇴출까지 가능한 제도 마련이 필요하다"[5]고 공약하여 신선한 충격을 주었다. 온정주의로 흐르는 동료평가의 비중을 낮추고, 수요자인 학생과 학부모의 평가 비중을 상향해서 그 결과를 인센티브·제재로 적극 활용해야 한다는 주장이다. 교원평가 우수교사에게는 성과급과 교사연구년제에 우선 선발 등 보상을 강화한다. 교원능력개발평가에서 학생(학부모) 만족도가 저조한 교사들에 대한 특별 연수를 실시하고 반복적인 저평가자(예, 3회)에 대해서는 장기연수나 휴직을 통한 전문성 및 자질 제고 기회를 부여하되, 개선의 여지가 없는 교원에 대해서는 권고사직 또는 직권면직까지 하자는 주장이다. 교원들에게 큰 충격을 주어 교사들은 '교직혐오발언'이라고 비난하였다.

교원평가의 주된 목적을 부적격교사 퇴출에 두자는 주장이지만 학부모들의 많은 호응을 얻고 있는 것으로 보인다.[6] 요약하면 교원능력개발평가제는 형식적으로 운영되어 교원들의 능력개발기제로도 작동되지 않고 성과급·퇴출 등 인센티브나 제재수단으로 활용되지 못하고 있다는 것이다. 이제 10년의 역사를 지닌 교원평가제도를 제대로 재설계해서 실효성있는 평가제도로 발전시켜야 할 것이다. 더욱이 교원평가제도는 교육부령에 그 근거를 두고 있다. 교육공무원법에 법제화하여 실질적인 평가제도로 정착되길 기대한다.

교육에서 정치 과잉을 털어 내야

" 자유 · 공정 · 다양성
4.0시대 교육정책 어젠다 "

1. 지방교육자치가 필요하다는 것은 교육계의 논리
2. 교육감 직선제는 폐지해야
3. 교사 개인의 정치적 활동은 보장하되, 정치교사는 처벌해야
4. 학교를 필수공익사업장으로 지정해야

제8장 | 교육에서 정치 과잉을 털어 내야

1. 지방교육자치가 필요하다는 것은 교육계의 논리

지방교육행정체제 개편에 관련된 쟁점(예, 지자체와 교육행정기관의 통합, 교육감 선출방식)에 대한 상충되는 입장은 근본적으로 지방교육자치의 본질을 보는 관점 차이에서 기인한다.[1]

행정학계에서 지방교육자치는 기본적으로 지방자치의 일환으로 수행되는 것으로서 교육행정을 환경, 교통, 도시계획, 복지 등과 마찬가지로 지방자치단체의 사무 중에 하나로 간주한다. 교육사무의 특수성을 인정하여 일반지방자치와 별도 취급을 하고 있을 뿐이며, 별도 취급도 어디까지나 지방자치라는 틀 속에서 고려되어야 한다고 주장한다. 이에 일반자치와 교육자치의 일원화를 주장하여 지방자치단체장 아래 지방교육행정을 담당하는 보조기관을 두어 지방행정의 통합성과 효율성을 높이자고 강조한다. 그러나 이러한 관점은 교육의 특수성을 기초로 한 전문자치를 소홀히 한다는 교육학계의 비판을 받아왔다.

이에 반해 교육학계에서 지방교육자치는 지방자치와 교육자치가 통합된 개념으로 지역자치와 영역자치가 동시에 포함된 제도적 개념이지만, 교육자치가 본질적 이념 기반이라고 주장한다. 즉 지방분권을 위한 단체자치와 주민통제를 위한 주민자치를 기반으로 하는 '행정자치'보다 교육의 특수성을 기초로 한 '전문자치'가 우선한다는 입장이다. 교육특수성에 입각하여 실시하는 교육자치는 지방교육자치가 추구하는 가장 포괄적인 이념적 기반이고, 지방자치는 그를 위한 방법적 기반으로 본다. 따라서 교육자치제도는 지방분권과 주민통제라는 지방자치의 방법적 원리보다는 교육의 자주성 보장과 전문적 관리로 특징되는 교육자치 원리에 더 큰 중점을 두어야 한다고 강조한다. 대다수의 교육계 인사들은 교육이 정치권력이나 행정권력으로부터 보호되기 위해서는 교육행정의 일반행정으로부터의 분리·독립이 필수적이고, 연계협력 강화를 통해서 행정의 효율성을 높여야 한다고 주장한다. 이와 같은 견해는 교육행정의 특수성과 전문성에 지나치게 경도되어 지방자치의 본질적인 요소인 분권, 참여 및 중립성을 소홀히 한다. 때문에 교육의 자주성, 전문성 및 중립성은 교육행정의 기관 구성과 운영에 요구되는 가치라기보다는 교수−학습 현장에서 학교운영에 자율성을 보장하는 원리라고 주장하는 학자들로부터 비판을 받는다.

다음으로는 학교와 교육행정기관과의 관계를 기초로 지방교육자치를 '학교자치', 즉 교육현장에서 교육주체의 자치로 파악하는 관점이 있다. 이는 교육 주체인 학교가 교육행정기관의 획일적인 규제와 간섭으로부터 벗어나 법령 범위 내에서 자기책임하에 교육활동을 보장하기 위한 제도로 교육자치를 이해한다. 단위학교 구성원들의 자율적인 의사결정과 책임성을 강조하는 기능적인 차원에서 지방교육자치를 파악할 경우, 지방자치의 핵심요소인 지방분권이나 중립성 가치가 소홀히 다루어지고, 학교는 의사능력이 없는 영조물이라는 법적 성격에 따라 자치주체가 될 수 없다는 한계가 있다.

2. 교육감 직선제는 폐지해야

가. 과도기로 도입한 교육감 직선제

우리나라 교육감 선임제도는 시대에 따라 다양한 형태로 이루어졌다. 미군정의 교육자치 도입을 시작으로 권위정부 시대의 형식적 교육자치, 1991년 '지방교육자치에관한법률'의 제정을 통한 지방교육자치 시대의 개막과 그 이후 현재까지의 다양한 제도변화가 있었다(〈표 8-1〉 참조). 1991년 시도지사 주민직선제에 발맞추어 시도의회에서 교육감을 선출하는 간선제을 도입한다. 이후 학운위에서 뽑는 것으로 선출방식의 변화를 거치다가 2006년에 주민직선으로 교육감을 선출토록 변경되었다. 2007년 부산광역시 교육감 선거부터 주민 직접선거로 바뀌었다.

교육감 직선제는 교육청과 시도의 통합을 전제로 과도기로 도입된 정치적 산물이다. 2006년 교육감 직선제를 도입할 때 당시 집권여당인 열린우리당에서 교육자치와 일반자치 통합반대를 무마키 위해 제시된 방안이었고, 한나라당은 교육위원회를 시도 상임위에 통합하여 의결기관을 우선 통합한 후에 다음 단계로 시도와 교육청을 통합할 계획으로 직선제를 수용하였다. 그러나 그 이후 진보성향의 인사들이 대거 교육감으로 당선됨에 따라 교육감 직선제는 공고해지고 있다. 지난 19대 총선을 앞두고 자유한국당과 한국교총은 교육감 직선제 폐지를 주장하였으나, 총선 결과 야당의 승리로 끝남에 폐지논의가 중단되고 있다. 이처럼 해방 후 교육자치 실험기와 장기간에 걸친 중앙정부 예속기(1961~1990)를 거쳐 1991년 지방교육자치법을 제정으로 본격적인 지방교육자치 토대를 마련한 이후에, 교육감을 주민직선제로 선출하여 단체장과 대등한 정치적 위상과 독립성을 갖게 함으로써 일반 행정과 교육행정의 '분단화' 현상을 고착시키는 방향으로 제도 변화가 이루어져 왔다.

표 8-1   교육감 선임방법 및 후보 자격요건의 변화

시기		선임방법 및 후보 자격요건	특이 사항
임명기	1949~1961	교육위원회 추천, 도지사 장관제청, 대통령 임명(교육·교육행정경력 7년 이상 요건)	교육법에 근거
	1962~1990	교육위원회 추천, 장관 제청, 대통령 임명(88년 개정 시 교육·교육전문직 경력 20년 이상자)	1962 교육감제 일시 폐지 88년개정 교육법은 미시행
민선·간선기	1991~1994 ('91.3.8)	교육위원회에서 무기명 투표 과반수 득표자 당선(학식덕망, 비정당원, 교육전문직 경력 20년 이상자)	15개시·도교육위 주관선거 '91 지방교육자치법 제정
	1995~1996 ('95.7.26)	투표방법 상동(학식덕망, 비정당원, 교육·교육공무원으로서 교육행정 경력 15년 이상자)	시도교육위 주관 선거
	1997~1999 ('97.12.17)	교육감 선거인단 구성 간접선거(1인 1기표제) (학운위 선거인 97%, 교원단체추천 선거인 3%)(학식덕망, 비정당원, 경력은 5년으로 축소)	학운위('97국공, '99사립) 울산광역시 추가(97.8.22) '98 기탁금 신설(3천만원) 경력 5년차 당선례('00.10)
	2000~2006 ('00.1.28)	학운위 위원 전원으로 구성 선거인단 간접선거 (학식덕망, 2년간 비정당원, 경력 5년은 동일)	경력 9년차 당선('03.10) 시도선관위 주관 선거
직선기	2007~2009 ('06.12.20)	주민추천 등록 후 직선(임기는 2010.6.30까지) (2년간 비정당원, 경력 5년 이상, 계속재임 3기 허용)	제주특별자치도법('06.2.9) 공직선거법(기탁금 5천만원)
	2010~2014 ('10.2.26)	1년간 비정당원 경력 완화, 교육공무원으로서 경력조건 삭제(부교육감 출마허용), 후원회 허용	2014년부터 자격요건폐지 주민소환제 적용
	2014~현재 ('14.2.6)	가로 열거형 순환 배열 투표용지 전환 (2014.4.6 적용) 3년의 교육·교육행정 입후보요건 조정 (2014.7 시행)	2014.6.4 선거에서는 자격요건 폐지 방식으로 최초로 적용

출처: 고전(2019). 교육자치 역사와 정신, 2019년 대한민국 교육자치 컨퍼런스.

나. 교육감 직선제는 미국 일부 주에서만 이루어져

선진국의 경우도 미국의 14주를 제외하고는 일반행정과 교육행정이 통합되어, 우리나라처럼 교육감에 대한 직선제를 유지하는 나라는 찾아보기 힘들다. 주

요국의 교육감 선출방식 및 일반행정과 교육행정의 관계를 개괄하면 아래 〈표 8−2〉와 같다. 주민직선제를 유지하는 미국의 경우도 선거제를 채택하는 주는 계속 줄고 있다.

표 8-2   선진 외국의 교육감 선출방식

국가	교육감 선출방식	일반행정과 교육행정의 관계
일본	지방자치단체장 임명	통합
영국	지방자치단체장 임명	통합
프랑스	대통령 임명	분리
독일	지방자치단체장 임명	통합
핀란드	지방자치단체장 임명	통합
미국	주마다 다름(임명 또는 선거)	주마다 다름(통합 또는 분리)

자료: 최영출 외(2011).

한국처럼 일본은 미국의 영향으로 일반 행정으로부터 분리·독립하여 전문가 관리 원리(Professional Leadership)에 따라 주민직선제를 실시하다가 폐해가 나타나자 직선제를 폐지한다. 일본은 교육위원회의 기능을 축소하고 지자체장의 교육사무 관장을 확대하는 일반행정과 교육행정의 '일체화'를 추진하여 지방교육행정의 최종적인 권한과 책임을 단체장에게 부여하는 제도 변혁을 이룬다. 반면에, 우리나라는 2006년 이후 교육감을 주민직선제로 선출하여 단체장과 대등한 정치적 위상과 독립성을 갖게 함으로써 일반행정과 교육행정의 '분단화' 현상을 고착시키고 있다.

일본의 교육위원회 제도

일본은 1948년 미국교육사절단 권고에 따라 '교육위원회법'을 제정하여 전국 모든 자치단체에 교육위원회를 설치하고 주민 직선(공선제)으로 교육위원을 선출하여 교육을 자주적으로 운영할 수 있는 제 수단(예산안 편성권, 조례안 작성권 등)을 가졌다. 그러나 교육위원 선거과정에서 정치적 대립이 격화되는 등 폐해가 지적되어 1956년 교육위원회법을 폐지하고 지교행법이 제정되어 교육위원 선임방법의 변경과 교육위의 기능 축소를 가져온다. 교육위원회는 지자체장이 의회의 동의를 얻어 임명한 교육위원 3~6인으로 구성되며, 교육위가 가진 조례안 작성 및 예산안 편성권 등이 지자체장에게 귀속되었다. 2014년부터는 지방자치단체의 장이 교육장을 직접 임명한다. 한국에서 교육감이 처리하는 교육조건 정비에 관련된 재정사무와 사립학교 지도감독 업무가 일본에서는 단체장에게 귀속되어 있다. 즉, 일본에서 예산편성 및 집행권, 교육재산취득과 처분, 조례안 작성권, 교육에 관한 계약 및 지출 등 교육조건 정비에 필수적인 권한은 모두 지자체장(지사 및 시정촌장)에게 소속되어 있고, 사립학교와 대학 업무도 단체장이 관장한다. 지방교육재정도 한국에서 특별회계로 일반자치단체 회계와 분리·집행되고 있으나, 일본은 지방교부세법을 근거로 통합하여 운영하고 있다.

이처럼 한국과 일본은 미국의 영향으로 일반 행정으로부터 분리·독립하여 주민통제원리(Layman Control)와 전문가 관리 원리(Professional Leadership)의 조화를 도모하였다. 그러나 일본은 교육위원회의 기능을 축소하고 지자체장의 교육사무 관장을 확대하는 일반 행정과 교육행정의 '일체화'를 추진하여 지방교육행정의 최종적인 권한과 책임을 단체장에게 부여하는 제도 변혁의 길을 걸어왔다고 평가할 수 있다.

다. 교육감 직선제 폐지이유는 넘친다

(1) 자치 기반이 매우 취약해

우리나라에서 지방교육행정기관을 포함한 지방자치단체에서 처리하는 사무 중에서 국가로부터 위임받아 국가기관의 하급기관 지위에서 처리하는 위임사무(법정수탁사무) 비중이 60−70%에 달하고, 자기책임하에 처리하는 자치사무의 비중은 30−40%에 불과한 실정이다. 지방분권정책을 추진하여 자치사무비율을 높이고 있다. '지방자치분권 및 지방행정체제개편에 관한 특별법' 제정을 통해서 지방분권 정책을 추진하게 된다. 지방분권 정책의 일환으로 대통령 직속 지방자치발전위원회는 2014년 12월 '지방발전종합계획'을 발표하여, 국가사무 이양을 통해서 자치사무비율을 40%까지 확대하여 지방자치단체의 권한과 사무를 늘려나겠다고 밝힌 바 있다.

　　교육분야에서도 역대 정부에서 시도교육청이 지역 특수성에 맞는 교육을 실현할 수 있도록 교육자치를 강화하는 방향으로 교육분권을 추진하고 있다. 그러나 교육부의 사무 이양이나 위임으로 지방교육자치를 실질적으로 할 수 없는 취약한 구조를 띠고 있다. 교육행정사무와 재정이 중앙정부 중심으로 배분되어 교육을 자주적으로 운영할 수 있는 제 수단(교원인사권, 재정자립, 교육과정 편성권)이 빈약하기 때문이다. 즉 교육활동의 기본 요소인 '누가(교사), 무엇을(교육과정), 어떻게(교육방법) 가르칠 것인가?' 하는 것을 국가가 주도적으로 결정하고 있다. 교원은 국가공무원이고, 가르칠 내용은 국가에서 정하는 국가교육과정 체제를 갖고 있으며, 교육활동을 지원하는 지방교육재정의 자립도가 거의 영(零)에 수렴한다. 더불어 자치사무의 적법성 심사와 위임사무의 합목적성 확보를 위해서 광범위한 국가의 관여(지도감독)가 지방자치법에 따라 이루어지고 있다. 이처럼 지방교육자치의 토대가 되는 재정고권과 인사고권이 매우 취약하여 고유사무(자치사무)가 매우 적어 시도지사처럼 주민 직선제로 선출할 근거가 미약하다. 시도교육청의 고유사무를 확보하려면 교사도 지방공무원으로 신분 전환이 이루어져야 한다. 국가공무원 유지를 선호하는 교권들의 반발로 쉽게 결정할 수 없는 정치적인 난제이다. 초중등 교육과정의 기준과 내용에 대한 결정권도 국가에서 시도교육청으로 넘겨야 한다. 최근 제정된 "국가교육위원회 설치 및 운영에 관한 법률"에 따라 2022년 7월 설치되는 국가교육위원회에서 교육과정을 결정한다. 무엇보다도 과세권이 없어 지방교육재정의 대부분을 중앙정부나 지방자치단체에 의존한다. 2021년 서울시교육청의 세입을 보면 중앙정부 이전수입이 59%이고 서울시로부터 이전수입이 37%이며 자체수입은 고작 1%에 불과하다. 전적으로 외부지원으로 살림을 하면서 독립적인 자치를 한다는 것은 앞뒤가 맞지 않는다. 현행과 같은 사무구조를 지속한다면 고유사무가 적어서 중앙정부 업무 중 지역적 업무를 당해 관할 구역 내에서 처리할 수 있도록 설치한 특별행정기관과 비슷한 기능을 하고 있다. 국가사무를 해당 지역에서 처리한다는 측면에서 지방자치 사무를 수행하는 지방자치단체와는 구별된다. 예를 들면 국세를 걷기 위해서 서울 등 지방에 지방국세청을 설치한 사례를 들 수 있다.

(2) 중앙정부와 갈등 빚을 소지 커

중앙정부와 이념을 달리하는 교육감이 선출된 경우, 초등교육사무의 권한을 둘러싸고 장관과 교육감들 간에 법정 다툼이 발생한다. 교육부 장관과 교육감 사이에 발생하는 분쟁 해결에 있어서 사법부 판결에 의존하는 현상이 이명박 정부 시절부터 시작되어, 박근혜 정부에 들어와서도 나타났다. 교육부 장관과 교육감 간의 권한의 존재 여부 또는 그 행사에 관한 갈등은 상호 간의 협의에 의해서 처리하는 것이 통례였으나, 중앙정부와 정책 이념을 달리하는 교육감들이 주민직선을 통해서 지방교육 권력을 장악함에 따라 분쟁해결 방식에 변화가 일고 있다. 행정기관 간 협의와 조율을 통한 갈등해결보다는 장관은 지방자치법에 규정된 국가의 감독권 행사를 통해서 강제하고, 교육감은 헌법과 지방자치법에서 보장된 소송이라는 수단을 통해서 중앙정부의 관여로부터 자치권을 보호받고자 하는 것이다. 2014년 6.4 지방선거에서 중앙정부와 교육이념을 달리하는 교육감들이 대거 당선되어 교육행정을 책임짐으로써 갈등이 증가하여 교육행정의 혼선만 초래하였다.

(3) 직선제는 교실의 정치화 부추겨

교육감 선출방식은 1991년 지방자치시대 이후 수차례 고치는 과정을 거쳐 2006년부터 주민직선제로 정착되었다. 제도 개편과정에서는 교육특수성과 전문성이 지방자치의 종합적 운영원리보다 우선되었다. 정치는 교육을 이용하려고 하기 때문에 교육을 정치로부터 독립시켜야 한다는 믿음 때문이었다. 그러나 결과는 교육감들이 대학교수와 초중등 교원 출신들로 채워졌다. 그래서 무늬만 지방교육자

치일 뿐, 실질적으로 교육자들의 '끼리 끼리' 자치라는 비판도 받고 있다. 헌법 31
조에 명시된 교육의 자주성·정치적 중립성·전문성을 이유로 들지만, 사실상 교육
계 이익을 배려한 선거제도 설계였던 것이다.

　　교육감 주민직선제를 폐지해야 하는 이유는 많이 거론된다. 우리보다 앞선
선진국에도 없는 유별난 제도(미국 14개주 제외), 후보를 제대로 알지 못하고 기표하
는 깜깜이 또는 로또선거, 막대한 선거비용 부담으로 부정과 비리 원인을 제공, 교
단의 줄서기를 유인하여 학교의 정치판화 등이 대표적인 이유다. 이외에도 많은
폐단이 나타나고 있다.

　　첫째로 주민직선제는 교육 포퓰리즘을 양산하여 교육을 황폐화시킬 가능성이
매우 크다. 교육 본연의 목적보다는 표를 얻기 위해 인기 중심적인 정책이 남발되
고 가르치기를 두려워하는 학교로 만들고 있다. 무상급식 논란에서 보듯이 복지이
슈가 가르치는 교육문제보다 더 우선시되는 본말전도 현상이 만연하고 있다.

　　둘째로, 현행 교육감 직선제 선거제도에서는 유권자의 합리적인 선택을 보장
하지 못한다. 후보자를 사전에 검증하고 거르는 과정이 없기 때문에 교육감 후보
자에 대한 정보획득에 드는 비용과 노력이 매우 커서 유권자들이 무지상태에서 투
표할 가능성이 매우 높다. 이는 투표자들이 비합리적인 선택을 함으로써 '나쁜 후
보자'와 '나쁜 정책'을 채택하는 결과를 초래할 수 있다.

　　셋째, 고도의 정치행위인 선거 속성과 당선을 위해 교육감 직선제는 당연히
정치 선거화될 수밖에 없다. 정당의 공천이 배제되어 후보들이 난립한다. 이는 진
영을 갖고 있는 후보자가 절대 유리하여 보수진영과 진보진영이 후보 단일화에 사
활을 건다.

　　시장·도지사와 동일하게 매우 큰 법정 선거비용이 인정된다. 서울시교육감의
경우 법정 선거비용 한도액이 34.3억 원에 이른다. 인구가 서울보다 많은 경기도
는 2022년 제8회 지방선거에서 약 44억 원 한도액에서 교육감선거비용을 쓸 수
있다. 선거비용을 15% 이상 득표하면 보전받는다 해도 수십 년간 교육에만 종사
해 온 후보자들에게 매우 부담되는 큰 돈이다. 선거를 치르는 동안 주변에 손을

벌릴 수밖에 없어 교육비리로 이어질 공산이 크다.

넷째, 일부 교육감들은 교실을 정치장화하려는 입법노력을 펴고 있어 학부모의 우려를 사고 있다. "교육감선거에서 학생들 의견을 반영한다는 것은 대단히 중요한 민주주의의 가치"라며 교육감 선거에만 선거권자를 16세까지 확대를 주장하고 있다. 이는 조희연 서울교육감과 이재정 경기교육감이 주도하고 있다. 이에 민주당 의원 14명이 지방교육자치법 제49조 제1항에 "교육감 선거에 관해 선거권을 가지는 연령은 만 16세 이상으로 한다"라는 법률 개정안을 발의하여(2021.6) 고교 1년까지 선거권을 부여하려고 한다.

라. 교육감 직선제 폐지하고 러닝메이트 또는 임명제

교육감 선출방법의 개선은 지방교육행정체제 개편의 핵심이어서, 그동안 일반자치와 교육자치와의 관계 정립은 교육감 선출방식 개선논의를 중심으로 이루어졌다. 교육자치의 자주성을 강조하는 측에서는 현행 주민직선 선출제도의 폐해를 줄이는 방안으로 완전공영제, 공동등록제(정책연계형), 제한적 주민직선제, 단위학교 교육감 선출위원단제 등을 대안으로 제시한 적도 있다. 반면, 지방자치 일원화를 주장하는 측에서는 시·도지사 연합후보제(running-mate), 시·도지사 임명제, 시·도의회 선출제, 시·도별 자율 결정제 등을 주장하고 있다. 야당인 국민의힘은 교육감 직선제를 폐지하고 시도지사와 러닝메이트제를 시행하겠다는 선거공약을 제시하기도 하였다. 국민의힘 대선후보로 뛰었던 원희룡 전 제주도지사가 2021년 교육감 직선제를 폐지하고 '추천임명제'를 도입하겠다고 공약했다. 이에 반해, 전국교육감협의회와 전교조, 민주당 등은 교육감 직선제는 시민들의 교육적 이해를 반영하는 가장 적합한 제도라고 주장하면서 직선제 폐지에 반대한다. 임명제나 간선제는 이미 과거에 문제가 많아 노정된 방안이고 러닝메이트는 시도지사에게 예속을 시키며, 제한적 주민직선제는 비민주적이라 이유로 거부하고 있다. 국민들이 교육에 관심이 많고 교육의 관료주의가 강한 우리 행정 풍토에서 교육감 직선제가 시민들의 교육적 이해를 반영하는 가장 적합한 제도라는 주장이다.

　　그러나, 자치기반도 취약하고 학교현장의 정치화를 초래하는 교육감 직선제를 고집할 명분이 약하다. 초, 중, 고 교육에 혼란을 가중시키고, 교육공동체를 파괴하는 정치게임을 지속하면 공교육의 신뢰는 떨어질 것이다. 얼마든지 우리 교육의 경쟁력을 높이고 주민의 교육요구를 반영할 지방교육행정의 책임자를 선임하는 방법이 있기 때문이다. 새로운 교육감 선임에서 제일 중요하게 고려할 요인은 지방자치단체와 연계와 협력 강화이다. 「지방자치분권및 지방행정체제개편에관한특별법」 제12조 제2항에 "국가는 교육자치와 지방자치의 통합을 위하여 노력하여야 한다"라고 규정되어 있다. 새로운 교육감 선임방법은 크게 두 가지 방법 중에서 결정하면 될 것이다. 첫째 방법은 시도지사가 지방의회의 동의를 받아 임명하는 방안이다. 둘째 방식은 시도지사 러닝메이트제도이다. 시·도지사와 교육감후보자가 정·부가 되며, 유권자는 시·도지사 투표만 하고 교육감은 시·도지사 선거 결과에 따라 결정된다. 교육의원 선거가 폐지된 상황에서 교육의원 선거 없이 교육감만 선거하는 것은 기관구성 설계상 정합성이 떨어지기 때문에 광역 단위 교육감 선거를 폐지하고 단체장 지방선거와 연계한 교육감 선거 방식이 필요하다. 상대적으로 교육전문성을 훼손하지 않으면서 협력적 거버넌스를 통한 교육서비스 제공을 용이하게 한다. 많은 사람들이 일반행정에 교육에 예속된다고 우려를 표하지만, 교육자치와 일반자치의 연계협력에서 얻는 이득이 훨씬 크다.

　　정당 공천을 받는 시도지사와 러닝메이트제가 헌법에서 정한 교육의 정치적 중립성을 위반한다는 주장이 있으나 헌법재판소의 판결을 보면 이의 주장은 설득력이 약하다. 교육의 자주성·전문성·정치적 중립성에 의하여 교육감이 교육행정기관으로서 일반행정기관과 별도로 존재하는 것이 정당화되더라도, 현행 헌법은 지방교육자치기관으로서 교육감의 선임방식을 입법에 맡기고 있다. 헌법 제118조 제2항은 "지방자치단체의 장의 선임방법 기타 지방자치단체의 조직과 운영에 관한 사항은 법률로 정한다"라고 하여 시·도의 교육·학예에 관한 사무의 집행기관인 교육감 선임방식을 입법부에 맡기고 있다. 교육감 선거제도를 구성함에 있어서 헌법재판소는 '민주주의·지방자치·교육자주'라고 하는 세 가지의 헌법적 가치의 조화를 요구한다. "지방교육자치는 지방자치와 문화적 자치라는 '이중의 자치'의 요청으로 말미암아 지방교육자치의 민주적 정당성 요청은 어느 정도 제한이 불가피하게 된다. '민주주의'의 요구를 절대시하여 비정치기관인 교육위원이나 교육감을 정치기관(국회의원·대통령 등)의 선출과 완전히 동일한 방식으로 구성한다거나, '지방자치'의 요구를 절대시하여 지방자치단체장이나 지방의회가 교육위원·교육감의 선발을 무조건적으로 좌우한다거나, '교육자주'의 요구를 절대시하여 교육·문화 분야 관계자들만이 전적으로 교육위원·교육감을 결정한다거나 하는 방식은 그 어느 것이나 헌법적으로 허용될 수 없다"고 판결하였다(헌재 2000.3.30. 99헌바113). 교육내용을 결정하고 교육현장에서 교사가 진리를 가르치는 내적 영역은 비정치적 영역으로서 정치가 개입해서는 아니되지만, 기타 교육제도, 교육정책, 교육의 기회 배분, 교육재정 등과 같이 교육체계와 관련된 외적 영역은 정치적 영역으로 인정되고, 다만 이에 대한 정치적 간섭과 통제가 부당한 경우에만 금지된다고 볼 때, 선거제도 구성에서 상당한 입법 재량이 허용된다고 본다. 따라서 교육감 후보자와 시·도지사 후보자가 정책을 연대하거나 등록과 선거운동을 공동으로 하고 그 사실을 선거홍보물과 투표용지 등에 표기하는 등 정당이 교육감선거에 일부 관여하는 것은 교육의 정치적 중립성을 위반한다고 볼 수 없을 것이다.

3. 교사 개인의 정치적 활동은 보장하되, 정치교사는 처벌해야

가. 교사 개인의 정치적 활동은 보장

공무원의 정치적 중립성은 공직 수행 영역에 한하여 요구되는 것으로 공무원이 사인(私人)의 지위에서 정치적 자유권을 보장할 필요성이 대두되고 있다. 예컨대, 공무원 또는 교원은 「정치자금법」에 따른 후원회에 후원금을 기부할 수 있도록 허용하는 것이다. 대학교수는 정치활동에 아무런 제약을 받지 않는 점을 고려하면 교사에게 최소한의 개인적이고 사적 정치활동은 허용하는 것이 국제규범에 부합된다. ILO 협약권고 적용에 관한 '전문가위원회'는 2019년, 2021년 잇따라 한국 정부가 교사들의 정당가입과 선거운동 참여와 같은 정치활동을 금지하는 것은 고용과 직업에 따른 차별을 금지한 111호 협약에 위배된다고 보고 그 개선을 권고하였다. OECD 국가 중 교사 공무원의 정당가입을 전면적으로 금지하는 나라는 한국뿐이다. 미국, 영국, 일본은 당연히 정당가입이 허용되고, 프랑스 독일, 뉴질랜드, 핀란드, 노르웨이, 스웨덴, 오스트리아에서는 정당가입은 물론 공무원의 정치활동의 자유를 보장하고 있다.

16세 이상 학생은 정당가입이 허용되는 반면에 정치과목을 수업하는 교사의 정당가입을 금지하는 것은 불합리하다는 주장이 설득력을 얻어가고 있다.

나. 정치편향교사 제재

현행 법령상 교사의 정치편향 교육을 엄격히 금지하고 있으나 처벌규정이 없어서 징계 등 행정제재에 그치고 있다. 정치편향 교사에 대한 형사처벌의 근거를 만들어 정치편향 교육에 대한 경각심을 줄 필요가 있다. 또한 교사들이 학교에서 아이들을 만날 때 또는 수업할 때 아이들에게 자신의 정치적 편향성을 드러내며 이를 강요하는 일이 있을 경우, 학생(학부모)은 다른 학교로 전학을 요청할 수 있도록 한다. 정치편향 교사에 대한 거부권(전학청구권 부여)을 학부모에게 부여하는 것이다.

국회의원·지방선거 출마 연령 하한을 현행 25세에서 18세로 낮추는 내용의 공직선거법 개정안이 2021년 연말에 국회를 통과했다. 만 18세의 고3 학생도 국회의원이나 자치단체장에 출마할 수 있게 되었다. 정당가입 연령은 현행 18세에서 16세로 낮아졌다. 부모 등 법정대리인 동의만 있으면 16세 이상은 정당 가입이 가능토록 하는 정당법 개정안이 국회에서 2022년 1월에 의결되었다. 고1부터는 정당 가입이 가능하고, 고3부터는 선거에 입후보도 가능해졌다. 청소년의 참정권이 확대되어 고등학교 시절부터 적극적으로 정치적 활동을 할 수 있는 길이 열렸다. 청소년들의 이익이 정책에 반영되고 정치역량을 갖춘 젊은 정치인을 키워 민주주의 발전에도 기여할 것이다. 반면에 한국교총 등 보수 교육계는 '교실의 정치화'를 우려한다. 교내 정당홍보, 정당가입 권유 활동이 가능해지면 교실의 정치장화, 학습권 침해 등이 우려된다. 고등학교 내 정치편향 교육과 후보자 및 학생들의 무분별한 선거운동으로 일선 교육현장이 선거운동의 장으로 변질될 수 있다는 우려이다. 학교 내 선거운동도 수업에 지장 없는 범위 내에서 이루어지도록 제한하여야 할 것이다. 예컨대, 오전 8시부터 오후 6시까지 초중등학교에서 학생이 선거운동을 할 수 없도록 하고, 예비후보자 등의 명함을 이용한 선거운동, 선거공약 배부, 현수막 게시, 연설·대담, 대담·토론회 등을 할 수 없도록 하여야 할 것이다.

피선거권 하향이 교육 현장에 혼란을 부를 수 있으므로 교사들의 정치적 중립을 지키는 노력은 더욱 더 중요해진다.

4. 학교를 필수공익사업장으로 지정해야

학교 구성원을 대별하면 교원(교장, 교감, 교사), 교육행정직, 기능직, 공무직(조리종사원, 돌봄전담사, 행정실무사 등 50여 직종)으로 나눈다. 교육공무직은 비정규직이나 무기계약직으로 신분보장을 받는다. 교육공무직은 2021년 4월 기준 16만 5,750명으로 2010년 11만 8,052명에 비해 크게 늘었다. 시·도교육청별로 운영형태가 상이하고, 적게는 15개, 많게는 50개의 직종이 운영된다. 이들은 저마다 소속 단체나 노조에 가입돼 있고, 조리종사원과 돌봄전담사 등이 연례적으로 파업하여 급식 중단사태와 돌봄공백이 빈번하게 일어나고 있다. 이들의 파업으로 인한 '돌봄 대란' '수업 파행' '급식 대란' 등의 피해는 고스란히 학생들에게 돌아간다. 이에 따라 초·중·고교를 필수 공익 사업장에 포함시켜 파업 시 대체 인력을 투입해 학생들의 학습권 침해를 막아야 한다는 목소리가 높아지고 있다. 학교가 노동쟁의의 각축장이 되는 것을 우려하는 여론이다. 한국교총 등은 노동조합법 및 노동관계조정법 제71조를 개정해 학교를 '필수공익사업'으로 지정해달라고 요구한다.[2] 학교가 필수공익사업장이 되면 파업을 하더라도 필수인력을 두게 되고, 대체인력을 투입할 수 있게 돼 파업대란을 막을 수 있기 때문이다.

유아학비와 대학생 학비 지원방안

" 자유 · 공정 · 다양성
4.0시대 교육정책 어젠다 "

1. 선거가 무상교육 앞당겨

2. 유아학교로 하고 3~5세 단계적 무상교육

3. 대학생 학비 지원은 '취업 후 등록금 상환제'가 최적 방안

제9장 유아학비와 대학생 학비 지원방안

1. 선거가 무상교육 앞당겨

복지확대는 스스로 증폭하는 자기증폭성과 한 번 늘어난 복지는 줄이기가 어려운 불가역성을 지니고 있다. 재정적 부담이 커지는데 과연 우리 경제력으로 감당할 수 있는지, 복지의 순서와 방향 등 복지국가에 대한 밑그림이 필요하다. 나아가 복지수혜자와 복지 재정부담자 간의 갈등, 복지 부담을 둘러싼 세대 간의 갈등, 한쪽의 복지를 확대하면 다른 부문의 복지축소를 초래하는 '복지의 역설' 등 사회적 갈등을 부추길 요인에 대한 사회적 합의가 필요한 국가적 과제이다. 그러나 교육부분에서 무상복지는 이런 원칙의 정치(politics by principles)에서 벗어나 선거를 의식하여 졸속으로 시작한 것이다. 무상급식, 무상보육, 반값 등록금, 고교 무상교육이 어떻게 실현되었는지 짚어본다.

가. 무상급식

무상급식은 2010년 6.2 지방선거에서 가장 뜨거웠던 선거 이슈였다. 당시 민주당은 초·중학교 모든 학생들에게 친환경 급식을 무상으로 지원하겠다는 것을 1번 공약으로 내세웠다. 민주당에서는 헌법상 의무교육의 무상범위에 급식비가 포함되고, 선별적으로 급식비를 면제하면 혜택받는 학생들에게 수치감을 준다는 이유, 그리고 학부모 교육비 부담을 덜어 준다는 논리로 의무교육 대상자인 초·중학생 전원에게 2011년부터 무상급식을 전면 제공하겠다고 공약하였다. 이에 반해 한나라당에서는 학부모의 소득 수준을 고려하지 않고 모든 학생에게 무상급식을 실시하는 것이 사회정의에 반한다는 논리로 소득 하위 30% 학생과 농어촌 지역학생에게 점진적으로 무상범위를 확대하겠다고 공약하였다. 무차별 무상공약은 약효를 발휘하여 7명의 시도지사를 배출하였다. 한편 민주당과 같이 무상급식을 공약으로 내세운 진보성향의 후보도 6개 시도교육감으로 당선되었다. '애들 밥 한 끼를 공짜로 먹이지 못하느냐'하면서 국민정서에 호소하는 선거 전략이 먹혀들어 무차별 무상급식 공약이 승리한 것이다.

　　복지 이데올로기 차이에서 오는 갈등은 2011년에 오세훈 전 서울시장과 서울시 의회 간의 '친환경 무상급식 지원에 관한 조례안'의 의결을 둘러싸고 본격적으로 표출되었다. 오세훈 전 시장은 "본격적으로 몰아닥치고 있는 '망국적 무상 쓰나미'를 지금 이 순간, 수도 서울에서 막아내지 못한다면 국가의 백년대계가 흔들린다"는 명문으로 주민투표를 제안한다. 오 시장은 전면적인 무상급식의 실시는 무상 복지 포퓰리즘의 대표적인 복지 정책으로 보고 정치적인 승부를 걸었다. 그러나 무상급식 주민투표가 33.3%(279만 5천 761명)를 넘지 못한 25.7%(215만 9천 명)를 기록하여 무상급식 주민투표가 무효화되면서 무상급식은 대세를 이루게 된다. 2011.10.26 치러진 서울시장 보궐선거에서 친환경무상급식을 공약한 박원순 후보가 시장으로 당선된다. 박원순 시장은 취임 후 1호 결재로 무상급식에 대한 지원 결정을 하여 무상급식에 대한 강한 의지를 보였다. 이처럼 무상급식을 둘러싼 복지철학 논쟁은 무상교육 시리즈의 시발점이 되고 정치지형을 바꾸는 역할을 하였다. 그리고 보편적 무상급식을 주장하던 인사들은 진보정권에서 권력을 잡는다. '무상급식'을 주도한 김상곤 전 경기도교육감은 문재인 정부에서 초대 교육부장관을 맡았다. 이제 무상급식 시작한 지 10년 만에 전국 모든 초중고 학생들이 무상급식 지원을 받는다. 세계적으로 무상급식을 실시하는 나라는 스웨덴, 핀란드 등 복지국가에 그치고 있는 점을 고려하면 무상급식에서는 우리나라는 최고의 복지국가가 된 것이다. "보편적 무상급식은 세계 교육사에서도 모범이 되는 사례"[1]라고 평가하는 인사도 있지만, 무상급식을 우선적으로 추진해서 치른 대가도 고려해야 한다. 한정된 공적재원을 어려운 여건에 놓여 있는 학생들에게 집중할 수 있는 기회를 놓쳤다. 급식비 부담능력이 있고 의사가 있는 학생들까지 급식비를 지원하는 것은 과잉복지이다.

나. 보상보육

무상급식은 민주당 등 진보진영에서 주도한 반면에 무상보육은 한나라당 등 보수진영이 선점하였다. 무상보육은 2010년 무상급식 이후 무상복지공약 경쟁이 붙으면서 대선을 앞둔 2011년 말에 당시 여당 한나라당에서 주도적으로 이슈화한다. 무상보육은 저출산 대책 명분을 걸고 영유아 학부모 유권자를 의식한 선심성 공약으로 추진된 면이 크다. 아이를 키우기 편한 세상을 만들어 OECD 국가 최저 출산율을 극복하려는 정책적 의도도 있었지만, 표를 의식한 무상시리즈의 한편이다. 2012년 대선에서 박근혜 대통령후보는 "0~5세 보육 및 유아교육 국가완전책임제 실현"을 내세우고 누리과정 지원비용을 증액하고 관련예산을 안전적으로 확보하겠다고 공약집에 명시하였다.

박근혜 정부 시절에 어린이집 지원비 부담 주체를 놓고 교육감들과 대립한다. 누리과정 제도는 만 3~5세가 다니는 유치원과 어린이집에 공통 교육·보육과정(누리과정)을 도입하고, 학부모에게 소득수준에 관계없이 유아학비 및 보육료를 무상지원하는 제도를 말한다. 2012년에는 만 5세에 적용하고 2013년에 3~4세까지 확대한다. 2011년까지 어린이집 보육료는 보건복지부가 지방자치단체에 교부는 국고보조금으로 지원하던 것을 시도교육청에 부담토록 하자, 시도교육감들은 어린

이집은 교육청 관할도 아닌 보육기관이라는 이유로 보육료지원을 거부한다. 중앙
정부와 시·도교육청의 재원부담 갈등은 2016년 예산안 의결과 함께 "유아교육지
원특별회계"를 설치하여 해결한다. 이 특별회계의 세입은 교육세와 일반회계 전입
금(국고 지원분)으로 구성된다. 교육세는 원래 지방교육재정교부금의 재원이므로, 결
국 지방교육재정교부금 재원의 일부가 유아교육지원특별회계로 이관되고 국가에
서 일부 부담하는 것으로 타협한 것이다. 유아교육지원특별회계 설치는 기획재정
부의 정책 MVP로 선정되기도 하였다.[2] 이 정책은 재원 마련으로 진통을 겪던 누
리과정을 둘러싼 사회적 갈등을 해소할 해법으로 높은 평가를 받았다. 2022년에는
어린이집과 유치원은 동일하게 월 28만 원(방과 후 과정비 7만 원 별도)이 학부모들에게
지원되고 있다.

다. 반값 등록금

2007년 대선공약으로 반값 등록금이 등장하였지만 2011년에 반값 등록금 문
제는 국가적 관심사로 부각된다. 이에 '반값 등록금'은 2012년 대선의 '뜨거운' 공
약으로 주목받는다. 학생의 등록금 부담을 어떤 정책 수단을 사용하여 어느 정도
경감시키느냐 하는 문제는 후보자들의 교육복지철학을 가늠하는 대선 이슈였다.
막대한 국가재정이 소요될 뿐만 아니라, 대학교육 경비 부담 주체의 변경이 수반
되고, 나아가 대학교육의 질을 저하시키는 부작용이 수반된 정책이기 때문이다.
선거를 마친 유권자 대상 설문조사에서 가장 마음에 드는 공약 중에서 박근혜 후
보 지지자들은 반값 등록금 공약을 3번째로 꼽았고, 문재인 후보 지지자들은 4번
째로 들 만큼 반값 등록금은 대선의 뜨거운 이슈였다(한국갤럽, 2013). 박근혜 후보는
무차별 지원이 아닌 소득 수준별로 차등 지원을 공약했다. 소득 하위 20%에 속하
는 대학생에게는 등록금 전액을 지원해주고, 하위 20~40%에는 75%, 하위 40~
70%엔 50%, 하위 70~80%엔 25%를 각각 지원한다는 것이다. 나머지 상위 20%는
현재 시행 중인 든든학자금(ICL) 대출을 지원하되 연 3.9%인 이자율을 점차 낮춰

부담을 줄여주겠다고 약속했다. 이와 함께 셋째 자녀부터 대학 등록금 100% 지원 약속도 이색적이다. 이에 비해 문재인 민주통합당 후보는 소득 수준에 상관없이 모든 대학생들의 등록금 절반을 정부 재정으로 지원해주겠다고 공약했다. 첫해엔 국·공립대부터 먼저 도입하고, 이듬해부터 사립대로 넓혀 집권 2년 안에 모든 대학의 등록금을 반으로 낮추겠다고 약속했다. 대학 등록금 상한제를 도입하여 등록금 인상을 억제하겠다고 했다. 이처럼 박 후보는 선택적 복지 이념에 따라 소득에 따른 차등지원으로 '평균적' 반값 등록금을 공약으로 내세웠고, 반면에 문 후보는 보편적 복지 이념에 따른 '일률적'인 반값 등록금 공약을 내걸었다.

박근혜 정부는 2012년부터 반값 등록금을 주요 정책과제로 추진하였으며 2015년 들어 반값 등록금 완성을 선언하였다. 교육부(2015)가 발표한 '2015년 국가장학금 지원 방안'에 따르면 정부는 정부장학금 3.9조 원과 대학자체노력 3.1조 원으로 2011년 대학 등록금 총액 14조 원 대비 2015년 대학 등록금 부담을 평균 50% 경감하여 "소득연계형 반값 등록금"을 완성하였다는 주장이다. 그러나 2020년에 사립대 평균등록금 절반(368만 원) 이상 수혜 인원은 69만 2천 명으로 전체 대학생의 32.1%에 불과하다. 10명 중 약 7명은 반값 등록금을 체감하지 못하였다.

문재인 정부의 청년특별대책으로 2022년에는 중산층 자녀도 반값 등록금 혜택을 받는다. 국가장학금 규모가 2021년 4조 원에서 4조 7천억 원으로 늘어나, 연간 100만 명의 대학생이 반값 등록금에 해당하는 장학금 지원을 받는다. 가장 큰 변화를 체감할 대상은 서민·중산층 학생들로, 학자금 지원 5구간(중위소득 91~100%), 6구간(101~130%), 7구간(131~150%), 8구간(151~200%)에 해당하는 가구에 속한 이들이다. 8구간 가구의 월 평균소득 507만 원은 근로소득뿐 아니라 전세자금, 자동차 등 다른 자산을 소득으로 환산해 넣은 것이어서, 가구 소득 기준으로 하위 50% 가구에 들어간다.

그러나 반값 등록금 정책은 대학 등록금 억제정책으로 이어져 대학의 재정난은 심화되고 있다. 13년째 연속 대학 등록금 동결이 계속되면서 대학들의 재정난은 심화되고 교육의 질은 점점 하락하고 있다. 교육부는 2009년부터 '반값 등록금'

달성을 목표로 등록금 억제정책을 펼쳐 2011년에는 인상 한도까지 법으로 설정하는 등 등록금 인상을 억제해 왔다.

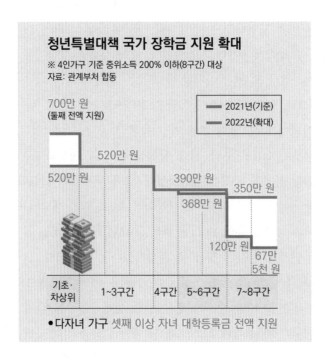

라. 고교무상교육

고교무상교육은 2010년 제5회 지방선거에서 민주당이 중앙당 선거공약으로 내세우지만, 2012년 대선에서 본격으로 논의가 된다. 2012년 18대 대선 과정에서는 유력 후보 모두 고교무상교육을 공약으로 제시하였다. 보편적 무상급식을 내세운 후보가 당선되면서 보편적 무상교육이 자연스럽게 정치권의 관심을 받는 것이다. 박근혜 정부에서는 재정 여건상 추진 보류되었다.

OECD 회원국 35개국 중에서 고등학교 단계에서 무상교육을 실시하지 않는 나라는 우리나라가 유일하였다. 일본도 2010년부터 공립고의 무상교육이 전면 실시됐다. 문재인 정부는 포용국가 실현을 위한 교육분야 최우선 과제로 '고교무상교육'을 제시한 바 있다. 문재인 정부 초기에는 2조 5,000억 원의 재정부담으로 주춤하였다. 그러나 도서·벽지를 시작으로 지역별로 도입하는 방안보다는 학년별로 도입하여 정책 체감도를 높였다. 고교무상교육은 2019년 2학기 고3 학생을 대상으로 시작해 3년 차인 2021학년도에 전 학년으로 확대되었다. 2004년 중학교 무상교육 체계가 완성된 뒤 17년 만에 고교까지 범위가 넓어진 것이다. 당초 고교무상교육은 2022년 적용될 예정이었으나, 정부와 더불어민주당은 적용 시기를 1년 앞당겼다. 조기시행에 대하여 정치권에서 논란은 있었지만 무상급식처럼 보수와 진보 간의 진영대결은 없었다. 고등학교 무상교육은 기존에 납부하던 ▲입학금, ▲수업료, ▲학교운영지원비, ▲교과서비의 네 가지 학비를 정부에서 지원하여 무상으로 고등학교 교육을 제공하는 것이다. 학생 1인당 연간 160만 원의 가계 학비 부담이 경감된다. 더불어 정부는 초·중·고 교육의 국가 책임이 완성됐다고 자평한다.

2. 유아학교로 하고 3~5세 단계적 무상교육

3~5세 아동 교육에서 제기되는 이슈는 유아학교로 명칭 변경, 유치원과 어린이집 통합, 그리고 유아교육의 의무교육화이다.

가. 유보통합과 유아 의무교육은 서둘지 말자

3~5세 유치원·어린이집 이용률('20년)은 92.5%에 이른다. 유치원 49.0%이고, 어린이집 43.5%이다. 유치원과 어린이집은 3~5세 아동을 약 1/2씩 나누어 교육과 돌봄을 하고 있는 것이다. OECD 국가와 비교하면 3~4세의 이용률은 매우 높은

편이다. 어린이집은 유치원과 다른 몇 가지 특징이 있다. 첫째, 유치원은 교육에 방점을 두고, 어린이집은 보육에 중점을 두었다. 그러나 2012년부터 누리과정을 공통적으로 운영하기에 차이가 줄었다. 둘째, 운영시간의 차이이다. 어린이집은 주 6일, 하루 12시간 이상 돌보도록 영유아보육법에 규정하고 있다. 아침 7시에 문열어 저녁 7시까지 유아를 돌본다. 반면 유치원은 반일제가 원칙이고 방과 후 활동을 통해 오후 5시까지 교육한다. 더욱 유치원은 약 3개월의 방학이 있지만 어린이집은 방학이 없다. 맞벌이 부부에게는 방학 없고 온종일 돌보는 어린이집이 낫다. 셋째, 비용 면에서 어린이집이 유치원에 비해 저렴하다. 정부가 지원하는 유아학비 28만 원(어린이 사랑카드) 이외에 추가로 학부모 부담금이 민간 어린이집은 10만 원 정도이지만 사립유치원은 급·간식비와 특별활동비 등을 합친 평균 30만 원 정도를 부담해야 한다. 이처럼 어린이집은 저렴한 비용으로 영유아 보육기능과 장시간 돌봄서비스를 제공하고 있다. 넷째, 교사자격 면에서 차이이다. 유치원 교사는 전문대나 4년제 대학에서 유아교육이나 아동복지학 등 관련 분야를 전공하고 정교사 자격증을 취득해야 한다. 어린이집 교사는 고등학교 졸업 후 대학에 가지 않고도 학점은행제 등을 통해 관련 과목을 이수하면 자격증을 딸 수 있다. 학력차이가 임금으로 이어져 유치원교사가 어린이집교사보다 급여가 높다. 다섯째, 관할 정부 부처가 다르다. 유치원은 교육기관으로 교육부에서 맡고 있고, 어린이집은 보육시설로 보건복지부에서 관할한다.

이처럼 여건이 다른 두 교육·보육기관을 통합하려는 것이 유·보통합정책이다. 유보통합은 현재 교육부가 담당하는 유아교육과 보건복지부가 맡고 있는 보육과정 업무를 일원화하는 것을 말한다. 하나의 부처가 영유아 보육과 교육 서비스를 전담해 업무효율을 높이겠다는 취지다. 또 통합관리를 통해 현재 제각각인 유치원·어린이집의 여건과 수준을 끌어올리겠다는 목적도 있다. 하지만 그동안 주무부처 설정이나 교육계 이해관계 등이 얽혀 있어 통합 추진은 지지부진하다.

유보통합 논의는 1997년 김영삼 정부 대통령 직속 교육개혁위원회가 유치원과 보육시설을 통합하여 유아학교 체제를 구축을 제안하면서 시작되었다. 유보통합의 필요성은 2012년 누리과정(만 3~5세 무상보육) 도입 후 다시 대두됐다. 정부와 시도교육청이 어린이집 누리과정 재원을 서로 부담하라고 힘겨루기를 하면서 이른바 보육 대란이 일어났기 때문이다. 박근혜 정부에서는 국무총리실 산하에 유보통합추진위원회도 두어 유보통합을 추진하였으나 이해조정에 실패하였다. 문재인 정부도 유보통합을 공약하였다. 보육과 교육 서비스 시설이나 교사, 프로그램들의 질을 균등화하여 격차 없는 보육·교육을 제공해주겠다는 취지에서 나온 약속이다. 그러나 유보통합을 포기하고 국·공립유치원을 확대하는 데 치중한다.

유보통합을 서두를 필요는 없다. 첫째 이유는 유치원이나 어린이집 모두 사립이 매우 높고 규모가 크지 않다. 국공립 어린이집을 다니는 아동 수는 20%에 불과하다. 국공립 유치원도 약 30% 수준에 불과하여 아동의 교육과 보육은 그동안 민간에 맡겨왔다. 소규모 영세한 민간 어린이집과 유치원을 교사의 자격기준을 높이고 설치기준을 올리는 데 무리가 따른다. 둘째, 보육 및 아동관련 학계 대표들은 통합 방안에 관한 준비 없이 일방적으로 교육부 중심의 보육업무 이관·통합이 논의되는 것에 대해 반대하고 있다. 유보통합은 어린이집이 유치원 기준에 맞추는 것을 의미하기에, 보육교사를 양성하는 대학의 학과 및 교육시설들은 설 자리를 잃는다. 어린이집은 교사 처우 개선과 시설을 보충에 많은 부담이 된다. 영유아 학생 수가 급격히 주는 상황에서 어린이집은 경쟁력을 잃고 폐원에 몰린다는 위기의식에서 유보통합에 반대하는 것이다. 셋째, 유보통합을 이루면 획일적인 유아교육으로 경도될 가능성이 높다.[3] 보육돌봄이 약화되어 초등학교 돌봄교실처럼 통합유치원에 전일제 돌봄 프로그램을 별도로 설치해야 하는 경우도 발생할 것이다.

유보통합이 지지부진하다 보니, 20년 가까이 유치원을 유아학교로 변경하려고 한국교총 등 교직단체의 입법청원 노력이 실현되지 않고 있다. 유치원부터 초·중·고·대학교로 이어지는 학교 체제의 연계성을 위해 유아학교라는 명칭을 도입해야 한다고 요구한다. 또한 유치원은 일본식 이름이기에 유아학교의 명칭을 주장한다. 일제 강점기에 유치원은 일본인의 자녀를 위해 세워졌다. 교사노동조합연맹(교사노조) 측은 "황국신민학교의 준말이었던 국민학교는 1995년 초등학교로 바뀌었지만 유치원은 일제시대인 1897년부터 지금까지 그대로 쓰이고 있다"며 명칭 개정을 촉구했다. 유치원만 놓고 보면 유아학교로 이름 변경은 쉽게 이루어질 수 있다. 그러나 유치원과 어린이집이 일원화되어야 명칭 변경의 효과를 거둘 수 있다. 유아학교로 승격되면 학교에 걸맞게 교사, 교육과정, 시설을 끌어 올려 교육여건을 좋게 해야 하기 때문이다.

유보통합이 시간이 걸리므로 일정 수준을 갖춘 유아 교육기관을 '유아학교'로 하는 방법도 있다. 국공립유치원 및 여건을 갖춘 사립유치원, 일정 기준 이상의 어린이집을 대상으로 '유아학교'로의 전환을 고려할 수 있다.

정치권에서는 3(4)~5세 유아 대상으로 의무 무상교육을 실시하자는 목소리가 나오고 있다.[4] 현재 유아교육제도는 다양한 유치원과 어린이집 내에서 발생하는 교육의 편차, 아직 낮은 국공립유아교육 기관의 수용률과 현실적으로 발생하는 학부모의 추가부담액 등으로 인해 유아기부터 교육 불평등 현상이 나타나고 있다고 본다. 이를 해결하기 위해서 유치원과 어린이집을 일원화해서 유아학교로 하고 이곳에서 의무교육을 하자는 주장이다. 이는 국가가 유아교육 서비스 제공을 독점하겠다는 발상이다.

의무교육이 되면 학교교육의 제도 안에서 유아교육의 국가수준 관리가 더욱 강화된다. 우선 헌법 제32조 제3항 "의무교육은 무상으로 한다"라는 규정에 따라 무상교육에 추가적인 재정이 소요된다. 서울시교육청에 따르면 만 4~5세 유아 의무교육을 위해서는 전국적으로 약 6조 2,306억 원의 예산이 소요되며, 현 유아학비 예산 2조 7,506억 원을 제외하면 추가로 필요한 예산은 약 3조 4,800억 원(만 4세 1조 6,751억 원, 만 5세 1조 8,049억 원)으로 추산하고 있다. 둘째, 의무교육 확대에 따른 유아학교 교사의 양성과 공급문제가 다시 짜여져야 한다. 셋째, 유아학교에 걸맞는 교육시설과 여건을 갖추어야 하는데 이 과정에서 많은 민간 어린이집과 사립유치원들의 통폐합 내지 폐교문제가 발생한다. 이는 유아 수용부족 문제를 발생시킨다. 넷째, 어린이집은 민간이 80%에 이르고 원아의 70%을 사립유치원이 담당한다. 이들 기관은 학교법인이 아닌 개인 소유로 운영되고 있어 학교운영경비 전체

248

를 국고에서 지원하려면 법인으로의 전환이 필요한데 어린이집과 유치원이 반대할 것이다. 다섯째, 유아교육단계를 군이 의무교육으로 하는 것이 적절한지 하는 적합성 문제이다. 우리나라에서 의무교육은 초등학교·중학교로만 한다. 고등학교는 무상교육을 실시하여 의무교육 같은 완전 취학률을 달성하고 있다.

그러나 유아교육 의무교육화는 무엇보다도 학부모의 선택권을 크게 제한하게 된다. 의무교육은 학부모에게 유아학교에 취학시킬 의무를 부과하기에 지금처럼 영어유치원 등에 보낼 수 없다. 또한 유아학교에 보내지 않고 부모가 돌보는 것도 허용되지 않는다. 유아학교 배정도 초등학교처럼 근거리 배정을 할 수밖에 없어서 학교선택권을 제약한다. 더욱더 돌봄공백이 우려된다. 유아학교로 변경되면 학교와 교사 권한의 확대로 교육수요자인 학부모의 돌봄 요구가 축소될 수 있다. 어린이집 교사들은 유치원보다, 유치원 교사들은 초등학교 1학년 교사보다 더 긴 시간 유아를 대상으로 교육활동을 제공한다. 따라서 고등학교처럼 교육비 지원으로 무상교육을 실현함으로써 유아들이 차별 없이 질 높은 유아교육을 받을 수 있게 하는 것이 효과적이다. 학부모가 원하는 것은 영유아교육비 부담이 없고 영유아교육에 자기들 선호가 반영되길 원한다. 질 좋은 공짜 유아교육을 원하는 것이다.

나. 국·공립유치원 증설은 중단되어야

아동 수가 줄어서 사립유치원과 민간 어린이집은 폐원이 급증하는데 국공립유치원은 오히려 신설되고 있다. 문재인 정부는 공립유치원 비율을 40% 높여 유아교육의 공공성을 확보하겠다는 정책을 펴고 있다. 문재인 정부는 국공립유치원 취원율을 오는 2022년까지 전체 공사립유치원의 40%까지 끌어 올리겠다고 공약했다. 2018년부터 2020년까지 국공립유치원 총 2,352학급을 확충하며 국공립유치원에 입학가능한 정원비율을 39%까지 늘리며 취원율 40% 달성을 위한 환경을 조성했다. 그러나 2017년 24.8%였던 국공립유치원 취원율은 2020년 29.8%까지 정도만 증가한 것으로 나타났다. 아동 수가 급격히 주는데 국공립을 신설하는 정책을 펴서 정책 실패현상이 나타나고 있다. 즉 국공립유치원 정원을 못채워서 시설과 교원이 남아돌고 사립유치원은 재정악화로 폐원이 급속히 늘고 있다.

국회 교육위원회 소속 안민석 더불어민주당 의원이 교육부로부터 제출받은 '2021년 전국 국공립유치원 충원 현황'에 따르면 전국 국공립유치원(5,031개)의 평균 충원율은 72%으로 나타났다.5) 최근 3년 사이(2019~2021) 신설된 국공립유치원 총 330개 중 2021년 충원율이 50% 미만인 국공립유치원도 44개(13%)나 됐다. 국공립유치원 충원율이 저조한 원인은 출산율 감소에 따른 유아 수 감소, 코로나19로 인한 가정보육 증가 등을 들 수 있다. 그러나 무엇보다도 충원율이 낮은 이유는 방과 후 돌봄과정 부족, 통학버스 미운행, 시설의 노후화 등 사립에 비해서 학부모들이 선호하지 않기 때문이다.

한편 사립유치원은 폐원이 늘고 있다. 2018년 교육부의 '유치원 공공성 강화'와 '유치원 3법' 제정 등이 사립유치원의 폐교를 촉진시키는 촉매제가 되었다. 자율경영과 이윤추구가 더 이상 허용되지 않게 되자 사립유치원 운영의 인센티브가 사라진 것이다. 교육하면서 돈을 버는 것이 법으로 금지되자 폐원 수순을 밟는 사립유치원이 줄을 잇고 있다. 2017년 69개에 불과한 사립유치원 폐원 수가 2019년 257개, 2020년 261개로 늘었다. 이에 따라 사립유치원은 2016년 4,291개에서 2020년 3,729개로 13% 감소했다.

사립유치원이 공립유치원보다 학부모로부터 선택받는 이유는 교육서비스 차이에서 나온다.6) 첫째, 아이들을 돌보고 교육하는 운영시간의 차이이다. 공립은 9시부터 오후 1시까지 정규교육과정을 운영하고 방과 후 과정을 오후 4시 30분까지 한다. 사립은 정규수업이 오전 8시부터 오후 2시이고 방과 후 과정은 4시 30분까지이고 돌봄 오후 과정은 7시까지이다. 거의 11시간 동안 아이들을 돌보고 교육한다. 둘째로 통학버스 운영이다. 서울의 경우 공립은 27%에 불과한데 사립은 97%에 이른다. 셋째, 사립유치원 프로그램이 다양하고 알차다. 특기·적성교육도 다양하고 특히 여름캠프는 공립이 따라 올 수 없다.

국공립유치원이 증가할수록, 무상 유아교육을 받는 아이들은 늘어나지만, 국공립 유아경비가 사립의 2배가 넘는다는 점을 감안할 때 그만큼 국민의 세금 부담도 커지고 있다. 이 때문에 국공립을 늘리는 것보다 사립유치원 학부모 교육경비를 확대 지원하는 것이 훨씬 효율적인 유아 무상교육을 위한 방안이라 할 수 있다.

어린이집도 유치원과 비슷한 현상을 보이고 있다. 민간 어린이집은 폐원이 늘고 있고 공립어린이집은 정원미달이 증가하고 있다. 최근 영유아 수 감소로 폐원하는 민간·가정어린이집이 증가하는 추세다. 민간·가정어린이집 폐원 건수는 2015년 1,817건 → 2017년 1,912건 →2019년 3,035건으로 늘었다.

다. 5세부터 단계적으로 무상교육해야

사립유치원은 2000년에 이르러 교육부로부터 처음으로 교재교구비 18억 원을 지원받았다. 학급운영비와 사립유치원 처우개선비를 이어서 지원받는다. 2004년 유아교육법을 제정하면서 무상교육조항을 신설한다. 즉 유아교육법 제24조에 '초등학교 취학직전 3년의 유아교육은 무상(無償)으로 실시하되, 무상의 내용 및 범위는 대통령령으로 정한다'로 규정한다. 교육비 지원을 '무상으로 실시하는 유아교육에 드는 비용은 국가 및 지방자치단체가 부담하되, 유아의 보호자에게 지원하는 것을 원칙으로 한다'로 규정하여 유치원이 아닌 학부모에게 직접 지원하는 방식을 택한다. 그동안 교육비를 학교에 지원하던 방식과 달리 일종의 바우처를 지원하고 추가적인 비용은 학부모가 부담토록 하는 방식이다. 이는 학부모의 교육비 부담을 덜어주면서 학교선택권을 보장한다는 측면에서 혁신적인 방법이었다. 법적으로도 원비 사용에서 큰 차이가 있다. 무상교육에 들어가는 비용을 유치원에서 보조를 받게 되면 국가보조금을 사용하는 것이기에 이를 원장 마음대로 쓸 수 없다. 반면, 무상교육비를 학부모에게 지원학고 이를 유치원에서 원비로 징수하게 되면 그 돈의 성격은 학부모로부터 받은 돈이어서 사용이 비교적 자유롭다.

만 3~5세 누리과정 도입(2012) 후 2013년부터 3~5세의 유아학비/보육료를 국가에서 일부만 지원하고 있다. 매년 지원 단가를 인상하여 2022년에 유아학비

<table>
<tr><td rowspan="2">표 9-1</td><td colspan="6">2022년 유치원·어린이집 원아 지원 대상 및 금액</td></tr>
</table>

구분	연령	대상인원 (2020)	지원액(원/월)		
			국·공립 유치원	사립 유치원	어린이집
유아학비 (유치원) 보육료 (어린이집)		유치원 612,538 어린이집 543,506	100,000	280,000	280,000
방과 후 과정비	만 3~5세	1,156,944	50,000	70,000	70,000

(유치원)로 28만 원, 보육료(어린이집)에 28만 원을 지급하고 있다 방과 후 과정비로 별도로 7만 원이 보조된다. 유아교육법 시행규칙상 표준유아교육비 55만 7천 원에 부족한 금액이다. 유치원 유아학비는 지역에 따라 차이가 큰데 서울의 경우 표준유아교육비(55만 7천 원)를 초과해서 운영하는 유치원은 25.7%('21 서울 원비 현황 조사 기준)에 해당한다.

　한편, 유치원과 어린이집 미취원 아동에게는 양육수당을 지원하고 있다. 3~5세는 월 10만 원, 2~3세는 월 15만 원 그리고 1세 미만 영아는 20만 원이다. 유치원 무상급식은 17개 시·도 가운데 4곳(서울, 부산, 대구, 경남)을 제외한 13곳에서 실시하고 있다. 경북 23개 시·군 중 21곳에서 유치원 무상급식을 시행하고 있다. 서울시의 경우, 2022년부터 공사립유치원에 무상급식이 시작된다. 예산은 연간 총 699억 원으로 서울시교육청이 50%(350억 원), 서울시가 30%(210억 원), 자치구가 20%(139억 원)를 각각 분담한다. 1인 1식당 평균 4,642원, 전체 수업 일수만큼 유치원에 지원한다.

　유아(幼兒)에게 유아학비와 보육료를 지원하여 무상교육을 실현하는 방법으로 3가지를 제안한다. 국가재정 형편을 고려하고 국민들의 동의를 얻어 지원방식을 선택하여야 할 것이다. 첫째 방안으로는 유아학비·보육료를 연차적으로 인상하여 유아표준교육비까지 지원하는 방안이다. 예를 들면 연간 2만 원 인상하여 유아학비를 28만 원(22년) → 30만 원(23년) → 32만 원(24년) → 34만 원(25년) → 36만 원(27년)
으로 올리는 것이다. 무상교육실현까지 장기간 소요되지만 재정부담이 크지 않아
실천가능한 방안이다. 둘째, 만 5세부터 전면 무상교육을 실시하는 것이다. 소요
예산은 교육부 추계에 따르면 전면 무상교육의 1/3 수준으로 연간 약 1.2조 원이
현재보다 추가로 소요된다. 셋째, 3~5세 유아를 대상으로 유치원·어린이집 전면
무상교육을 실시하는 방안이다. 소요 예산은 현재 유아교육특별회계 예산의 약 2배
수준인 약 3조 2,788억 원이 추가로 필요하다(교육부 추계). 20대 대선에서 한 여당후
보가 대선후보 공약으로 제시한 바 있다. 유아교육특별회계의 일몰시한이 2022년
말인데 이를 연장하고 규모를 늘려서 재원을 확보하여야 할 것이다.

3. 대학생 학비 지원은 '취업 후 등록금 상환제'가 최적 방안

가. 대학 완전무상교육은 학력인플레로 대졸 실업자를 늘려

선거철이 되면 대학생 학비 경감은 단골 공약으로 등장한다. 20대 대선 당후
보 경선과정에서 더불어민주당의 유력후보는 국·공립대학 완전무상교육을 들고
나왔다. 국민의힘 유력후보는 취업 후 등록금 완전 후불제를 공약으로 제시하기도
하였고, 정의당의 한 후보는 2025년까지 대학생 완전무상교육을 약속하였다. 이처
럼 대학 완전무상교육부터 취업 후 등록금 상환제까지 무상의 범위와 대상을 달리
하는 공약이 나오고 있다.

전국교수노동조합(교수노조)과 전국대학노동조합(대학노조) 등 진보진영은 우리나
라 대학진학율이 80%에 육박하여 보편화 단계에 이르렀기에 대학교육비는 국가가
책임져야 한다고 주장한다. 학령인구가 급속히 줄어서 학생모집난으로 재정압박을
겪는 지방대를 살리는 데도 도움이 된다는 입장이다. 한발 더 나아가 대학통합네
트워크에 참여하는 사립대학에 대하여 정책적 인센티브로 등록금 무상에 소요되

는 돈을 정부에서 지원하여 대학서열완화 정책 수단으로 활용하자는 주장까지 대두된다.[7] 대학교육비의 존재는 필연적으로 대학을 서열화하고 학벌사회를 만든다고 전제하고 대학서열 체제와 대학교육비 개인 부담은 지배계층의 학벌사회 체제 방어기제라고 주장하기도 한다. OECD 국가 중 노르웨이, 프랑스, 핀란드, 독일 등 16개 국가가 고등교육 무상화를 제도적으로 도입하고 있다는 점도 대학무상교육을 주장하는 논거가 된다. 이처럼 대학무상교육은 단순히 학생들 학비부담을 덜어주는 차원을 넘어서 대학평준화 및 사회불평등 완화 기제로 주창되고 있다.

미국도 대학무상교육이 선거 쟁점이 되었다. 대통령 선거 민주당 후보 경선 과정에서 공립대학 무상교육은 뜨거운 이슈였다. 2016년 힐러리 클린턴 후보와 경합을 벌였던 버니 샌더스 후보가 공립대학 무상교육을 강하게 주장하였다. 조 바이든 대통령도 2년제 전문대(community college) 무상교육을 공약하였다. 대학무상교육에 대한 반대 목소리도 컸다. 대학교육은 개인적 선택이고 대학비용은 졸업 후 되돌려 받는 투자로 본다. 경제적으로 취약한 서민층 학생이 대학이나 정부로부터 학비지원을 받고, 경제적으로 윤택한 학생들은 등록금을 부담해야 한다고 주장한다. 무상교육 찬성자들은 보편복지 차원에서 사회안전망 시스템 중 하나로 대학교 무상교육실현을 주장한다. 무상교육은 누구나 대학교육을 받을 수 있는 보편교육이 되어 사회구성원 모두가 혜택을 입고 그로 인해 구성원이 잘 살 수 있는 선순환구조를 만들 수 있다는 생각이다. 특히, AI 등 기술혁명시대를 살아가려면 더욱더 많은 학생들이 대학에서 준비하는 것이 필요하다고 설명한다.

오바마 대통령도 2015년 연두시정연설을 통해서 커뮤니티 칼리지 무상교육을 제안한 바 있다. 테네시 주는 2015년부터 고등학교 졸업생들에게 2년제 커뮤니티 칼리지를 무료로 다닐 수 있도록 대학무상교육을 실시하고 있다. 그러나 조 바이든 대통령은 사실상 무상 커뮤니티 칼리지 정책을 철회하였다.[8] 막대한 재정부담으로 저소득 및 중산층 학생을 위한 등록금 지원을 확대하는 방향으로 정책을 바꾸었다. 커뮤니티 칼리지의 등록금 면제가 취약계층 학생의 4년제 학사학위 취득을 방해하는 요소로 작용할 수 있다는 우려도 작용했다. 주요 민주당 의원들과

254

이익단체의 반대에 직면하여 전문대 등록금 무상정책은 우선순위에서 밀렸다.

우리나라 대학 중에서 무상교육을 하는 대학이 나타나고 있다. 충남도립대가 2022년에는 신입생 전원, 2023년에는 1·2학년, 2024년에는 1·2·3학년에게 전액 장학금을 지원할 계획이다.9) 한 학기 수업료를 지원하는 대학은 강원도립대 등이 있지만 전 학기 수업료를 지원하기는 충남도립대가 전국에서 처음이다. 충남도립 대 신입생 정원은 476명으로, 등록금 지원에 필요한 재원은 11억 5,600여 만 원이 다. 이 학교의 학생 1인당 한 학기 등록금은 109만~130만 원 수준이며 충남도에 서 운영하는 소규모 전문대학이다.

그러나 국가차원에서 대학무상교육은 막대한 재정이 들어갈 뿐만 아니라 고 등교육생태계와 노동시장에 미치는 영향이 크기에 면밀한 검토가 필요하다. 첫째, 정부의 재정부담과 우선 순위 문제이다. 대학생 완전무상교육에는 8조~9조 원이 추가로 소요될 것으로 추산된다. 최근 코로나로 국가 재정지출이 늘어나면서 국가 채무가 2022년에는 1,000조 원을 넘어 국내총생산의 50%를 돌파하게 된다. 급격 한 고령화로 인해 현행 복지제도를 그대로 유지하더라도 곧 국가채무 비율이 100%를 넘을 것으로 전망된다. 국회 예산정책처의 전망('20.9월)에 따르면 2040년 에 국가채무비율이 103.9%, 2050년에는 무려 131.1%에 달할 것으로 예상된다. 국 가가 빚을 내어서 대학생 무상교육을 실시해야 하는 것이 국가장래를 위해 현명한 투자인지 따져봐야 한다.

둘째, 학력인플레를 더 부추긴다. 무상교육은 대학진학율을 70%에서 90% 이 상으로 끌어올릴 것이다. 대학정원이 고졸자보다 많아 지원만 하면 대학에 입학할 수 있게 되고 이는 대졸자가 넘쳐나는 학력과잉을 초래하여 하향취업과 대졸실업 자를 양산할 것이다. 한국은행10)이 2019년 분석한 '하향취업의 현황과 특징'을 보 면, 학력과잉으로 대졸자 하향취업률이 증가하고 있다. 대졸자의 하향취업률은 2000년 약 22%에서 꾸준히 증가해 2019년 3월 30%를 돌파했다. 4년제 대졸 취업 자를 대상으로 관리자, 전문가 및 사무종사자인 경우 '적정취업', 그 외의 직업(서비스, 농림어업, 기능 등)은 '하향취업'으로 분류했다. 일자리와 학력 간 미스매치의 구조적

원인으로 한국의 '학력과잉' 문제를 들었다. 한국의 대학진학률은 70%로, OECD 국가 청년층(25~34세) 중 가장 고학력이다. 그러나 고학력 직업의 수는 한정되어 있기 때문에 하향취업을 선택하거나 취업을 아예 포기해 '고학력 백수'가 되는 비율이 점점 높아지고 있다는 것이다. 이처럼 등록금 무상정책은 가계와 국가 재정만 어렵게 하면서 대학졸업장만 가진 실업자를 무더기로 쏟아낼 가능성이 매우 높다. 삼성경제연구소 연구보고서[11]는 4년제 대졸자의 경우 과잉학력으로 인한 1인당 기회비용이 1억 2천만 원에 달하고, 대졸 과잉학력자 42%가 대학진학 대신 취업해 생산활동을 할 경우 GDP 성장률은 1.01%p 추가 상승할 것으로 추정하기도 하였다.

　셋째, 대학의 구조조정을 지연시킨다. 저출산으로 인한 학령아동의 급감으로 대학의 몸집을 줄이는 구조조정은 불가피하다. 학과·전공의 통폐합과 나아가서 문 닫는 대학도 증가할 것이다. 2021학년도에 대학지원자가 4만 명이 모자라고, 2024학년도에는 정원 부족이 10만 명으로 대폭 늘어난다. 그러나 무상교육은 대학진학자를 늘려서 일시적으로 미충원인원을 줄일 것이다. 더욱이 학생충원을 위해 대학이 부담하던 장학금 등 학비지원금 부담이 적어져 재정여건을 개선시킬 것이다. 이로 인하여 대학자체의 구조조정 노력을 뒤로 연기시켜 한계대학을 늘릴 것이다. 이는 대학교육의 질을 떨어트려 고등교육의 신뢰도를 저하시킨다.

나. 다양한 대학무상교육 방안들

　정치권을 비롯하여 그동안 제안된 다양한 대학무상교육 방안을 짚어본다.

(1) 지방국립대학 무상교육

　국립대학교 39개교에 재학하는 40만 8천 988명 학생에게 학비를 전액 지원하는 무상교육을 실시하는 방안이다. 소요액은 2019년 기준 7천 551억 원이다. 국립대학법인인 서울대와 인천대를 포함하면 약 8천 629억 원이 추가로 필요하다.

지방의 국립대학부터 학비 부담을 획기적으로 경감하여 지역의 우수한 인재들의 수도권 쏠림 현상을 완화할 수 있는 정책효과를 기대한다. 그러나 지방 사립대는 학비경쟁력에서 한참 밀려서 학생 모집의 어려움이 심화될 것이다. 현재 국회에 지방 국립대학 등록금 무상화를 실시하는 내용의 법률안이 발의되어 있다. 「지방대학 및 지역균형인재 육성에 관한 법률 일부개정법률안」(박완주 의원 대표발의, '20.8. 14.), 「고등교육법 일부개정법률안」(안민석 의원 대표발의, '21.4.23.)이다. 민주당의 대선 후보경선에서 이낙연 후보는 "서울대를 제외한 지역 거점 국립대를 '등록금 없는 대학'으로 만들겠다"고 공약하였다. 5년 안에 등록금 무상화를 실현하고, 등록금 면제뿐 아니라 지역거점 국립대의 1인당 교육비 투자를 연세대·고려대(연 2,700만 원) 수준으로 높이겠다고 약속하기도 하였다.

(2) 전문대학 무상교육

전국 137개 전문대에 다니는 43.5만 명 재학생에게 학비를 전액 지원하는 방안이다. 추가적인 재정소요액은 약 1조 5,000억 원이다. 등록금 수입액 2.5조 원에서 현재 지급되는 국가장학금 1조 원을 차감해서 산출한 금액이다. 전문대학은 하위소득층 출신 자녀들의 비율이 4년제보다 높아 사회정의에도 부합한다. 전문대학의 소득 하위 20% 백분위 출신 자녀의 비율은 20%~30% 수준이고 특히 전라도 소재 사립전문대의 경우 44% 육박한다. 또한 중견기술인 양성을 목표로 직업교육을 하는 전문대를 학비 없는 고등교육기관으로 변모시킴으로써 과도한 학문중심 대학진학을 억제하는 효과를 거둘 수 있다. 미국은 2년제 대학 커뮤니티 칼리지를 무상교육하려고 한다.

(3) 등록금 완전 후불제

등록금 완전 후불제는 국가에서 등록금을 내주고 학생은 졸업 후 일정한 소득이 생기면 상환하는 무이자 대출 제도를 말한다. 미래소득 연계형 학자금 대출이라는 용어도 사용한다. 재학기간 동안에는 대출로 해결하고 미래소득이 일정기준 이상일 때만 대출원금을 상환하는 것으로 자금의 성격은 '무이자' 대출금이다. 이자를 갚지 않고 모든 대학생이 대상이 된다는 점에서 현재 시행 중인 한국장학재단의 '취업 후 상환 학자금대출'과 차이가 있다. 한국장학재단의 '취업 후 상환 학자금대출(2010년 도입)'은 등록금전액과 연 300만 원의 생활비를 대출해주고 소득이 발생한 후 소득수준에 따라 원리금을 상환한다. 2021년 1학기 기준 연 1.7%(변동금리)의 이자를 부담한다. 대출대상자는 소득분위 8분위 이하(기초생활수급자 포함)이며, 만 35세 이하인 사람, 다자녀 가구(3자녀 이상) 학부생의 경우에만 이 제도를 활용하여 학자금을 빌릴 수 있다.

앞으로 '등록금 완전 후불제'가 도입되면 학비 걱정 없이 대학에 다닐 수 있다. 등록금 원금 상환은 취업 후 소득수준과 여건에 따라 상환한다. 소득이 일정 기준 이하일 경우는 상환 유예나 면제를 할 수 있을 것이다. 우리나라의 경제가 성장하고 복지 수준이 올라가면 등록금을 개인의 대출이 아닌 향후 인력을 사용하고 혜택을 얻게 될 사회가 일정 부담할 수도 있다. 예컨대, 고용보험처럼 기업이 납부책임을 일정 분담하는 방식도 검토할 수 있다. 등록금 완전 후불제에 향후 5년간 추가 부담액은 약 1조 3,435억 원으로 교육부는 추산하고 있다. 교내외 장학금 지원액을 제외한 등록금 총액(학부생 한정)에 대해서는 ICL대출 지원 시 향후 10년간 3조 4,278억 원의 추가예산이 발생할 것으로 추정된다. 이 제도는 대학학비가 부족한 학생들에게 학자금을 융자하여 학생들이 등록금 걱정 없이 대학에 다닐 수 있어 학업에 전념할 수 있다. 취업 후 소득수준에 맞추어 대출금 원금을 상환하므로 고등교육 학비의 수익자부담 원칙에 부합된다. 국가 재정 소요액이 다른 대학 무상교육비 지원사업에 비해 적은 것도 실행력가능성을 높인다. 해외는 영국, 호주, 뉴질랜드에서 이 제도를 운영하고 있다. 영국의 경우 대학교육의 기회를 확대하고 대졸인력을 보다 많이 확보하기 위하여 1995년 도입하였다. 원하는 모든 대학생에게 3천 파운드 내에서 수업료, 생활비를 대출해준다. 기준 소득이 발생하면(1만 5천 파운드) 기준소득 초과분의 9%와 자발적 추가 금액을 상환한다. 원리금을 상환하되 상환능력이 부재할 경우(평균소득 85% 이하인 자) 정부는 상환유예해 준다.

미주

제1장

1) International Association for the Evaluation of Educational Achievement.

2) TIMSS: Trends in International Mathematics and Science Study.

3) 조선일보(2021.10.11.). 코로나로 중·고 상위권 학생까지 줄었다.
한국교육과정평가원(2021). 2020년 국가수준 학업성취도 평가결과 분석.

4) 조선일보(2020.8.17.). 코로나 이후.. 교실에서 중위권이 사라졌다.
동아일보(2020.7.21.). 중위권 학생 확 줄고 하위권 급증.
매일경제(2020.8.11.). 원격수업 한반 33명 중 5명만 진도 따라와 … 중위권 학생
도 급감.

5) 한국일보.‘교사 80% 학습격차 커졌다‘ 놀란 교육청 2학기 전면 등교, 2020.8.12.

6) 서울교육정책연구소(2021). 코로나19 전후, 중학교 학업성취 등급 분포를 통해 살
펴본 학교 내 학력격차 실태 분석.

7) 사교육걱정없는세상(2021). 전국 중·고교 2020년 학업성취도 분석을 통한 코로나
학력격차 실태 기자회견(2021.4.26.).

8) 김창환(2021). 포스트코로나 시대 학생정책 방향과 과제. 2021년 제2회 교육정책
네트워크 교육정책 토론회 겸 2021년 한국교육학회 연차학술대회.

9) 홍섭근(2021). 코로나19 이후, 교육격차 어떻게 할 것인가?-책임등교와 기초학력
전담교사 도입의 필요성 관점으로-. 교육정책디자인연구소.

10) 계보경 외(2020). COVID-19에 따른 초·중등학교 원격교육 경험 및 인식 분석.
한국교육학술정보원.

11) 신성현(2020). 코로나 시대, 학교의 역할 및 온라인수업에 대한 인식 조사. 한국리

서치.

12) 「송미나 칼럼」. http://www.edpl.co.kr/news/articleView.html?idxno=2687&fbclid= IwAR3JiMJX bCJwigiTiDrAORy9k6Egsd4fAfBA8GyQfGVJzhYxuo6－DKgaoUg

13) 우석진(2014). 학력향상중점학교 정책이 학력 미달 학교의 학업성취도 개선에 미 친 인과적 효과 추정.
김지은·김지하(2012). 학력향상 중점학교 사업의 기초학력 향상효과 분석, 한국초 등교육학회, 25(2). 117－139.

14) 이찬승(2019.4.18.). 기초학력보장법, 실효성 낮고 대상 학생들에게 독이 될 가능성 커.

15) 박남기(2019.10.1.). 기초학력 미달 대처의 새 패러다임, 한국일보.

16) 조희연(2014). "병든 사회, 아픈 교육", 한울.

17) 김누리 "경쟁교육은 야만 … '대입 폐지' 대통령 나와야", 노컷 뉴스, 2020.12.31

18) Todd G. Buchholz(2011). RUSH, 장석훈 역, 러쉬, 청림출판, 2014.

19) 서지문(2017.6.27.). 존 러스킨 '나중에 온 이 사람에게도, 조선일보.

20) 조선일보(2018.8.29.). [어떻게 생각하십니까] 학력 측정에 '시민성'도 넣자는 교육 감들.

21) 이찬승(2018). 혁신학교 학력저하에 대한 교육감협의회의 우려스러운 대응.

22) 남경희(2016). 전후 일본에서 학력 논쟁과 학력관 동향, 한국일본교육연구, 21(1), 21－36.

23) 이길상(2017). 서구이론의 한국적 수용 양상, 한국교육사학 39(3). 79－104.

24) 이상은(2015). 진보주의 교육사조에 토대를 둔 한국 교육개혁의 역사적 변천과정 탐색, 열린교육연구, 23, 19－43.

25) 황용길(1999). 열린교육이 아이들을 망친다. 조선일보사.

26) 한국교육연구네트워크(2011). 일제고사를 넘어서, 살림터.

27) 이길상(2019). 한국교육의 제4의 길을 찾다. 살림터.

28) 이광현(2021). 기초학력저하 원인에 대한 가설 분석과 기초학력 향상 방안, 교육정 치학연구 28(1), 37－61.

29) Hanushek, E. A. and Woessmann, L.(2016). Knowledge capital, growth, and the East Asian Miracle. Science, 351(6271), 344－345.

30) Eric A. Hanushek & Ludger Woessmann, The Economic Impacts of Learning Losses, September 2020, OECD.

31) [송미나 칼럼] '지식' 없이 교육회복한다고? … 무늬만 '교육회복' 만든 교육부에 고 함, 교육플러스, 2021.9.23.

32) 조선일보(2021.7.26.). 학력 떨어진다. 학부모들 혁신학교 반대 거세져.

33) 서민희 외(2021). 혁신학교 성과, 어떻게 볼것인가. 한국교육개발원.

34) 조선일보(2021.11.4.). 학교에서 시험을 안보니 … 사설 학력평가 난립.

35) 김병욱 의원 대표발의(2020.11.30.) 의안번호 5910.

36) 이찬승(2019.4.3.). 국가기초학력 관리방식의 심각한 문제점과 해결방안, 교육을 바꾸는 사람들.

제2장

1) KAIST 전기 및 전자공학과 김정호 교수의 도움을 받아 작성하였다.

2) 김태유·김연배(2021). 한국의 시간, 쌤앤 파커스, p. 76.

3) 한국경제(2019.10.7.). 'AI 수학' 글로벌 열풍 부는데 … 한국은 고교 과정서 아예 삭제.

4) 이경화(2020). 수학과 교육과정의 과제와 지향, 조영달 편 '한국교육과정 개정의 성찰' 교육과학사, pp. 86－94.

5) KAIST 혁신전략정책연구센터(2020). 클래리베이트 애널리틱스와 '글로벌 AI 혁신 경쟁' 보고서.

6) 홍후조. 2015 개정 교육과정, 이과 비중 30% … "50%까지 늘려야", 에듀인뉴스, 2020.11.3.

7) 김경회·곽창신(2014). 이스라엘 영재교육의 특징과 시사점, 한국교원교육연구, 31(1), 243－265.

8) 조선일보(2017.7.19.). 서울대·카이스트 총장 "한국, AI교육 강화 안하면 낙오".

9) 매일경제(2021.3.25.). '아날로그 왕국' 일본의 대변신 … 수능에 코딩문제 출제한 다. 2025년부터 도입하기로.

10) 뉴시스(2019.12.17.). 손정의 "日 대입시험에 AI 필수과목으로 정해야".

제3장

1) 조선일보(2020.5.13.). 수업시간에 안자는 교실 … 초등 71%, 중등 21%, 고등 7%.

2) 더불어민주당(2017). 제19대 대통령선거 정책공약집, p. 210.

3) 김재춘(2012). 교육과정, 교육과학사, p. 180.

4) 교육부 보도자료(2021.2.17.). 고교학점제 종합 추진계획발표.

5) 이범(2020). 문재인 이후의 교육, 메디치.

6) 한국교원단체총연합회(2021.11.10.). 정권 말기 '교육 대못 박기' 중단 촉구 기자회 견 개최.

7) 전국교직원노동조합(2021.11.26.). "선결과제 해결 없는 고교학점제 재검토하라!"

8) 김지하 외(2021). 공정하고 미래지향적인 대입전형제도(미래교육체제 수립을 위한 유형별 주요 의제 분석). 한국교육개발원 이슈페이퍼 2021-03-03.

9) 김진숙 외(2021). 고교학점제 도입을 위한 고등학교 교육과정 개선 및 대입제도 개편 방향. 한국교육과정평가원.

10) 이종승(2009). 대학수학능력시험의 변천과정과 개선방향, 제2 KICE 교육과정·평가포럼.

한국교육과정평가원(2020). 대학수학능력시험의 성과와 발전방향, KICE POSITION Paper.

이규민(2020). 국가수준 교육평가체제와 교육력, 한국행동과학연구소편. "한국의 교육력" pp. 164-167, 학지사.

11) 김진숙 외(2021). 고교학점제 도입을 위한 고등학교 교육과정 개선 및 대입제도 개편 방향. 한국교육과정평가원.

12) 황은희 외(2019). 고교학점제 추진에 따른 필요 교원수 추산연구, 한국교육개발원.

제4장

1) 중앙일보(1986.7.2.). 자유경쟁으로 입시궤도 수정.

2) 국정브리핑(2007). 대한민국 교육 40년, 한스미디어, pp. 191-192.

3) 경향신문(2021.1.7.). 경기, 2025학년부터 고교평준화 전면 시행.

4) 이병태·박영범 편저(2021). 한국교육의 진로, 박영사 p. 114.

5) 한국경제(2018.10.20.). 서울대 진학률, 서초구가 도봉구의 10배.

6) 조너선 하이트 지음. 왕수민 옮김(2014). 바른 마음. 웅진지식하우스, p. 334.

7) 마이클 샌델 지음. 황규찬 옮김(2020). 공정하다는 착각, 와이즈베리.

8) 진중권. 평등이념으로 공정 진압했다. 중앙일보, 2020.9.23.

9) 김신일(2015). 교육사회학, 교육과학사.

10) 유니세프 보도자료(2018.10.30.). 유니세프, 선진국 교육 불평등 현황 발표, … 대한민국 17위로 중상위권https://www.unicef.or.kr/news/press_view.asp?idx=89363

11) 김준형(2018). 부모배경에 따른 교육불평등은 심화되었는가? 교육사회학연구 28(1), 1-34.

12) Roger Scruton(2014). How to be a Conservative, 박수철 옮김 "합리적 보수를 찾습니다", 더케스트, p. 54.

13) 이제봉(2007). 평등주의 교육의 한계 및 대안, 교육행정학연구, 25(2), 1-20.

14) 김문길 외(2020). 사회통합 실태 진단 및 대응방안 연구, 한국보건사회연구원.

15) 파시 살베리 지음. 이은진 옮김(2016). 핀란드의 끝없는 도전, 푸른숲, pp. 232 – 234.
  파시 살베리 외 지음. 이종태 옮김(2020). 21세기 교육의 7가지 쟁점, 교육을 바꾸는 사람들, pp. 21 – 22.

16) 오호영(2011). 대한민국교육혁명 학교선택권, 한바탕. p. 104.
  파시 살베리 외 지음. 이종태 옮김(2020). 21세기 교육의 7가지 쟁점, 교육을 바꾸는 사람들, p. 36.

17) 육권인 · 백일우(2017). 미국과 한국의 홈스쿨링 법제화 비교연구, 비교교육연구, 27(4), 97 – 126.

18) http://www.edpl.co.kr/news/articleView.html?idxno=2028

19) 필자가 2019.5.13. "충북 지역인재 육성방안 모색 토론회"에서 발표한 자료를 토대로 작성.

20) 6th Form이라는 용어는 중등 1학년인 Year 7을 1학년(1st Form)이라고 할 때 year 12는 여섯 번째인 6학년(6th Form)에 해당됨에서 유래하여 사용되던 명칭으로서 요즘은 보통 A – level이라고 하며 우리나라의 고등학교 2~3학년 성격을 갖고 있다.

21) http://news.chosun.com/site/data/html_dir/2018/10/19/2018101903615.html

22) http://www.sisajournal.com/news/articleView.html?idxno=177563

23) http://news.donga.com/3/all/20070309/8415941/1

24) 마이니치(2016.2.1.). http://mainichi.jp/articles/20160201/ddm/013/100/039000c

25) http://news.donga.com/3/all/20190510/95459637/1

26) http://news.chosun.com/site/data/html_dir/2017/02/23/2017022300287.html

27) https://www.prepreview.com/ranking/sample – ranking.php

28) 10개 사립학교: Choate Rosemary Hall, Deerfield Academy, The Hill School, Hotchkiss School, Lawrenceville School, Loomis Chaffee School, Phillips Academy Andover, Phillips Exeter Academy, St. Paul's School, and Taft School https://www.tenschools.org/page.cfm?p=360

29) 연합뉴스(2020.1.6.). '명문고' 다시 꺼내든 이시종 충북지사 … 속내는.

30) 교육부보도자료(2019.8.23.). 교육자치협의회, 시행령개정 등 제도개선 적극 추진하기로.

31) 조선일보, 중앙일보, 동아일보, 매일경제 2019.11.8.일자 보도 참조.

32) 대법원 2018.7.12. 2014추3.

33) 국가교육회의는 다양한 이해관계자 의견수렴을 통해서 교육정책의 민주성과 합리
    성을 높여나가기 위하여 "국가교육회의 설치운영규정(대통령령 제29950호)"에 설
    치된 대통령직속 자문기구임.

34) 이돈희(2019.8.11.). 자사고를 없애야 하는가? https://cafe.naver.com/edhippo

35) 조석훈(2019). 자율형사립고 입학전형 관련 헌법재판소의 결정분석, 교육법학연
    구, 31(3), 155쪽.

36) 부산교육청, 해운대고 자사고 지정 취소 1심 판결에 대해 항소키로. 보도자료
    (2020.12.18.).

37) 서울특별시교육청 자사고 8개교 지정 취소처분 집행정지 신청인용 결정에 대한 서
    울시교육청입장, 보도자료(2019.8.30.).

38) 교육부, 앞의 보도자료(2019.8.28.).

39) 교육부, 앞의 보도자료(2019.8.2.).

40) 교육부, 전북·경기교육청 자사고 지정 취소 동의신청에 대한 검토결과발표 보도
    자료(2019.7.26.).

41) 헌법재판소 2019.4.11. 2018헌마21

42) 대법원 2018.7.12. 2014추3

43) 헌법재판소 2018.6.28. 2018헌사13

44) 서울행정법원 2018.5.30. 2018구합6135; 서울고등법원 역시 자사고 운영법인의 항
    소를 기각함(2019.11.13. 2018누2972).

45) 교육부, 서울특별시 교육감의 자율형사립고지정 취소 처분취소 보도자료(2014.
    11.18).

46) 교육부, 서울특별시 교육감의 자율형사립고 재평가에 따른 지정 취소 시정명령 보
    도자료(2014.10.31.).

47) 교육부, 서울특별시교육감의 자율형사립고 재평가에 따른 지정 취소 협의신청 모
    두 반려 보도자료(2014.9.5.).

48) 교육부, 2014년도 자율형사립고 운영 성과평가 결과 및 안산동산고 지정 취소 '부
    동의' 협의결과 발표 보도자료(2014.8.14.).

49) 서울시교육청. 숭문고, 신일고 판결에 대한 서울시교육청 입장, 보도자료(2021.
    3.23.).

50) 서울행정법원. 자율형사립학교 지정 취소처분 취소(2019구합75808), 보도자료(2021.
    2.18.).

51) 교육부 보도자료(2021.8.31.). 서울교육청 자사고 지정 취소 동의 신청 검토 결과 통보.

52) 필자가 "한국사회 논쟁(2019, 명인문화사)"에 게재한 "특목고·자사고 폐지 반대" 의 글을 보완하였다.

53) 필자가 초고를 작성한 2020.1.6. "사회정의를 바라는 전국교수모임(정교모)"성명 서 내용을 보완하였다.

제5장

1) 국정브리핑 특별기획팀(2007). 대한민국교육 40년, 한스미디어.

2) 조선일보(2008.1.24.). 노정권 역주행 5년, F학점받은 평등주의 교육정책.
   https://www.chosun.com/site/data/html_dir/2008/01/24/2008012400053.html

3) 연합뉴스(2008.1.22.). 결국 실패로 끝난 '수능등급제 실험'.

4) https://www.chosun.com/site/data/html_dir/2009/07/28/2009072800101.html

5) 중앙일보(2011.11.31.). 수능 만점자 1% 애초부터 무리였다.

6) 중앙일보(2017.7.21.). "공교육 망친 EBS교재 수능 연계" 교사 12명 중 9명 "폐지".

7) 안선회(2019). 학생부 중심 대입제도의 추진과정과 정책문제 분석, 교육문화연구, 24(6), 87~116.

8) 고려대 환경생태공학부와 부산대 의전원에 합격하는 과정에서 단국대 의과학연구 서 인턴 활동 및 논문, 동양대 표창장, 동양대 연구확인서, 한국과학기술연구원 (KIST) 인턴 경력, 공주대 인턴 증명서, 서울대 공익인권법센터 인턴 확인서 등을 모두 위조했거나 내용을 허위로 기재한 혐의를 말한다.

9) 안선회(2019). 학생부 중심 대입제도의 추진과정과 정책문제 분석, 교육문화연구, 24(6), 87~116.

10) 문정주·최율(2019). 배제법칙으로서의 입시제도, 한국사회학, 53(3), 175－215.

11) 최수정(2021). 금수저에게 유리한 대입제도, 이경태·박영범 편저 한국교육의 진로, pp. 311－313, 박영사.

12) 이광현(2018). 학생부종합전형의 쟁점과 대입제도 개선방향, 교육사회학연구 28 (3), 57－95.

13) 안병영·하연섭(2015). 5.31 교육개혁 그리고 20년, 다산출판사, p. 383.

14) 이범(2020). 문재인 이후 교육, 메디치.

15) 중앙일보(2012.08.21.). [대입 논술이 너무해] 교수 전공 분야, 최근 읽은 책서 지 문 선택도.

16) 배지혜(2019). 독일의 대학입시제도 현황, KEDI해외교육동향 364호.

17) 제롬 카라벨 지음. 이종삼 옮김, "누가 선발되는가?", 한울아카데미, 2011.

18) 대니얼 골든 지음. 이기대 옮김, "왜 학벌은 세습되는가?", 동아일보사, 2010.

19) 폴 터프 지음. 강이수 옮김, 인생의 특별한 관문, 글항아리, 2020.

20) 미주조선일보(2021.1.22.). SAT2 시험 폐지된다.

21) 김상무(2016). 독일의 대학입시와 고교교육과의 연계에 관한 연구, 교육의 이론과 실천, 21(1), 1−22.

22) 이현, 김현수 (2021). 핀란드 대입제도의 특징 분석: 대입경쟁을 둘러싼 쟁점과 시사점을 중심으로. 교육비평, (47), 236−292.

23) 로버트 스턴버그 지음, 배성민 옮김(2012). 입시가 바뀌면 인재가 보인다. 시그마 북스, p. 100.

24) 이경숙(2008). 객관식 시험 지배와 국가개입, 교육철학 34, 245−275.

25) 마이클 샌델 지음. 함규진 옮김, "공정하다는 착각", 와이즈베리, 2020.

26) 박남기(2015.4.30.). 대입 문제 완화를 위한 제안: 범위형 대입제도, 서울신문 시론.

27) 한국교육과정평가원(2020). 대학수학능력시험의 성과와 발전방향, KICE POSITION Paper.

28) 이현(2019). 대입제도의 사회적 가치, 교육비평 44, 50−120.

29) 백순근(2003). 대학수학능력시험의 문제점 및 개선방안, 서울대학교 사대논총, 67집, 141−155.

30) 백순근(2003). 수행평가 이론적 측면, 교육과학사, p. 33.

31) 이종승(2009). 대학수학능력시험의 변천과정과 개선방향, 제2 KICE 교육과정·평가포럼.
한국교육과정평가원(2020). 대학수학능력시험의 성과와 발전방향, KICE POSITION Paper.
이규민(2020). 국가수준 교육평가체제와 교육력, 한국행동과학연구소편. "한국의 교육력" pp. 164−167, 학지사.

32) 사교육걱정없는세상(2018.8.2.). 2022 수능 시험 범위에 기하와 과학Ⅱ 포함 주장에 대한 반박 보도자료.

33) 정광희 외(2011). '고교−대학 연계'를 위한 대입전형 연구(Ⅷ)−고교−대학 연계형 대입제도 중장기 종합 방안. 한국교육개발원.

34) KICE ISSUE PAPER(2019). 단위학교의 서·논술형 평가 내실화 방안, 한국교육과정평가원.

35) 교육부·한국교육과정평가원(2020). '서·논술형 평가도구 자료집'. pp. 215-220, 학생평가지원포탈 http://stas.moe.go.kr

36) 김경회(2018). IBDP(International Baccalaureate Diploma Programme) 학업성취도 평가방식이 한국 고교의 성적평가에 주는 시사점 탐색, 교육문화연구, 24(2), 79-99.

37) 이규민(2019). 전게서, p. 166.

38) 강창동(2020). 한국의 대학입시문화사, 박영스토리.

39) 정회철(2012). 헌법, 여산, p. 562.

40) 이상명(2018). 2022학년도 대입제도 개편안과 대학의 자율성, 법과 정책연구, 18(4) 29-51.

41) 대법원 2007.12.13. 선고 2005다66770 판결

42) 대한민국 정책브리핑, 교육 정치 상품화 ··· 사교육만 대박난다. 2007.11.08. 특별기획팀 https://www.korea.kr/news/policyNewsView.do?newsId=148641199

43) 로버트 스턴버그 지음. 배성민 옮김(2012). 입시가 바뀌면 인재가 보인다. 시그마북스, p. 263.

44) 경향신문(2021.12.20.). "수능, 대학들 참고 자료로 쓰도록 설계. 국가 주관 지필고사로 남으며 도로 학력고사화".

제6장

1) 중앙일보, "전 재산 교육에 바친 사학운영자, 범죄자 취급해 암울", 2019.7.20.

2) 동아일보, "사학들, 정부 마지막 남은 교사인사권까지 독점하려해", 2021.8.20.

3) 경향신문, "사학혁신 고삐 죄었지만 뭔가 부족했다", 2019.2.19.

4) 문화일보, "14년 만에 다시 불붙은 사학개혁 논란", 2019.12.24.

5) 제철웅, "사학의 자율성과 공공성의 조화를 위한 모색: 여당의 사학관련법 개정안을 중심으로", 법과 사회, 제27호(2004), 445-475면.

6) 필자의 학술논문, '사학혁신방안 비판적분석'(교육법학연구, 32-1. 2020)을 토대로 작성하였다.

7) 변기용·박준희·장정현, "19대 대선공약 분석과 문재인정부의 고등교육 부문의 주요 개혁과제", 교육정치학연구, 제24권 제2호(2017), 77-105면.

8) 연합뉴스, "조선대, 공영형 사립대 도입효과성 검증 용역 수행", 2020.2.19.

9) 서철원, "정부의 사학재정지원과 사학의 자주성 및 공공성", 사학정책포럼, 제8호(2020.2), 1-21면.

10) 제4차 반부패 정책협의회, 2019.6.20.

11) 교육부, 2020 신년사, 2020.1.1.

12) 교육부, "교육신뢰회복을 위한 사학혁신 추진방안", 교육부 보도자료, 2019.12.18. 임재홍, 앞의 논문(2019).

13) 서철원, 앞의 논문(2020).

14) 김경회, "자사고·외고·국제고 폐지는 교육의 하향평준화 초래", 국회보 637호 (2019), 20−21면.

15) 이명웅, "사학 공영화 정책에 관한 입론(立論)의 문제점", 사학정책포럼, 제8호 (2020).

16) 필자의 동아일보 시론(2021.8.26.). 사학 자율성 뺏는 사학법 개정, 교육 부실 부른다.

17) 필자의 논문 "사립대학 폐교에 관련된 입법과제분석"(교육정치학연구 제25집 제4호)을 참조.

제7장

1) 이길상(2019). 한국교육 제4의 길을 찾다, 살림터 p. 222.

2) 필자의 "한국과 일본의 초·중등 교원 보수 비교 연구(한국교원교육연구, 33(4). 2016) 참조. 오대영·김경회 외(2015)교육산업분석과 발전방안 연구, 교육부 정책연구.

3) 김동석(2020.2.5.). 계륵 교원성과급, 이젠 결단이 필요하다, 한국교육신문.

4) 이데일리(2021.5.24.). 교원성과급 균등지급 논란.

5) 조선일보(2021.5.18.). 부적격 교사 퇴출해야, 교원평가제 개선 제안.

6) 서울경제(2021.4.12.). 교원단체 "평가, 성과급폐지"에 뿔난 학부모.

제8장

1) 필자의 논문 (1) 지방교육자치 권한에 대한 시·도지사와 교육감의 인식차이분석 (2011), (2) 국가의 지방교육행정기관 지도감독에 관한 한국과 일본 제도 비교 (2015)를 참조.

2) 한국교총(2021.10.19.). 학생 볼모 파업 언제까지 방치할 건가, 파업 시 대체인력 두도록 노동조합법 개정하라.

제9장

1) 오마이 뉴스(2021.5.18.). 퍼주기라고 반대하던 그 무상급식, 지금 세계의 자랑.

2) 기획재정부 보도자료(2017.1.8.). 「2016년 국민이 뽑은 최고의 기획재정부 정책」.

3) 김정호(2021). 맘이 선택케 하라, 비비트리북스.

4) 서울시교육청 보도자료(2021.1.24.). 유아 초등의 질 높은 출발선 보장방안.
   조선일보(2021.2.14.). "이낙연의 대선 공약? 2030년까지 만 5세 무상교육".

5) 한국경제(2021.10.18.). 국공립유치원 늘어나는데. 인구감소로 충원율 '뚝뚝'.

6) 김정호(2021). 맘이 선택케 하라, 비비트리북스.

7) 대학지성(2021.12.05.). 대학무상교육의 가능성은?

8) 한국교육개발원 교육정책네트워크 정보센터. 국가별 교육동향(2021.11.10.). 〈미국〉
   무상 커뮤니티칼리지 정책 사실상 철회, 대안 탐색하는 민주당 의원들.

9) 한겨레(2021.9.15.). 사실상 최초의 '대학 무상교육' … 충남도립대 내년 시작한다.

10) 한국은행 이슈노트(2019.12.23.). 하향취업의 현황과 특징.

11) 류지성 외(2012). '대학에 가지 않아도 성공하는 세상', 삼성경제연구소.

저자 약력

김경회(金京會)

명지대학교 석좌교수와 홍익대학교 초빙교수로 재직하고 있다. 서울대학교 사범대학을 졸업하고 미국 아이오와(Iowa)대학에서 박사학위를 받았다. 행정고시 20회로 공직에 들어가 교육부와 시도교육청에 30여 년간 교육행정가로 일하였다. 교육부 정책홍보관리실장과 서울시 부교육감(권한대행)을 끝으로 공직을 떠났다. 2010년부터 성신여대에서 10여 년간 교육행정과 정책을 연구하고 가르쳤다. 『한국의 평생직업교육』, 『대한민국, 파괴되고 있는가』(공저), 『한국사회논쟁』(공저) 등 저서와 다수의 논문을 출간했다.

현재 서울의 한 학교에서 학교운영위원회 위원장으로 학교운영의 민주화를 위해 노력하고 있다. 한림재단(한림연예예술고) 이사장, 서울아카데미(서울과학종합대학원대학교)·중동학원(중동중·고)·봉암학원(경기외고)의 이사로서 이들 사학이 건학이념을 구현하면서 발전하도록 지원하고 있다. 언론 기고와 시민사회단체 활동을 통해서 교육문제에 대하여 보수·우파의 입장을 대변하고 있다.

4.0시대 교육정책 어젠다

초판발행	2022년 2월 15일
중판발행	2022년 9월 30일

지은이	김경회
펴낸이	노 현

편 집	김민조
기획/마케팅	정성혁
표지디자인	이학영
제 작	고철민·조영환

펴낸곳	㈜ 피와이메이트
	서울특별시 금천구 가산디지털2로 53, 210호(가산동, 한라시그마밸리)
	등록 2014. 2. 12. 제2018-000080호
전 화	02)733-6771
f a x	02)736-4818
e-mail	pys@pybook.co.kr
homepage	www.pybook.co.kr
ISBN	979-11-6519-239-6 93370

copyright©김경회, 2022, Printed in Korea

정 가   19,000원

박영스토리는 박영사와 함께하는 브랜드입니다.